dai zhe chun jing de xin ling
xin jiang qing nian fa zhan de si kao

# 带着纯净的心灵
## ——新疆青年发展的思考

李 伟 ◎ 编著

中央编译出版社
Central Compilation & Translation Press

作者在新疆野外考察

作者在认真听取乡镇干部工作汇报

调研组在和田

观摩克州蔬菜大棚

阿克苏吐木秀克镇国旗手胡达拜地老人正在升国旗

看望农村青年家庭小作坊

倾听农村外出打工青年的心声

听取基层领导工作汇报

与基层干部在一起

和田文化大院文化书屋

与哈密少先队辅导员在一起

在哈密培训班上讲话

在和田电力公司与青年座谈

在库车县中石化塔河分公司宣讲

在墨玉县斯孜街道调研座谈

在和田师专宣讲现场

在托万克巴扎巴格街道调研

调研组在吐木秀可乡调研

与哈密第七中学学生在一起

在巴里坤县调研座谈会现场

观摩墨玉县桑叶树皮纸厂

在哈密第七中学调研

在和田爱国主义基地调研

在阿克苏福利院调研

专访农村老艺人

专访农村青年艺人

和村里做公益性工作的青年们一起劳动

与农村青年致富带头人交流

在克州专访维吾尔族老团干部

专访农村猎鹰手

走访村民

# 目 录

前言　回首 2012 年 …………………………………………………… 1

## 纪实篇

**转业团干部访谈纪实** ……………………………………………… 3

专访沙雅县央塔克协海尔乡党委书记余国锋
（曾任沙雅县团委书记）………………………………………… 3

专访新疆天业集团有限公司工会主席、党群部部长李彤
（原天山集团团委书记）………………………………………… 4

专访新疆八师石河子市卫生局调研员杨政
（师市直属机关团工委书记）…………………………………… 7

专访八师石河子市党委组织部组织科科长张璟
（曾任师市直属机关团工委书记）……………………………… 10

专访新疆建设兵团 136 团党委常委、副政委孙浩
（曾任 149 团团委书记）………………………………………… 14

专访石河子第七中学党支部书记侯霞
（曾任石河子师范学校团委书记）……………………………… 17

专访达林台博乐市发改委副主任（前博乐市团委副书记）…… 24

专访博州中等职业技术学校学生科副科长张军
（前阜薪学校团委书记）………………………………………… 26

专访博州温泉县党委常委、宣传部部长王淑英
（原博州温泉县团委书记）……………………………………… 28

专访谈博州离退科科长朱冬香（原博州精河县团委副书记）… 30

专访精河县常委、宣传部部长温雪梅
（曾担任博州团委副书记）………………………… 32
专访哈密地区文物局办公室副主任徐雪莲
（原哈密地区青工部副部长）……………………… 34
专访巴里坤县黄土场开发区副主任范海燕
（曾任巴里坤县奎苏镇团委书记）………………… 36
专访大红柳峡乡副书记、纪检书记、人大主席波拉提
（团县委副书记）…………………………………… 37
专访巴里坤县委宣传部副部长玉森
（曾任巴里坤团县委副书记）……………………… 39
专访新疆和田地区政法委科长张钊
（和田地州团委干部、科长）……………………… 40
专访阿克苏地区沙雅县民宗局长阿卜力米提 …… 42
专访致富带头人买买提努尔 ……………………… 44
专访克州阿克陶政协主席阿书记 ………………… 46
专访阿克陶县政法委书记刘作新 ………………… 47

## 两次下南疆调研日志 ………………………………… 49
第一天库车调研日志 ……………………………… 49
赴南疆开展青年思想状况的调研 ………………… 50
赴南疆调研日志（2月3日）……………………… 51
赴南疆调研日志（2月4日）……………………… 53
赴南疆调研日志一（2月6日）…………………… 55
赴南疆调研日志二（2月6日）…………………… 57
赴阿克苏调研日志（2月8日）…………………… 59
赴和田皮山县调研日志（2月9日）……………… 60
赴皮山县科克铁热克乡调研日志（2月10日）… 62
赴阿克苏新和县调研日志 ………………………… 64
第二次来到巴州的感受（3月4日）……………… 65
赴沙雅县调研日志（3月8日）…………………… 67

赴沙雅县英买力镇阿奇东村调研日志（3月8日）………… 69
赴新和县渭干乡哈尼喀塔木村、喀拉库木村调研日志 …… 71
赴新和县玉奇喀特乡库孜来克村调研日志 ………………… 73
赴沙雅调研日志（3月9日）…………………………………… 75
赴塔大和359旅调研日志（3月11日）……………………… 77
赴阿瓦提县多浪乡调研日志（3月13日）…………………… 78
赴阿瓦提县拜什艾日克镇调研日志（3月14日）…………… 80
赴克州调研日志（3月17日）………………………………… 82
赴克州阿合奇县库兰萨日克乡调研日志（3月18日）……… 84
赴阿合奇镇调研日志（3月19日）…………………………… 86
克州阿克陶调研日志（3月21日）…………………………… 88
克州阿克陶玉麦乡调研日志（3月22日）…………………… 89
赴克州阿克陶喀热开其克乡调研日志（3月23日）………… 91
与西部计划大学生志愿者交流（3月24日）………………… 94
赴乌恰县波斯坦铁列克乡调研日志（3月25日）…………… 96
赴乌恰县乌恰镇调研日志（3月26日）……………………… 98
乌洽县调研总结日志（3月27日）…………………………… 100
路径库车县日志（3月30日）………………………………… 102

## 第三次赴南疆调研日志

赴和田地区调研日志（11月1日）…………………………… 104
赴和田地区调研日志（补充）………………………………… 106
赴和田墨玉县奎牙乡调研（11月2日上午）………………… 108
赴和田墨玉县调研日志（11月2日下午）…………………… 110
赴和田地区调研日志（11月2日补充）……………………… 112
赴和田县英阿瓦提乡调研日志（11月3日）………………… 113
赴阿克苏地区调研日志（11月5日）………………………… 115
赴阿克苏温宿县调研日志（11月6日）……………………… 118
赴阿克苏温宿县吐木秀克镇调研日志（11月6日）………… 120
赴阿克苏市机关调研（11月7日）…………………………… 121

赴哈密地州调研日志（11月9日） …… 124
赴哈密大泉湾乡调研日志（11月10日） …… 126
赴巴里坤调研日志（11月10日） …… 128
赴哈密地州调研日志（11月11日） …… 130

## 第四次赴南疆宣讲日志 …… 132

第四次下南疆的意义非常特别（12月8日） …… 132
好好享受宣讲的过程（12月9日） …… 134
在阿克苏职业技术学院宣讲（12月10日） …… 136
第二次到塔里木大学（12月11日） …… 138
角色定位的重要性（12月10日） …… 140
二次来到和田墨玉县（12月12日） …… 142
对和田少数民族干部的印象（12月15日） …… 144
与和田电力公司青年的交流（12月15日） …… 146
在和田师专宣讲发挥到极致（12月16日） …… 148

## 乡镇公务员访谈纪实 …… 149

专访喀什疏勒县阿卜杜克热木江（新疆团校培训的第十批南疆四地州乡镇公务员） …… 149
专访莎车县阿热勒乡周新莎 …… 152
专访和田地区皮山县木奎拉乡人民政府孙倩 …… 154
专访喀什疏勒县阿拉甫乡人民政府邓平 …… 155
专访新疆巴楚县阿拉格尔乡人民政府吕红梅 …… 157
专访阿克苏地区温宿县古勒阿瓦提乡赵照 …… 160
专访伽师公务员买合木提、秦晓柳 …… 163
专访伽师公务员杨维和瓦哈普访谈 …… 164
专访喀什公务员阿布都可力木 …… 165
专访喀什公务员艾买提江 …… 167
专访喀什英吉沙公务员李超、阿布都瓦依提 …… 168

## 实证篇

**在疆完成研究成果集** ……………………………………………… 171
  新疆青年生存发展状况报告 ……………………………………… 171
  南疆地区调研报告提纲 …………………………………………… 215
  阿克苏、克州地区（七县）调研报告 …………………………… 238
  新疆少数民族青少年对中华民族理性认同的调研报告
  ——以新疆农业大学等四所学校为例 …………………………… 246
  对承接自治区选派南疆四地州乡镇公务员
  岗前培训工作的一点思考 ………………………………………… 262
  关于信教青少年群体的研究综述 ………………………………… 268
  论青年干部可持续发展胜任力
  ——兼谈《转业团干回头看》课题和南疆四地州调研感悟 …… 274
  国外政治事件启示与思考 ………………………………………… 283

**后　记** ……………………………………………………………… 298

# 前言
## 回首 2012 年

从 2011 年 8 月至今，已经在新疆工作一年多了，最初安排在新疆团校，2012 年上半年被抽调到自治区团委研究室工作，2012 年下半年又主动要求回到新疆团校工作。无论在新疆团校还是区团委研究室工作，我都怀有深深的感激之情，团委、团校领导及合作的部门同仁都给予过我极大的支持，对我关怀备至，让我深切感受身处新疆这片热土并不孤独，倒是被浓浓的情谊和真诚所打动，越发地想在这片热土留些足迹，想为这里的父老乡亲、兄弟姐妹带去快乐！以下我仅从工作一年来的基本情况、目前需要改进的主要问题和未来的思考建议等内容进行汇报。

### 一、把全面了解基层青年群众的思想状况、用心探索党的政治主张在基层青年中传播路径，作为自己的神圣事业去追求

2012 年 1 月 28 日接到自治区团委调研任务通知，在宁夏的我还没有陪母亲过完春节，就立刻赶回乌鲁木齐，于 2012 年 2 月 1 日随区团委调研组一行下到南疆四地州。此次南疆调研的主要目的是加强共青团基层组织建设，全面了解基层青年群众的思想状况，特别是对 2012 年自治区团委"组织基层建设活力年"覆盖的重点县市进行调研。我们的调研工作分两个阶段，第一阶段历经一个月，先后走访了南疆阿克苏地区库车县、和田皮山县、喀什叶城县等地，在此期间，我们直接走访了库车县齐满镇大博子村、伊西哈拉镇八村和阿拉哈格镇博子村 8 组；皮山县科克铁热克乡、藏桂乡；叶城县百西热克乡六村、夏合甫乡十六村；喀什乃则尔巴格镇一村等。在第一阶段调研的基础上，调研组又于 3 月 3 日至 29 日开始了第二阶段的调研工作。

第二阶段我们的调研范围是阿克苏地区和克州地区共 7 个县（新和县、沙雅县、阿瓦提县、柯坪县、阿和奇县、阿克陶县和乌恰县）、11 个

乡、2个镇、19个村、3个社区、学校19所（1所大学、5所职业技术学校、5所中学、4所小学、5所双语幼儿园）、1个县劳动保障局技能培训中心、1个管委会和10户企业等单位。我们共参加座谈会和交流会30场（县乡村党政领导座谈会、各类群体分组交流会）、专访干部12人、访谈青年165人、观摩实景24个（企业6户、基地8个、店铺6个、重点建设项目4个）、走访农户6家、开展青年互动游戏活动5场等。参与调研的群体包括：基层党政领导28人（县乡镇村干部）、基层共青团干部18人、选调生6人、公务员19人（南疆四地州公务员、乡镇公务员）、西部计划大学生志愿者42人、大学生村官19人、招聘人员（公益性岗位）32人、劳务输出人员40人、个体工商户和农村创业致富带头人32人、技能培训学员80人、中学青年教师24人、协管员19人、民兵28人、务工青年40人、务农青年43人、教师转岗社区人员8人、警务人员6人、协警9人、训鹰员2人、库姆孜弹唱者2人等。

另外，在前两个阶段调研的基础上，又配合区团委学校部对新疆农业大学、新疆教育学院、新疆财经学院、新疆实验中学等124名在校少数民族学生（主要是维、回、哈、蒙等）进行了"新疆少数民族青少年对中华民族理性基本认同"的调研，采取问卷、访谈等形式，就一些相关问题与部分学生进行深度交流。

第三次是随自治区党委宣传部思政研究会调研团赴和田地州墨玉县（奎牙乡）、和田县（英阿瓦提乡），阿克苏地州阿克苏福利院、阿瓦提县、温宿县以及哈密的巴里坤县进行"社会主义核心价值体系建设"的情况调研。经过近一个月的时间先后赴4个地州，11个县市，25个乡村（镇），走访11家单位及企业、8户农牧民家庭，召开18多场座谈会，近150余人参与座谈交流。

在三次南疆的调研和部分高校的调研中，我始终坚守调研工作与研究事业同步的理念，多寻找多关注不同类的青年群体，尽可能做到全覆盖。一年多来，每次下去我都给自己提出三个要求，一是手要勤，笔、本、照相机不离身，随时记，随时拍，尽可能留下所有的资料，不留死角、不留遗憾；二是嘴要勤，发现问题和疑惑，要勤问、勤沟通，不留悬念、不留困惑；三是腿要勤，多看多走，尽可能多去几个村，多看几类青年，不留单一、不留片面。在完成规定任务的前提下，要增加一些自选的项目，比如，到阿克苏地州调研期间，我得知库车县有一管教所，便请示团领导建议安排一次，结果调研效果非常好，收获也很大。要尽可能从研究的视角思考一些问题，尽可能从全面、辩证和发展的角度描述所看到的现象和问题，做到任务完成不拖拉，研究工作有成效。三次南疆调研，坚持完成每天的调研日志，截至目前，已完成近调研报告5份，即《新疆青年生存发展现状》、《新疆青年思想状况（一）、（二）》、《新疆少数民族青少年对中华民族理性基本认同》、《新疆各地州关于社会主义核心价值体系建设的基本情况》等5份调研报告，新疆地州调研日志52篇，总计约20余万字。同时在援疆（干部与人才）2012年第2期杂志、乌鲁木齐职业大学学报2012年第1期和第3期发表《从国家的战略高度关注新疆青年问题》、《信教青年群体文献综述》、《论共青团干部发展性胜任力》。并于2012年7月在新疆人民出版社出版完成《研究杂记》一书，总计30余万字，作为个人在新疆的文化援疆项目，免费赠送优秀的青年和团干部，为他们的成长助力。

## 二、把参加各层级、各领域共青团的现场活动和团干部培训工作作为了解团、研究团、讲授团、评议团的基本功课认真做实

积极参与区团委组织的各项活动，做好配角，积极主动完成领导交办的工作。2011年底区团委十一届五次全委会（扩大）胜利召开，筹备期间，参与会议文件的修改讨论等工作；参与了自治区召开的五四青年节及建团90周年庆祝大会，承担五四青年奖章获得者大会发言者的演练准备工作；参与了区团委第五次少代会召开的相关工作；参加上合组织成员国青年文化交流等活动；配合区团委组织部进行团队干部培训课程模块设置等相关工作。

积极主动承担不同层级、不同领域的团干部和青年的培训课程讲授任务。来疆后，始终心系新疆各类青年和基层团干部的成长和发展，始终把推动共青团事业的发展，促进团干部的成长作为第一要务和圣神职责。一年多来，累计为企业（独山子、冶金集团、吐哈石油、华电、克拉玛依黄金矿等）、机关（区妇联等）、高校（新疆大学、新疆师范大学、新疆师范大学青年政治学院等）、新疆建设兵团（农六师、兵团中学、兵团中职学校等）、新疆团校主体班次（乡镇街道、社区街道、非公益经济组织、博州等）的团干部、青年、大学生骨干和新疆师范大学青年政治学院新生以及中央团校澳门青年社团青年领袖授课达20余场，涉及培训人数约2800余人。讲授的课程有《企业共青团的价值功能定位》、《企业青年干部的关键素质储备》、《建团90周年回顾与青年领袖成长路径研究》、《共青团岗

位关键素质培养》、《大学生职业设计与规划》、《青年学生人生方向的选择》、《青年干部成长规律研究》、《中学共青团工作特点和规律》、《乡镇街道共青团工作定位和团干部关键素质提升》和《"颜色革命"给我们的启示》等。

除此，还完成了中央团校"送培训"到民族地区的任务。2012年8月30日《新疆日报》这样报道：中央团校（中国青年政治学院）送培训到基层项目第一次走进新疆，对基层团干部和团员青年进行为期7天的培训。在新疆维吾尔自治区团校和兵团团委的支持下，实践团赴新疆有色金属集团克拉玛依市哈图金矿、新疆华电集团、石河子农八师、五家渠农六师为当地基层团干部和团员青年进行了相关培训，累计培训850人次，访谈基层团干和转业团干23人。针对基层团干部和青年团员的不同需求、不同行业，实践团从实际出发，结合近几年送培训的经验，为他们量身打造了培训课程。课程内容主要围绕共青团团干部关键素质、幸福课、情绪管理、团队建设、时间管理、演讲辩论等培训课程，采用讲座、社工游戏、现场互动、案例解读、问卷反馈等多种方式授课，受训的基层团干部普遍反映，通过这次培训，学到了新的工作方法和新的工作理念。

一年来始终坚守不离开青年，不离开团的工作，不离开团干部的理念，随时倾听最新的来自基层的呼声，积极思考主动回应，确保讲授内容的针对性和有效性。即使外出调研期间，一有机会也要抓紧一切时间和基层的团干部座谈交流，比如今年4月份从南疆调研返回乌鲁木齐途中，听到乌因刮大风交通管制无法进入，只好临时改道就近在和硕留宿，和硕团干部听说后要求给他们培训一下，我们二话不说放好行李就赶过去交流。

### 三、把宣传党的十八大精神当成一次检验自己理论功底是否扎实、结合实践是否紧密的实战机遇，发挥极致

为了做好党的十八大精神的宣讲工作，提前做好功课，一是精心制作内容课件，二是翻阅大量历史资料，三是反复阅读十八大报告和文献，四是积极试讲发现不足及时改进。如：2012年12月3日为第十二批南疆四地州公务员岗前培训学员190余名宣讲《学习党的十八大精神，做好人民满意的公务员》，这些都为赴南疆宣讲奠定了比较好的基础。

一周以来，在自治区团委领导的带领下，在地州团委领导的精心安排下，分别在库车国电发电企业、中石化塔河分公司、阿克苏职业技术学院、塔里木大学、和田师专等进行集中宣讲，并与托万克巴扎巴格街道青

年、墨玉县斯孜社区街道的青年、新疆阿布丹食品开发有限公司的青工、和田电力公司的青年交流座谈，总计人数1500余人。在宣讲前，要尽可能多的掌握完整的相关信息，根据宣讲场地的空间大小、听众群体的种类多少以及宣讲对象知识结构等情况对宣讲内容、宣讲方式、宣讲语言转化做及时的修改和调整。并在宣讲中始终要保持与听众的互动，随时关注听众表情的变化，及时灵活地做适度调整，确保宣讲的有效性和针对性，寓教于乐，深入内心。在我们返回乌鲁木齐的途中，收到不同单位的青年的来信，其中有一个和田师专的少数民族青年学生这样写道：

我来自河南的一个农村家庭，家里姊妹四个，从小家里贫寒无依，但是我学习特别刻苦。我从初中就受到党的两免一补优惠政策，为我家里分担了很大的难处。到高中我家里实在承担不起我的学费和生活费，老师们知道后免了我的一部分学费，而且又帮我申请了国家福利彩票的资助，就这样我顺利地读完了高中。上大学我来到了和田师专，因为家庭原因和我的学习情况，学校给了我免费生的名额和助学金名额。我真的很幸福。因为党的关怀和国家的照顾，我才能从农村可怜的境地走出来接受教育。我十分感谢党和国家。不管何时我对祖国和党都存有一颗感恩的心。身在和田接受教育，我不求功名利禄，只愿到国家最需要我的地方去，我愿意留在农村，愿意留在山区，为渴望知识的孩子们带去光明。另外，我想告诉您的是：你上课的艺术技巧，你的声音，你的动作，你的舞姿深深地打动了我，我十分感谢你带给我这深深的一课。对十八大我起初了解很少，也不愿意去读那大篇幅的文字。经你讲解后我理解了好多，而且也能安下心来把十八大报告读完，且细细体会。你的讲座是我在新疆听到的最美的一场宣讲会。

**四、把履行好新疆团校副校长的岗位职责，作为个人成长进步的起点站和加油站，尽心尽力做好服务工作，在服务中获得成长**

作为协管团队干部培训工作，积极参加团队干部主体培训班的开班仪式和总结大会及学员联谊会；作为主管团校南疆四地州公务员岗前培训工作，义不容辞，竭尽全力抓好工作。一是坚持以培训带研究，以研究促培训的理念，二是积极营造和谐的团队氛围，鼓励队员多做事，做好事，三是一切以人为本，强化服务意识，加强教学督导、管理服务和党团活动的有效性，做到三位一体布局合理，确保双语通过率目标的实现，四是坚持思想政治教育不放松，始终把政治素质的培养放在首位，强化基层第一的理念，培养爱民亲民意识，要把双语学习与学员们日常良好的行为养成和培养坚定的理想信念结合起来，要把双语学习与开展民族团结教育和加强民族融合工作有效结合起来，要把双语学习与实现新疆跨越式发展和长治久安的战略目标结合起来。通过卓有成效的工作，通过全体队员的辛勤劳动，第十一批和第十二批南疆四地州公务员岗前培训工作取得了比较好的成绩，获得了自治区公务员局领导的好评。作为科研部门、成人继续教育、职业技能培训中心的分管领导，积极支持部门主管的工作，给他们充分的信任和指导，并做到：有任务有安排，绝不推辞，第一时间到位，起良好行为示范和表率作用。比如成人高考工作、校报工作等，积极担当，确保零差错。除此以外，还配合学校领导完成相关工作，比如组织团校教师员工积极参加自治区团委系统举办的运动会和歌咏会，无论从组织动员、任务安排、具体实施和细节处理等各个环节，都亲自把关，亲临现场，并积极以身示范参与其中，此次活动充分展示了团校广大师生员工的良好精神面貌，也检验了干部的工作能力和水平。在校领导的鼎力支持下，在各部门中层干部的密切配合下最终获得了较好的成绩，也得到了自治区团委领导的好评。

## 五、把连接各方友谊、传递人间真情、追求人生美好作为一生的快乐，珍惜缘分，热爱生活

今年 6 月初，积极配合援疆干部党群班开展了在新疆团校举办的联谊活动，援友参与人数达 60 多人，除第七批中央国家机关、中央企业的援疆干部外，还有 19 个援疆省市的援友代表及行业领域的援友前来参加，活动内容丰富，有趣味运动会和联谊晚宴，新疆团校的广大师生员工也积极参与，并与援疆干部进行篮球团体友谊赛，羽毛球、乒乓球及棋牌类比赛。联谊晚会上，新疆教职工具有民族风情的歌舞和援疆干部自编的节目将晚会推向高潮，活动得到自治区党委组织部和区团委领导的高度评价和肯定。

除此，还积极参与援疆办公室和新疆电视台组织的中央新疆工作座谈会 2 周年大型演出纪念活动《春天绽放》节目录播，100 名援疆干部集中三天排练诗朗诵《援疆两地书》，演出获得了很大的成功，该节目得到了中央领导周永康同志的好评。通过活动，与 19 个援疆省市的援疆干部加深了交流与友谊。

一年中，节假日或者外出，一有机会总要看看援友，分享他们援疆的故事，同时还特别关注分布在各地州、县、乡团委的北京高校挂友、西部大学生志愿者和支教学生、还有南疆四地州乡镇公务员和留疆战士以及从内地高校应聘到新疆企业的青年大学生。这是一批宝贵的人才积累，更是相互支撑，一起坚守的精神动力。

## 六、把检查反省自己常态化，以实事求是的态度多做自我批评，以主动改进的姿态与时俱进

一年多来，工作从不熟悉到熟悉，从忙乱到有序，期间得到团校领导的不少帮助和同伴们的积极鼓励，我心永存这份感激。这期间也存在着一些矛盾和困惑，思想上也不停地在和自己作斗争。一是自己能力的局限，与团委、团校领导和同事们比较高的期望值之间的差距；二是工作范围的扩大与工作能量、精力不能聚焦之间的矛盾；三是现实存在的各种问题与自己急于改变的心态间的矛盾。尽管自己做了一些努力，但离组织的要求标准差距还很大，离同志们的期待还远远不够，从内心世界上，有内疚之感，主观上还是想多做些事，还是想为团委团校的事业多出力，发挥自己应有的价值，做出应有贡献的愿望一直也没有放弃，还需要再努力。

目前特别想从构建学习型团队的角度，整体提高教职工队伍的素质，在现代文化引领上出一些实招，积极营造积极健康的团队氛围，空谈误国，实干兴邦，通过一段时间的努力，让发牢骚、空议论、当懒汉的人没有市场，让那些勤奋、实干和吃苦的人永远受到人们的尊重。要倡导多学习少应酬，多思考少埋怨，多奉献少计较，多干事少议论，在全校上下形成比学赶帮的热潮，通过一定的文化学习活动，把大家的积极性调动起来，把大家的潜质挖掘出来，从被动走向主动。

个人问题主要改进措施有：第一要立足优势，找准定位，寻求结合点。近一年的时间，一直在寻找援疆的切入点，作为共青团领域，经济援疆、技术援疆不是我们的优势，但文化援疆是我们的特色，尽可能将各类资源整合起来，为当地共青团所用，多在现代文化引领上下功夫。第二要正确处理好各种关系和矛盾。一是协调好区团委工作和区团校的工作，尽可能做到两不误；二是处理好实际工作和研究工作的关系，不能相互脱离，以研究带动工作，以工作促研究；三是调整好心态和环境间的关系，无论是顺境和逆境，都要保持一个平和的心态，要多体谅、包容，心胸要大度，不抱怨，自己要多克服困难。第三要多学习，始终保持一种向上的

乐观精神。多思考多研究，特别向受援单位的领导、同事多学习，多请教，始终保持做人真诚简单，做事认真投入的状态。

另外，在一年援疆工作的基础上，还是要把主要精力放在讲授团课、研究团情上，利用各种渠道，比如援疆干部网、援疆干部与人才杂志、新疆日报、今日新疆、新疆青年杂志上以及博客、QQ群等新媒体上广泛宣传新疆青年工作的重要性，要从国家战略高度上，呼吁全社会要高度关注新疆青年的生存和发展；继续认真开展调查研究，在南疆四地州调研的基础上，在北疆、中疆地区实地调研，尽可能做到全面、客观和辩证地看待新疆青年的问题。另外做好自己分管的各项行政工作，寻求机会，整合相关方面的资源为新疆团校解决一些实际困难。能力虽然有限，但为新疆人民服务的热情是无限的，在疆一天，都要尽职尽责，不辱使命，始终牢记我们是援疆干部，始终要把新疆各族青年的冷暖捧在心上，勇于担当、敢于担当、善于担当，为实现新疆跨越式发展和长治久安的战略目标贡献自己的微薄之力。

## 七、把党的十八大精神贯穿于工作、学习和生活的全过程，学以致用、勿忘历史、铭记使命、开创未来

来疆一年多，深深感受不同民族文化的多彩魅力和博大精深，与此也深深了解了狭隘民族利益所带来的危害。没有一个开放、包容、欣赏的心态和胸怀，就难以接纳各民族优秀的传统文化和时代文化精品，没有民族的好坏，只有人的好坏，要全面、辩证和发展看待一切问题，不能抛弃一切，而要积极扬弃。

党的十八大的召开是在是在我国进入全面建设小康社会决定性阶段召开的一次十分重要的大会。它为我们描绘了建党100年时成为小康社会，建国100年成为富强、民主、文明、和谐社会主义现代化国家的壮美蓝图，无不令人振奋。中国共产党走过90年，历经的磨难和痛苦，无论从数量还是程度，都是世界罕见，多少仁人志士和革命先烈为之付出的代价，世界上任何一个国家难以相比，在这样来之不易取得的成果面前，唯有实干才能兴邦，唯有团结才能兴邦，唯有主动才能兴邦。

毛泽东、邓小平、江泽民和胡锦涛四代领导人他们接力探索中国特色社会主义的道路，从最初提供的宝贵经验、理论基础和物质基础到成功开创中国特色社会主义，从成功将中国特色社会主义推入21世纪到成功站在新的起点上坚持发展中国特色社会主义，他们就像盖房子，从打地基到搭

框架，从一层盖到四楼，这是多么不容易的一项大系统工程，我们没有任何意义也不需要去寻找所谓的西方民主的道路，一旦改旗移帜，就会丧失一切，人民就会陷入水深火热之中，战争灾难之中。过去的中华民族是"雄关漫道真如铁"，当今是"人间正道是沧桑"，但只要我们扛过去，就会迎来"长风破浪会有时"的明天，一切尽在不懈奋斗、顽强奋斗和艰苦奋斗之中，一切离中国梦，即中华民族伟大复兴的梦想已不再遥远。党的十八大报告传递给我们的信号就是"定神、举旗、奋斗、改革、转型、团结"，正如李光耀所说的：奋斗不是身份，而是你的付出。也正如西方媒体评议，崛起的中国是与几千年中华民族形成的固有的坚忍不拔的独立性、根深蒂固的务实性和中央决策系统的强大性等特质密不可分的。

今天我要把学习十八大的精神贯穿于工作、学习和生活的始终，要坚信实践发展永无止境、认识真理永无止境、理论创新永无止境，要深刻领会科学发展观的精神实质，解放思想、实事求是、与时俱进、求真务实，永远做科学发展观的践行者！

新疆团校李伟
2012 年 12 月 19 日

# 纪实篇

# 转业团干部访谈纪实

## 专访沙雅县央塔克协海尔乡党委书记余国锋（曾任沙雅县团委书记）

访谈时间：2012年3月9日晚上21：00—23：00

### 一、转业后的不适应情况

他谈到转业后遇到的问题主要有：工作内容十分庞杂，任务非常艰巨，为了避免讲外行话和出笑话，他进行学习和恶补，令人尴尬的是他缺少底气和自信，不敢发表观点，做出判断。他讲了一段令人刻骨铭心的事，他是"7·5"事件后转业的，当时在乡里心理孤寂压抑，不敢与人交底，告诉他人自己的行踪，每天睡觉提心吊胆，不能入睡，那时他最难熬的一段日子。

### 二、对团组织的建议

他对团组织的建议就是：首先软力量硬起来，在基础建设方面要下功夫，比如机构、人、设施设备、阵地建设等等；其次上面的资源向基层倾斜。想象过大，但实际上没有那么大，有些理想化了。另外，上面很多决策方向上是正确的，但落到基层就虚了；最后是关于加强农村共青团组织建设问题。因为这个时期正是青少年理想信仰的形成关键，一旦出了问题就难以补救。

# 专访新疆天业集团有限公司工会主席、党群部部长李彤（原天山集团团委书记）

访谈时间：2012 年 8 月 15 日

**一、请您回顾一下共青团的这段经历，和我们谈谈您的感受？**

**答：**天业集团组建于 1996 年，我于 1998 年至 2005 年在共青团工作，由基层做起直到集团总部。在从事团委工作时集团党委书记、董事长对我帮助很大，他总是对我说允许年轻人犯错误，说年轻人犯错误，上帝都会原谅。我当时也犯过一些细节上的错误，但是现在想来这些并不是什么大问题，敢做就是一件很有勇气的事了。我觉得当下团岗位工作的年轻人上进精神不足，因为害怕犯错误而止步不前，对推进团的事业有心理障碍。随着社会的发展，80 后 90 后走在世界的前沿，虽然综合素质不断提高，但是在工作热情激情和勇气方面还有所欠缺，时常畏手畏脚，团的干部不应该也不能够这样。犯错误是人在成长中必须而有意义的经历，每个人都有年轻的过程，共青团岗位是年轻的，能够在共青团工作几年对于青年个人成长是非常有帮助的。犯错误无伤大雅，我们需要的是敢为人先的精神，做事情畏手畏脚，再优秀的人也难以做好团委工作。团委的生机很重要，只要敢于做坚持做，就是成功。

印象最深刻的事情是在 2004 年左右天业集团获得全国青年文明号的荣誉称号。事实上，在此之前天业集团的生产控制、工艺条件及其他方面都比较落后，但是为了争创先进，集体努力学习、刻苦奋斗、不断改进提高，最终实现了最初的梦想。虽然后来的厂区条件越来越好，但是仍然都会回到老厂区学习，因为多年后老厂区都一直保持着当年的文明号精神状态。这是我们集团的标杆和榜样，值得我们企业的所有团干不断学习的。

## 二、转业后您遇到的主要问题是什么？

**答**：我是从团委书记的岗位转到了办公室主任的岗位，办公室工作需要与人沟通协调、合理分配，并且涉及多方面。经过之前的团委工作锻炼，使得我转岗后上手很快，适应很好。另外，这两项工作间也有些许差异，比如说我在现在的岗位更加注重通盘一体抓，站在更高的全局的角度看事情，做好分配和组织工作。举个例子，我在办公室负责车辆管理，为了更好地实现管理，我用了三个月的时间自己学会开车，了解开车。我认为自己要先懂得，亲身体验接触，才有发言权，才能实现更好的管理。团岗位工作在个人年轻时、羽毛尚未丰满时，意味着一种积蓄，这个岗位可能没有轰轰烈烈的事情，但是只有经历一段时间的积累后才能够厚积薄发，时刻为挑起各种的担子做好准备。

## 三、您对共青团工作和团干部的成长谈谈您的想法和建议？

**答**：共青团工作在不同的领域应该是有不同的模式，就企业共青团工作而言，它与企业的经济效益息息相关。企业的团工作以生产经营、利润最大化为中心，团围绕党委的工作开展跟生产经营相关并且有自己特色的活动，同时因为企业生产性质跟易燃易爆相关，对于安全的要求很高，因而团委以安全为中心开展活动，例如安全生产岗活动、安康杯系列活动及争当青年文明号活动等。企业团工作必须要与生产紧密结合，努力调动青年积极性，配合党委做好员工的思想工作，了解员工需求和态度。

共青团工作专职化是很有必要的，目前我们企业已经看到团员的强大力量（我们集团党员人数不到2000，团员人数占据极大比例），因而成立了很多团委、团总支，并配备专职团干部，帮助引导团员青年，开展活动。共青团工作成功与否，跟党委重视、支持程度息息相关。共青团工作不能够脱离行政工作，若是二者双轨而行，团的工作势必得不到行政系统的各项支持，也就不利于活动的开展。

对团干部的建议主要要以下几点：

集团团组织工作的团干部应该以企业大的方针为工作重点，及时调整工作方针，将企业文化反映到团的工作当中；

基层团组织工作主要是组织和实施，工作热情第一，能力第二。因为团的工作需要足够的精力和时间，只有足够的热情支撑，才能够克服各种困难，不断前进；

企业团的干部不仅需要团的工作能力，更加需要懂生产、懂工艺、懂经营，因为在设计团的活动时都需要上述专业知识。例如技能大赛的评判规则设置，企业综合考核评价等方面。不能将团委工作和企业生产工作做成"两张皮"。再有，团干部今后的职业发展也需要他更多地了解和懂得企业的生产、经营。

# 专访新疆八师石河子市卫生局调研员杨政
## （师市直属机关团工委书记）

## 一、访谈对象回顾共青团工作一段经历的情况

访谈对象出生于 1960 年，从 1979 年开始就担任企业基层团支部书记，1982 年在石河子市机关党委从事共青团工作，此后凭借出色的组织协调能力先后担任师市直属机关团委副书记、书记、团工委书记等职务。1999 年 4 月转岗到机关，开始担任师市直属机关纪工委书记，虽然已转岗，但是还是在从事团的工作。2001 年才算是真正的转岗，因此可以说，访谈对象共从事了 22 年的团的工作。

从事共青团工作对访谈对象有很大的帮助，主要有以下三点：第一，从人生旅程来看，访谈对象得以从原来学习的理工科进入到政界；第二个方面主要体现在价值观念方面的积极转变。在做共青团工作的过程中，为使团的活动更顺利地组织下去，访谈对象想了各种办法针对来自不同背景、不同学历的共青团员组织不同的价值观的引导，正是这一点让她能和年轻人打成一片，她很骄傲地说儿子给她打电话都是喊她"政姐"，学生们都亲切地喊她"杨妈妈"；第三点就是对访谈对象之后的继续教育有很大的影响。从事了共青团的工作后，访谈对象可以接触到各个知识领域的青年团员，她在与他们的互动中学到了知识，也慢慢地培养了自己的兴趣。在选择自己的继续教育时，选择了文书档案和法律两个专业。而且学习的这两个专业对自己现在的工作、生活提供了很多的知识积累，使访谈对象受益无穷。

对于访谈对象来说，在从事团的工作的过程中最不能忘怀的就是自己亲手组织、策划的一场集体婚礼。1987 年，访谈对象手下有 800 多机关团员青年，在数次的活动后这些年轻人之间擦碰出爱的火花，于是访谈对象便开始策划这个计划。最终各机关共有 17 对新人参加了这个集体婚礼。在设计这个集体婚礼的时候，访谈对象就有很清晰的团组织理念在里面，用

她自己的话说就是"要教育他们靠自己的力量去迎接生活,结婚这件大事也一样,而且那个时候是个贫苦的年代,铺张浪费要不得",集体婚礼正好完全与这个理念完美地融合在一起。唯一的遗憾就是自己因为怀孕了不能参加、主持婚礼,只能自己在家里坐卧不安地等着集体婚礼的结束,等着有人来送信介绍婚礼的场面。

## 二、访谈对象转业后遇到的主要问题

访谈对象转岗之后从事新的工作适应得非常快,之所以能适应那么快也是与从事团的工作有很大的关系。因为自己在当团委书记的时候,跟各个专业、各个学历层次的人进行交流,自己也得以储存了各种知识,组织、宣传、协调能力也有很大的提升。用她自己的话来讲就是"机会永远留给有准备的人,从事团的工作就要考虑自己以后转岗的事情,所以在从事团的工作的过程中一定要不断地积累知识,积累丰富的素材,拓宽自己的知识面"。自己现在担任石河子市卫生学校党委书记的职务,而自己在"十年动乱"时就已经把医学基本知识都掌握的很不错了,这也是生活的一个积累。即使岗位有所转变,但是现在从事的工作和以前从事的团委的工作有一个很大的共同点:跟年轻人打交道。年轻人有活力,跟年轻人在一起心永远是年轻的。

## 三、访谈对象从团外角度是如何看共青团工作和团干部成长的?

对于以后的共青团工作,访谈对象有很多建设性的思考,在两个方面有很深刻的认识。第一方面就是共青团的工作不仅是针对青年人的,共青团的思想工作应该从小抓起。孩子出生的时候是一张白纸,这个时候对其进行潜移默化的教育是最有效的。同时教育的时候要针对他们的年龄特点开展连续性教育、养成教育。比如说,儿童时期就应该对他们进行爱国主义教育,可以从唱国歌、认国旗开始,让其树立儿童自豪感。中学时期开始进入青春期,那这个时候就可以对其进行启发、引导、教育,让他们看一些奥运冠军之类励志的影片,让其感受祖国的伟大。大学时候就应该培养的是一种责任意识,可以去吸收外国先进的经验,但是不能崇洋媚外,一定要有一种责任,自己的国家也可以强大,自己要为国家的强大有所奉献。进而把有形的灌输式教育转变为无形的渗透,这样做思想教育才是有成效的。

第二个方面,对共青团工作而言,一定要做到离岗不离团。团组织作为党组织的助手、后备军，那在工作中就应该把这两个角色体现出来。一定要纠正部分团员的入党动机，鼓励积极参与团的工作，"在你成为党员之前不可以停止团的活动，因为你就是助手、后备军"。

对于以后团干部的培养方案，访谈对象应做到：做团的工作一定要知识面广、综合素质高。组织、协调、管理、驾驭能力，这些基本的技能要掌握，同时还有提高自己的知识积累，为以后做些铺垫，随时能胜任任何一个工作岗位。另外还要有一个观念的转变，与青年打成一片。

访谈对象发表了很多的论文，如自治区职业院校思想政治研讨会上用到了几篇，同时还在党工委、纪工委的论文集中有所贡献，1991年《共青团选举的审理工作报告》也是现存的档案资料。

## 专访八师石河子市党委组织部组织科科长张璟（曾任师市直属机关团工委书记）

访谈时间：2012 年 8 月 15 日

**一、共青团工作带给您怎样的帮助？**

李：您在共青团这个岗位上工作过几年了？

张：我之前在学校做了几年，做团的专职工作是从 2012 年开始的，我在 2016 年转岗，这样算来就有四年半的时间了。

李：在这段经历中，您有没有什么刻骨铭心的感受，可以给我们来一起分享一下呢？

张：我之前在团工委副书记领导下任职，书记当时由于事情比较多，就放手把事情交给我来做。我呢，性格比较好，做事始终保持热情，而且我给自己的任务是一年以内一定要保证自己的工作量。当时的青年岗位很少，团员又少，我只能够抓住中心力量，牢抓机关干部，依靠青年工作委员会，组织那批 35 周岁以下的青年来参加活动。我保证一年有四次活动，包括像文体工作、知识竞赛、综合素质提高和趣味运动等这些符合青年人特点的活动。这些大活动都是我自己一手抓下来的，所以压力还是很大。

我觉得自己能够成功组织这些活动，得益于领导的信任及自己敢闯敢干和坚持。尤其是坚持这一点对我最重要，具体体现在自己能够独立思考想办法把事情做好。

给我印象最深的是举办一次主题为"转变青年工作作风，展示机关青年风采"的活动。我只有一个星期的准备时间，而且由于人手缺乏，这项活动从开始到结束都只有我一个人来操办。在这样紧的时间里面，要组织好这样一项活动，压力确实很大。我就充分发挥基层组织的力量，主动利用了像幼儿园、机关党委、青工会等一切可以利用的资源来完成这个活动。我当时刚刚步入这个岗位，级别低，却要和资历和级别都比我高出很多的人来沟通联系，确实有点担忧。但是当时年轻，鼓足干劲，带着"年轻不怕干活，干活就是积累经验"的想法，壮着胆子打交道，不怯场，这也是我佩服自己的地方。因为组织缺少经费，我只能够去利用一切可以而且可能利用的资源，努力把活动办成功。这样一个活动，从组织到筹划到具体沟通落实，我还当了现场主持，这当中自己确实成长了不少，收益颇丰。

李：您在节目审核方面都有些什么标准呢？

张：首先是选择那些红色经典，当然都是正面的和传统相关的内容；第二是把节目尽量往机关布局及其职能上面靠，用青年的方式去展示机关的布局职能，做到涉及面广，顾及到各个单位。这样一来，不仅我们的活动很有特色吸引力，达到了预期的效果，而且对各个单位来说也是让外部了解自己的一个有效平台。在这期间，我还申报了一个"兵团优秀卫士"的奖金，正好在活动前一天审批了下来，于是安排了一个领导颁奖的节目，这样从领导到群众都被积极调动起来了，活动相当成功。

李：您能提炼一下团的工作都给您带来了哪些帮助吗？

张：我对团的工作感情特别深，因为一个人组织过，在这期间付出了很大的心血。概括起来主要有：第一敢干，青年无所畏惧，不能碰到困难就逃避，比如主动沟通领导，其实领导是很乐意和青年人交谈的；第二热情，始终保持积极向上的心态，能够迎难而上；第三真心，虽然离开岗位已经有这样一段时间了，但我还是一直关注着团事业的发展，好像不自然地就会关注到，现在尤其是对援疆志愿者。

## 二、转业后遇到的问题是什么？

李：转出去后，您觉得到新的岗位上最深的感受是什么？

张：强度大。我在转岗之前参加过先进性教育活动，而这个转岗也主要是由于组织上的安排调动。由于岗位缺人，所以组织部就抽我过去，也没有考虑职位的平等调换方面，所以刚过去，感觉强度挺大的。我在大年三十都没有休息，而且那会儿离正式转岗还有一年半的时间，所以还是要两头兼顾两头跑，有点累。

李：正式上岗以后，您最纠结的感受是什么？

张：这个好像没有。工作上都还算得心应手，因为毕竟科长的业务并不难，而且在市里又已经历练过，对党委书记等人都还比较熟悉，对机关布局也比较了解，资源广泛，因此也没有遇上特别大的困难，尤其是在沟通方面。

## 三、对目前共青团工作和共青团干部成长的建议

**李**：您现在觉得共青团的工作还存在一些什么问题？

**张**：第一个是组织老龄化太严重，第二个是青工的流动性太大，想要在基层挖掘先进党员有点困难。原因主要是屯垦和团员人数有限。留下一部分在职人员，年轻的通过参加考试考出本省，基层就主要靠外省移民来补充，这样不稳定的队伍是件很可怕的事情。我们团的组织在基层，但是缺少团的组织建设，这个也是我担心的地方。另外，除去学校有较多的团员以外，其他机关单位基本上都是党员，比如说今年新进来的600个人里有很大一部分都是党员。同时在编制上存在着缩编裁员现象，很多团干部都是兼职的，还有一些挂职团干部，这部分人不能够享受正科级待遇，因此不利于青年工作委员会作用的发挥。第三个是队伍整体的积极性不高，一个是队伍散，团干平均年龄超过40岁很难产生组织归属感，一个是素质低，缺乏监督管理，举个简单例子就是有很多女团干不注重礼仪。我个人觉得，作为一个公务员出门代表的就是机关形象，不要求西装名牌，但是起码得做到整洁大方。

**李**：您对现在的团干素质如何看待呢？

**张**：主要是边缘化，表现在本身的权责不合，另外一个很严重的问题是现在这些团干利益化倾向很明显，缺少一种奉献精神。

**李**：您觉得这些青年团干的作风怎么样？是否受与青年的关系度影响？

**张**：这个倒不是特别有影响。现在青年人普遍都喜欢交朋友，都会去参加一些文娱活动，与青年的关系一般也都挺好。

**李**：这些团干在能力上存在哪些弱点呢？

**张**：这个看角度吧。从进人的角度上看，如果是军转团干，他们的优势是在工作上有经验，但是缺点也很大，他们从部队转到地方，在工作上显得缺少一种"韧性"，处理问题比较"刚化"，行就是行，不行就是不行，其实这样是不利于他们工作的顺利开展的。再一个也要看来源，像高校外省来的团干就比较努力踏实肯干，这本身也跟他们当初打算援疆的念头有很大的关系，在工作开拓性上比本土的团干要强一些，不过这种机会也是相对性的。留下来的这些志愿者呢，特点是肯干态度好，有主动性。现在就是怕不干活，而不是怕没有能力。志愿者们比较善于沟通，有事互

相之间会通个气，而不是闷头苦干。而本土团干和他们比起来，依赖性比较强，这也源于他们本身的环境比较优越，有家庭背景。

李：这些公选的团干部（志愿者）有什么缺陷吗？

张：他们的特点是年轻有活力，而且素质高，能够带动大家活起来，思路开阔能够想人所想。

李：他们这些素质是从哪里来的？有没有这种情况，就是他可能本身素质很低，到了团以后素质才得到了提高？

张：这个……我倒是没有碰到过。因为来这里的人基本上都是考进来的，需要通过政审，政审的一个要求就是品行好。我对团干部的要求是年轻、团结、有成绩。

李：您如何判断一个人的处事能力呢？在态度和能力之间您又是怎么样来选择的呢？

张：这个就看一个人的做事态度吧……在能力强态度差和能力弱态度好两类里面，我可能倾向于前者，因为我觉得态度我可以慢慢改变他，虽然自己还没有碰到过。

李：您觉得态度和什么有关呢？一个人为什么就这么肯干？在这方面您有什么看法？

张：这个一方面是和他与身边接触的人事有关，另一方面也和他的人生经历有关，但也不是说经历单纯的人就一定比经历丰富的人态度差，不肯干。

李：您对团干有什么担忧吗？

张：像我先前说的，年龄问题，还有就是团干容易受社会风气的影响，因为现在信息化社会，传统教育的影响所占的比重会越来越少。

李：对青年团干来讲，什么工作应该放在第一位呢？您认为最重要的是什么工作？

张：我觉得是队伍的质量。团干部可以说是将来各个岗位工作的主力军，因此提高质量很关键。

# 专访新疆建设兵团 136 团党委常委、副政委孙浩（曾任 149 团团委书记）

**访谈时间：2012 年 8 月 15 日**

## 一、回顾共青团工作的这段经历所带来的帮助和价值

中专毕业后，到新疆 149 团场任团场（正县级单位）组织科科员一年，后通过公开选拔，从 11 人中脱颖而出选拔为团场团委书记并兼任团场组织科副科长，任期从 2001 年到 2008 年，后任新疆建设兵团 136 团党委常委、副政委。这期间，有几件事刻骨铭心，一是竞选团场团委书记。因为自己 19 岁参加工作到团场组织科任科员，所有的工作都从最基础做起，最初一直是整理档案，后来积极向领导争取其它工作，得到领导的认可，和当时的团委书记在内等 11 人竞争，通过演讲、答辩、民主测评从 11 候选人中公开选拔为团场团委书记。二是建立完善基层团支部、举办少年军校。上任伊始从基层团支部抓起，完善了基层团组织、开启了自己共青团工作的第一步。同时，认真准备少年军校的活动方案、申报材料等相关资料，在领导不支持的情况下，以一种初生牛犊不怕虎的精神直接找到团长，以自己充足的准备和敢想敢为的精神打动了团长，成功的举办了少年军校，并在全师少年军校评比中获得二等奖。三是组织捡棉花突击队。在上任伊始，组织团场 1.5 万名外来农民工进行劳动竞赛，通过找团场企业赞助、实时公布光荣榜、广播对劳动能手进行宣传和物质奖励等方法，调动外来农民工的工作积极性，为团场的麦收工作起到了很好的带动作用，并成为了以后团委工作的品牌项目。四是在任期间，每年"五一"到"五四"期间，在团委没有钱的情况下，通过拉赞助的形式，举办团场乒乓球、羽毛球、篮球等体育比赛，通过赞助商以丰富的礼品、奖金作为奖励，形成了良好的影响。五是举办青少年画展。团场团委通过各学校团委积极组织团场青少年画展，激励青少年发展自己的兴趣爱好。再一次创造

了团场团委的又一品牌项目。

## 二、共青团工作这段经历带来的主要影响

感受有几点，一是对共青团的感情。共青团见证了自己的成长历程，对于共青团有一种难以割舍的感情，每当遇到团干部都会有一种条件反射般的感情出现。自己现在的工作也分管共青团工作，自己也向现在的团干部传授自己的工作经验，继续支持共青团工作。二是共青团工作经历对自己当前工作的影响。第一是对自己为人处理方法的影响。自己当前为人处事的很多方法都是在共青团工作期间培养的，共青团在政府部门中处于一个相对弱势的工位，没有权也没有钱，在共青团工作期间，对于自己待人接物的方法、礼仪、口才都有了一个很好的锻炼平台。同时也形成了自己遇事正直处理，广交朋友的习惯。第二是提升了自己的组织协调能力，把握了统筹工作的方法。第三在性格方面也造就了自己，软硬不怕、但软硬都吃的性格。同时，也明白了作为年轻同志，要虚心向老同志请教，熟悉其它交叉部门的工作，搞好人际关系，调动其它部门工作资源开展工作。第四是共青团工作的经历也造就了自己很快适应新的工作环境，明白了改变不了环境就改变自己的处事方法。第五是共青团工作的经历同样锻炼了自己的亲和力，在任何工作环境下能很快地和自己的同事、下级打成一片的局面。第六共青团工作对自己当前的工作就坚持原则、搞好民族团结、工作中以一种争取双赢的工作态度和方法。

## 三、对现在年轻团干部的建议和意见

一是当前团干部要继承共青团工作传统，继承兵团精神，抛弃晋升快、浮躁的态度。二是团干部要加强能力锻炼，机会要靠自己把握，同进作国领导也要放手让青年去做，同时团干部也要不断提升自己的创新精神。三是希望加强对于团干部的培训力度，尤其要加强对于非工企业团干部的培训力度和建立完善的非工企业团组织体系。新疆是劳务大省，很多非工企业大多数职工都是青年，但是现在团组织很难覆盖到这部分青年，活动也很难开展，原因还在于团干部不能很好地发挥作用，应当加强非工企业团干部培训力度。四是团组织要重视青年的就业问题。针对当前建设兵团青年回流现象，共青团组织要做好服务青年的工作，重点加强服务青年就业工作。五是共青团工作不求多，但求专业，求精。要求每项工作都能扎实落实，实现工作的传承和可持续发展。

## 四、对团干部讲几句经典的话

对于年轻人机会是平等的,是否成功建立在自己是否做好准备。把自身能力锻炼好,机会随时会有。

工作要从最简单做起,遇到难事、问题一定要坚持住,自己不能退缩。

要经常反省自己,开展自我批评,对于自己的成长很受益。

要善于交朋友,建立自己的人际关系网,调动自己身边的资源开展工作。

共青团干部希望很大,要激励他们的成长,但是也希望他们能克服急迫浮躁的毛病。

## 专访石河子第七中学党支部书记侯霞
## （曾任石河子师范学校团委书记）

**访谈时间：2012年8月15日**

### 一、谈谈曾经的共青团经历带给您的感受？

问：请先谈谈您的经历吧

答：我是1997年上的大学，考上了社科大学，是汉语言文学专业学中文的。毕业了，然后2001年9月份被分配到了石河子师范学校，它是整个石河子的一所中职院校。他原来是一个中专学校，培养的是音体美专业，师范专业的像小教汉语之类的学校。我当时分配过去以后教的是大专班。然后2001年到2007年教书，到了2007年8月25号因为学校分离，所以就开始做了团委副书记，到了2010年10月转正成了团委书记。2012年6月19号被任命为石河子第七中学的党支部书记。这就是我的整个过程，我的过程比较简单，基本就是在师范学校。一开始的工作前六年时间都是当老师，做普通老师、年级组长等。到了2007年的时候才开始做团委副书记兼德育副主任，做一些德育的工作。

问：那您在当团委副书记的时候还要教学么？

答：要的。我不是专职的团委书记，我不仅要做团委的工作，但是平时的课还是要上的，而且我还是德育副主任，所以学生科的工作也要带着一起做。

问：那您这么多工作揉在一起都要做，那一定是非常的繁忙吧？

答：如果是专职团干的话那工作来还好，但是要上课，而且学校的事情比较复杂，要写很多文件材料。从2007年12月份开始，凡是学校要搞一些大型评估，有一些检查，材料都需要我来写。我觉得团委书记的工作虽然说不上是多面手，但是的确是学校方方面面的事情都需要参与，所以有的时候真是想做一个专职团干，专心干团委的活。

**问**：那您是怎么把这么多工作一起做得那么好？

**答**：我觉得团干部和别的干部的区别在于团干部上来都比较年轻，所以可能精力比较旺盛。因为我不仅做团的工作，而且还要上课，我管学生，备课什么的全都放在业余时间。平时上班时间基本都要搞团的活动，而且因为本来团的活动是只针对团员，但是我还是学生科的，所以我们就把所有活动揉到一起，都是全校性质的，除了一些专门只针对团员的讲座什么的，别的我们都是揉到一起做全校性质的。

**问**：您从一开始的教学到后来转到行政是当时学校选的还是您自己去竞选的？具体过程是怎么回事？

**答**：我们学校原来是有师范也有高中，是挂两个牌子。到了2007年，整个高中都搬到城区去了，所以学校就被剥离了，就把师范学校的整个领导班子拆开了。两个校长走了，教务处走了，学生科走了，几乎都走空了，都到高中去了，所以那个时候就比较缺干部，然后新来的校长可能私下也调查过，一开学找我谈话，说除了教学任务之外要给我点别的任务，让我做好心理准备，然后我才知道，事先我不知道，是比较突然的。

**问**：那做了团委副书记以后，那您的工作时间也比别人长了，白天还要上班，晚上还要备课，是不是很辛苦？

**答**：说真的，团委有的时候累的时候会觉得以前做普通老师挺好的，比较单纯，就只要上好课就好了，下班以后就可以做自己的事情了，学生走了就走了，不用考虑那么多的事情。别的老师下班了我们还要在办公室待着。也许有人觉得我们在台上发言念个十几分钟就结束了，但是对于我们自己来说，没有三五天也写不出材料。我2007年刚做团委书记的时候，因为以前只是以一个老师的角度来看学校，后来一下子把我抽到了团委副书记这个干部岗位上来，刚开始每次写材料的时候我都觉得特别痛苦特别力不从心，我对学校没有太多了解，之前的很多工作都没有参与，而且那时候的思路还是个普通老师的思路，所以写出来的材料也不好。后来我就自己琢磨，自己上网查，自己去学习，直到过了几个月以后才开始适应公文写作。

而且校长刚把我调到这个位子上的时候，我一开始对团委书记的感觉是要能歌善舞，要活泼，是一个多面手，觉得自己好像哪里都不擅长，但是若到各种场合让我出节目，我却扭扭捏捏又很不好，所以我自己学跳维族舞，唱维族歌。因为我唱歌比较好一点，所以我就会挑几个难度高一点的。而且我大学是中文系，也是辩论队的，有时候也会在晚会主持节目，所以我觉得我还可以，觉得自己还算是比较活泼而不是死气沉沉的。但是那时候起，就觉得自己压力大了，因为不像普通老师可以隐藏在人后，活在小圈子里过自己的生活。自从2007年后，觉得自己以前是个默默无闻的人，现在领导看重我，对我有知遇之恩，所以我挺想干好的。而且因为我在所有干部里面是最年轻的，所以更想做好，想证明自己。我觉得团干部的最大的特点是年轻，像一团火一样，对工作很有激情，不像老中层干部很绵的状态，都挺希望在工作岗位证明自己的能力。我觉得只要能在团委这个岗位上干好，再换别的岗位我一点都不害怕。

**问**：这是为什么呢？

**答**：因为我觉得团委书记这个敢为，把我们锻炼得非常好，从默默无闻到要注意培养自己多方面的才能。如在语言表达能力方面，像团委部门就比如我们学校，最注重的是学生的成绩，学生科很重要，教导处很重要。团委在学校就是"悲凉的点缀"，团委书记完全可以让德育主任兼，因为一点不影响他的业绩。像我们要搞活动的时候，如果不能和校领导保持好关系，领导不重视的话连活动都不能开展。所以在团委这个领导层里比较薄弱的位置上，如果能把工作开展起来，我觉得这就是在锻炼我们的社交能力，因为要和所有人都搞好关系。

**问**：那您的工作经历中，让你最深刻的一件事情是什么？

**答**：对我来说我们在基层干团委工作时候，上至领导下至老师，领导要是不支持，那活动就不能开展。对于老师，因为我比较年轻，要开展活动，特别是对班主任，始终有一种要求他们的感觉。因为老师也觉得学生最主要的任务是学习，如果要占用学习的时间去排练会让学生的心都野了，所以有些老师就会坚决不支持你的工作。我们就只好私下里和他们搞好关系，把公事变成私事，私人关系要好才能干起来，所以真的很累。我最深刻的是，团干部属于从最底层走来，像我现在换了岗位，这种岗位领导性的优越感是以前团委感受不到的，以前谁都不待见你，起点就比以前高，以前学的忍辱负重慢慢把性子都磨了。不再是过以前小圈子的生活了，重要的是学会了人与人的交流了，这样才能更好地开展工作。从一开始接触工作，什么都不懂，连团委书记干什么都不懂。

最深刻的一件事是8月份刚谈好话，10月份我们就要办一个晚会，但是我们原来的团委书记已经被调走了，一共就和我见了两面，我也什么都不懂。我一开始连晚会的程序都不懂，之前的筛选节目，彩排，刻碟，保证晚会质量，学生服装，主持人问题，台词的问题等等我都要准备。临开始几天音乐组组长和我说服装问题我才知道服装是要我们准备的。熬了两天，把领导的致辞还有主持词写好，才把各种前期准备做好。还有一些彩排的不满意，想要学生重新排练一次，就要和班级去谈，让学生抽时间再去排。有些班主任就反应特别强烈，不同意，还告到了校长那里。就是那次晚会，让我真的长了见识，团委书记干团委工作，和以前老师的工作真是截然不同，涉及到方方面面各种问题。那件事情对我刺激特别大。我以前总觉得自己一个人有能力就可以了，但是后来才知道好多事情要和很多部门沟通，协调，如果他们不配合，那你自己再有能力那也办不成。为了这事我失眠了好几天，后来才沉下心来，好好重新开始干。因为在团委团干就是一个组织者，和以前的被动参与的角色是非常不一样的。

**问：**那像您说的，有老师向校长去反映这个问题，您最后是怎么去解决这个问题的呢？

**答：**我的观点是1. 搞活动出发点是因为是我的本职工作2. 我觉得一个学校不搞活动整个学校就会死气沉沉的，那必然就会影响整个教学质量。要是学生三年没有活动都在教室里死读书不见得就会提高他的成绩。我就劝校长，一个学校要是想要办出特色来，德育活动就是一个突破口。因为有段时间我们学校出现学生打群架的情况，半夜从二楼跳出去去网吧，我觉得如果我们办一些兴趣班，比如篮球，合唱、跳舞这样的办起来，能够转移他们的注意力。因为我们学校比较特殊是全封闭教学，全部住校只有周末才能由老师带着出去超市。这些孩子精力非常旺盛，但是特别压抑，特别爱破坏。他们特别爱运动，爱踢球，我觉得要是我们每周抽出一节课时间搞兴趣班，让他们能够玩得尽兴那么课上就不会和你闹。后来我们就开了12个兴趣班，由老师带着开一点电脑、篮球之类的兴趣班，这样就感觉整个校园的风气还有氛围都有了转变。这是08年以后才办起来，因为校长也是新来的，对于学生工作不太懂，不太明白德育活动的作用，不重视，我总是和校长去强调，所以我觉得团委工作特别锻炼人的沟通能力。有段时间我被一些老师气的比较厉害，有些泄气，觉得没意思，但是我后来想要是团委不搞活动的话那还有什么意思，所以后来又开始干，我们的兴趣班一直到我走还一直举办，也派学生出去参加一些比赛，成果也很不错。

## 二、谈谈转业后遇到的问题

**问**：那您12年转岗以后，您是否适应呢？

**答**：我觉得没有什么不适应，因为毕竟是从学校到学校。七中是九年义务制学校，这几年从事学校的材料汇总，所以对于学校的教学管理程序比较熟，学校运作的角度都不陌生。唯一陌生的是人事方面，因为人都不认识，完全陌生的环境，我还得一个个的重新去认识了解他们，领导他们。因为我去的时候已经比较晚了，马上就要中考了，许多老师都是在监考，我也见不到面。紧接着就放假了，所以我还没和老师们正式见到面，除了中考组的了解了一下考试情况。到这个单位，我并不存在特别的隔阂和陌生，而且校长是以前就认识的，现在就是觉得在人事部分以后还要再努力去了解，要尽快地融入这个集体要做到物尽其用，最大程度的调动老师的积极性，让一个单位团结、和谐，让所有的老师能够凝聚到一起。但是这个过程还是挺难得，需要自己再去琢磨，要多实践，也要像校领导学习，我现在还在不断的收获，在学习。因为党委书记比团委书记更需要理性的素养，现在不像以前能够找校长倾诉了，我争取在下学期马上进入角色。

**问**：那您以前在团委的工作对您现在的工作是否有帮助？

**答**：我觉得特别有帮助。从理论水平来说，如果是普通老师，不通过团委的锻炼，我肯定是理论水平不行我觉得自从干了团的工作，我也和别人讲团课，我觉得我的个人水平也在潜移默化中自己慢慢地吸收，成为自己的东西，理论水平有了大大的提升。还有就是管理能力，应变能力，特别是在搞活动的时候，牵涉到各方面的配合，要让各方面的力量能够揉到一块来，这很锻炼我，对我起到的帮助非常大。还有别的语言表达能力，写作能力，还有就是自信心。不站在台前，永远不能体会台上人的感受，在下面你只会觉得这个人有多厉害这个人有多能说，永远不知道他在背后付出的努力。所以说这个自信心，比我干了七八年的老师得到的要多得多。自从当了团委书记以后，我不怕在人前说话了，比如开中考辩论会，还有和别人聊天，我以前有社交恐惧症，现在也没有了。我以前就说，现在随便把我放到教务主任、校办任何位置上，我都能做好，虽然说得有一点猖狂，但是确实是这样。因为我们的冲劲是老干部不能比拟的，但他们的经验、干练不是我们能比的。

## 三、从团外角度，谈谈对共青团工作和团干部成长的建议

**问**：您能不能给后面的团干一些建议呢。

**答**：我那天就给下一任团委书记说"作为最年轻的干部，你千万不要害怕多干什么，因为你是最年轻的，你应该做，不管是不是分内的事情。"团委的事情在学校里是一些最细枝末节的事情，但是你要是想把它干好，你有那份本领，你就能把团委的事情渗透到学校的各个部门。团委是青年人的岗位，是青年人发挥才能的最好的平台。你要有冲劲，要去干，要用你的实力去证明学校离不开你。但是现在的年轻人可能比较浮躁、怕吃亏，但是千万不能这样想。大家的眼睛是雪亮的，当你觉得吃亏时，别人把责任推给你时，别人有可能不说，但他绝对会记在心里，会觉得这个人不错。所以一定要多干，在自己的岗位上把自己的作用发挥到120分，让别人记得你。但是人要再往下沉一点，不要浮躁，过几年就会走到更高的舞台上。越是年轻人就越是要多干。

**问**：那对于团组织，怎样能使一个团干更好的成长起来，您有什么样的建议？

**答**：就我的个人经历来说，我挺感谢团委这几年的培训。团委几乎每年都培训，特别是2008年去乌鲁木齐的一个山上培训给我印象最深，先是上课，然后是素质拓展的训练，我是第一次参加素质拓展训练，觉得培训也能变得这么活泼，比平时坐着讲课深刻得多，和一起培训的人的友谊也非常深刻，这几年我们也都保持着联系。我觉得对于培训的一些建议：1. 以我来说，我2007年开始做团委副书记的时候特别迷茫，作为上级团委应该加大对于团干部基础理论知识的培训，虽然可能会比较枯燥，但是真的特别有用。因为像我刚上来的时候，前任也不在，没人理没人带的时候真的特别迷茫，就特别希望有上级团委能够带来基层团委怎么工作以及团的基础理论指示。就像开换届选举大会，发展团员我都不知道，最后还是我自己查。所以一定要加大对每个团干不管是老团干还是新团干，特别是新团干，要让他找老团干，别的类似单位的帮带一下。2. 市团委搞的团处级培训班，希望能请一些外面的专家来给我们讲座。因为石河子是一个很小的市，团干也都在小单位，视野很狭窄，创新意识非常的薄弱，只能自己在网上找。各单位之间交流也少，和外界交流更少，没有一些优秀的典范及参照物，让我们照他们学，要是上级能多给我们一些干得好的模范性的单位让我们参观一下，学一学，会对我们自己开拓思路有帮助，我觉

得我们现在有点井底之蛙,思路实在是太狭窄了,基础理论知识太少。如果不学习别人好的典范,不会知道外面的世界是如此的广阔。3. 要加强同行之间的交流,开会的时候可以安排相似的单位坐在一起多交流一下,如果说外面的世界太大太远,那么周围身边可利用的资源能够尽可能地汲取。

# 专访达林台博乐市发改委副主任
## （前博乐市团委副书记）

访谈时间：2012 年 8 月 23 号上午

### 一、谈谈你过去从事的相关的团的工作？有什么感受？

**答**：我认为团的工作首先要明确一个中心，就是围绕党的中心工作。比如说我们博州今年的政府中心工作就是城市建设，那么要开展的一系列团的工作也离不开这个中心。回忆过去的团干工作经历，记忆犹新的就是当时参与校团委组织的勤工俭学学生文艺汇演，大概有 300 多人参加，取得了非常好的效果。当时在我就读的中山大学，各项活动开展得很多，但我观察到很多勤工俭学的学生由于家里条件不好，容易自卑，会躲避一些学校的活动，而我们当时组织的文艺汇演全是针对勤工俭学的学生，大家在一起不存在什么差距，没有的羞涩和自卑，尽情展示了自己的才华。通过这样一个有意义的活动，不仅真正关注了青年，而且真正关心了青年中的"脆弱"成员。

### 二、你认为开展团的工作时最大的问题是什么？

**答**：经费不足。有时候会因为缺少经费让很多有意义的活动不能开展，也是我们团干部的遗憾。

### 三、对当前的团干部培训，你有什么建议？

**答**：我认为对于当前的团干部培训理论学习过多，对农村青年的吸引力不够。农村的大发展、大繁荣，离不开农村青年的努力，但是一部分聪明的青年通过各种努力，富裕起来了，成为了村里的青年致富能手，带领了一大批当地农村青年的就业，形成了一种积极的氛围，可是在他们不断扩大的过程中，遇到的很多问题却得不到真正的重视和解决。比如，贴息贷款，在我们当地有一个优秀的青年致富能手，急需资金，却没办法享受到贴息贷款，即便在团委的争取下也未能成功。我希望在今后的团干部培训中能够多聘请一些知名企业家前来授课，让他们更多的领悟实际技能，与企业家面对面交流学习，为自己的创业提供现实的参考。真正做到大手牵小手，带领着广大青年，支持青年，帮助农村更好发展。

### 四、说说你组织过的印象深刻的团活动？

**答**：组织了一次农村运动会，收到了很好的效果。从运动的策划、组织、实施，一步一步都很正规，也设置了相关奖项，农民的参与热情也很高。所以我认为，只要资金到位，措施得力，很多活动还是很容易开展的。

### 五、你认为当前团的工作中存在哪些问题，如何改进？

**答**：现在有些团的工作中，面对上级的应付性工作过多，使下级团组织的自主创新时间较少。希望不要将活动变成走形式，在上级的监督下，鼓励下级自主开展活动，将工作不断推进，而不是虎头蛇尾。

### 六、你认为一个优秀的团干部应该具备怎样的人格品质？

**答**：最重要的是热爱团的工作，只有自己喜欢，才能用心把工作做好，要有责任心，把大事小事都做好，与相关单位的关系要协调好，才更有利于开展团的工作。在自身性格方面，要敢闯敢干，奉献自己的爱心和责任心。同时，做团的工作也不能做得太久，否则就会没有激情，工作倦怠，最好控制在5年左右，发挥团干部的最大热能。

## 专访博州中等职业技术学校学生科副科长张军（前阜薪学校团委书记）

访谈时间：2012 年 8 月 23 号上午

**一、简单介绍你所在的学校情况？**

答：博州中等职业技术学校作为博州唯一一个中专类院校，主要面向博州本地的学生招生。有学生 1000 多人，其中有三分之一的少数民族学生，主要开设计算机、园林花卉、餐饮等专业。近年来，由于生源的减少，学校的招生数量也相对减少。

**二、分享过去从事团的工作的相关经历？有什么困惑？**

答：自从初中开始，逐步接触团的工作，便对团有了很好的认识，自己也愿意从事团的工作，在学校担任团支部书记，工作后从事相关团口的工作，一直以来由于熟悉团的工作，有相关经历，做起来很顺利。在学校领导的重视下，各项工作都开展得很顺利。由于资金有保障，团员学生的参与热情也很高，这也激励我不断将团的工作做得更好。

**三、您个人的力量有限，如何能把各项工作不断推进？**

答：由于我所在的是学校，所以团的各项工作离不开学生的参与，要调动学生的积极性，就需要班主任的配合。在每位班主任的重视和带领下，学生也会有很高的参与热情。同时，我们还会大胆启用一些有能力的学生干部，培养他们自己组织活动。由于学生干部贴近学生，他们更容易想到有新意、有意义的活动，在活动中娱乐了大家，锻炼提升了自己，所以团干工作密不可分。

**四、举例说说在你曾经组织的团的工作中印象深刻的一件事？**

答：在 2001 年上学时，为了响应申办奥运的呼声，组织了万人签名，支持奥运的大型签名活动,亲自制作了红色横幅"身在边疆 心系奥运",组织上万人签名。之后,得到当地团市委的肯定和支持,将活动继续蔓延,后来将载满新疆人民签名的大横幅寄给了北京奥组委,表达了边疆青年的爱国热情,收到奥组委的一封感谢信。通过这次活动,增添了自己的自信,对待任何事情,只要用心去做,积极准备,一定会有所收获。

**五、对当前团干部培训班提出一些建议?对今后团的工作有什么期待?**

答:我认为团干部培训的课程设置还是很好的,可是形式有些单一,不应该总是拘泥于教室,应该结合团干部所在单位的需要。比如说我所在的是学校,是不是可以考虑让我们参观一些好的职业技术学校,通过亲眼所见、亲身体会,取他人之长,补自己之短。在回到本职单位后可以效仿好的经验。我希望今后的团干部能有更多的机会参与培训,来不断提升自己的个人素质,使整体的团干部素质都好了,营造一种积极奋进、你追我赶的良好氛围。

**六、你认为团干部应该具备什么样的人格品质?**

答:认真严谨、态度端正。我想起我们的美女校长,一个人人佩服的女强人,她是 1974 年出生,本科学历,2009 年来我校,短短的两年多的时间,她给了我们学校翻天覆地的变化,从过去学校只有一辆破车到现在的 6、7 辆,从过去的小学校争取到现在的千亩面积的新校区,从过去的教师涣散到现在的人心齐聚,她的到来给我们太多的惊喜和希望。从她身上,我看到最多的就是认真严谨,公平公开。反思到自己,觉得有时候自己还是有些懒惰,喜欢将今天的事推到明天,在处理有些工作时容易急躁,这都是我在今后工作中需要改进的。

## 专访博州温泉县党委常委、宣传部部长王淑英（原博州温泉县团委书记）

访谈时间：2012 年 8 月 22 日下午 5 点

### 一、共青团这段工作经历给您带来的价值和帮助有哪些呢？

**答**：共青团岗位能给团干部留下的烙印有四点，一是态度表现在充满激情，不一定有最好的办法，但一定是可以豁得出去的；二是在思考问题时，一定会设身处地地为他人着想，更加人性化，比如团组织的活动经费，在领导批复和常委讨论上会增加，还有在评选先进时一定要为团组织多多争取机会；三是力求完美，精益求精，追求极致。不容许工作有瑕疵，干活不惜力；四是创新意识强。特别是在工作非常熟悉能游刃有余的基础上，发挥能好。当然所有这些的获得一定有个前提：就是在团的岗位上有三到五年的时间，一定要在意和勤奋才可以。即全力以赴投入工作才可以的，因此建议团的岗位不一定安排太年轻的同志去做，太年轻还没有弄明白，没品出团的味道就离开了。

另外共青团岗位带来的价值还体现在组织协调能力强，考虑周全，它不像权力部门是权力所及，是弱势部门，必须靠非权力影响；容易替他人着想，谦虚谦恭的心态；激情澎湃，乐此不疲。因为我的存在，就会将虫变成龙，注重团队，不能单打独斗。

### 二、团干部如何成长得更好更快？

**答**：团干部个人的成长与两个因素有关，即上级团组织和同级党委所提供的工作氛围以及个人素质的高低有关系。比如要营造这样好的氛围，你需要经常想党委汇报工作，有的时候还需要越级汇报（特殊情况），要将上级团组织的工作要求、安排的考察点、为什么要安排这个点、其优势和亮点、需要解决的问题要向领导汇报清楚。要知道分管领导对团工作的认识程度是否到位是一个非常重要的环节，是你赢得上级领导支持的关键，当然有为才能有位。

## 三、对目前共青团工作提点建议？

**答：**我认为，团的工作要品牌化和量化。要积极在上级团组织所进行的主导性的工作上要有倾心倾力，要主动担当，争取考核优秀，这样你才可以获取主动，赢得支持。另外要抓几个品牌，不能什么都干，比如：西部大学生志愿者、牧区牧民冬季活动、思想信息发表动态，发表信息，思考问题。另外要做势、事、实。要有宣传气势，形成规模，与十八大相吻合。要争取上级认可，做到要求规定，受到激励。

在团委工作9年的时间，养成了写稿、组稿、改稿的习惯，容易脱颖而出，特别是对上级量化的考核工作，用组稿做专版造势，打出影响力。现在共青团的问题是：社会不知道你在做什么？活动搞得也少了，没有活动就没有成长。活动也没有以前轰轰烈烈的情形了。这于成长不利。

## 四、对团干部培训的建议？

**答：**要教团干部方法和传授理念，比如：怎样和其他部门配合，联合？怎样给领导汇报效果最好？不需要讲太多的理论和空洞的说教。通常意义上，与上级团组织领导接触可以学到很多东西、参加研讨会受到启发。很难说那一句话对你会在不经意中起到帮助。要不断学习和吸纳。另外，要敢干，胆子要大，为工作可以理直气壮。

## 专访谈博州离退科科长朱冬香
## （原博州精河县团委副书记）

**访谈时间：2012年8月23日下午5点**

### 一、能分享一下曾经的共青团工作的感受吗？

**答：** 共青团岗位是我从一名幼儿教师转向公务员的第一个岗位，在这一岗位上，我顺利完成了这一角色的转化，共青团的烙印也深深刻入我的心间。我先后遇到两个领导，给我的成长带来很大的帮助。第一位领导他是一个很有张力，很有热情的领导，当时我们这个团队都非常年轻，非常容易沟通，大家很有冲劲，干错事也没有关系，可以说毫无顾忌地做任何事，很有探索精神，私底下没有怨言，放得很开，不说三道四。那时候想干事，非常单纯，态度非常积极，可以说聚是一团火，散做满天星。我的第二任领导是从镇党委书记过来的，他特别了解基层，很重视基层组织建设工作，干工作很有一套办法，比如开展的"九个一"活动，一次团课，一次竞赛，基层工作的起效快，社会上能随时听到团的声音。我在岗上，陆昊书记来我们这调研过，提到县团委的工作，他说桥头堡要从县一级向乡镇一级推进，讲话让我们热血沸腾。总结归纳起来，共青团工作让我们熟悉了行政管理的规则；保持了那么一种纯净的心态，不争名利，永葆清廉；让我们养成了保持激情，认真负责，分工不分家的工作习惯；养成了对组织的信任和依赖，保持一种谦虚谦恭的状态；养成了对人尊重的习惯，比如在批评人时都要提早打招呼，考虑到别人的感受和内心的承受力，学会做人，不强势，注意与人沟通，以解决问题为工作的出发点。

### 二、能不能谈一下您转业后最不适应的方面？

**答：** 转岗到农场以后有诸多的不适应。一是与基层群众的接触多了起来。共青团岗位，服务对象都是年轻人，相对比较单一，现在每天要面对很多类型的群众来上访,且98%的上访内容是合理的,需要你亟待解决,自己很着急,常常心里放不下,很纠结和痛苦;二是不会做群众的工作,办法方法比较单一。只是一味从讲政策着手,不会变通灵活处理一些矛盾,这些问题在共青团岗位上不常遇到,没有这方面的经验和经历,不会靠人情推动工作。那些日子自己常常很痛苦,心情压抑,曾经一度怀疑自己的工作能力,很没有自信,有本领恐慌的感觉,内心煎熬,深感团的工作定势对目前工作的影响还是很大的,建议在团的岗位不易过长,另外从基层上来会好些,适应起来相对快些,比如思路办法会多些,在机关,对基层不了解,虽然经常下去调研,但别人都给你展露的是好的一面,了解的只是一些皮毛,与真正在基层干过还是不一样的。对人情世故的掌握也会不一样的,比如我的后任领导,他与各部门的关系相处的非常融洽,各种利益关系摆布非常到位。

**四、请您谈谈对目前共青团工作的想法和建议。**

**答:**一是转业慢。团的岗位适合20—30岁的年轻人,宜做3年左右,第一年熟悉,第二年独当一面,第三年出成绩,创新办法会最多,年龄一大,与年轻人就很难融合和沟通,也会放不开;共青团应该把"推干部"作为一项重要工作进行,就工作和谈工作是不行的;团干部要善于积极面对保持乐观的心态,适当学会调整自己的心态,要不断心智成熟,在保持激情投入的同时,还要有思想深度,这样才能让青年信服你。

# 专访精河县常委、宣传部部长温雪梅
## （曾担任博州团委副书记）

**访谈时间：2012 年 8 月 24 日早上 9 点**

### 一、由于该同志转业后刚一年，主要访谈内容集中在转业后的不适应情况

答：我转业后有半年是处于焦虑期。主要是性格使然，在团的岗位上一直属于做事比较谨慎、不很强势，转业后在本部门没有多大问题，但其他部门的干事和负责人不大重视自己，对自己不屑一顾，很轻视，着实让自己很恼火，但又不能发泄出来，于是开始改变自己，从一个看起来柔弱的形象转向比较强硬的工作作风，实际上内心很挣扎也很痛苦，半年后工作理顺了，发现自己又再次回到原来的个性，现在总结感悟，认为一个干部没有必要完全改变自己的性格，应该是怎么样的就怎么样，保持自己的一贯作风，日久见人心，只要你坚持下去，终究会以你的优势赢得大家的认可。

转业后遇到一件比较棘手的问题，即考核择优淘汰的敏感问题，当时考虑比较全面，觉得考核优秀的人要安排，但淘汰的人也要有个分流的方案，这样做比较稳妥，但报到上级领导那，让我惊讶的是：领导认为暂不考虑分流的方案，先放放再说。后来的情况表明，结果还比较理想，现在想想，如果按照自己的方案一旦公布，可能会招来很多的麻烦，这让自己很受益，很多工作不是快就能解决的，而是要把握好节奏，欲速则不达。当然，这也不是绝对的，有些问题需要速战速决的，经验是在实践中练就出来的。

### 二、对共青团干部和共青团组织的建议

在转业以后半年的工作中，出现困难常向主管领导、过去的同伴和朋

友求助，请他们帮我拿主意想办法，这个效果也挺不错的。现在如果总结，发现有一个规律，往往自己能主控的部门焦虑感会少一些，不能主控的、或者不了解的工作会焦虑感多一些。如果转业出去，不宜先担任一把手，最好先过渡一下会好一些，给自己一个适应过程。另外转到一个新的岗位，都有一个从不适应到适应的过程，这是必然的，但团干部的优势是主动积极，想办法去适应这一过程，善于学习是相对其他岗位的同龄人的显著特点，实践证明：转业出去的团干部干得都比较好，没有太差的。

另外我们现在对青年成长观的教育有些不足。过去还做得比较好。另外期待在岗的团干部一定要珍惜团的岗位，有所作为。认真做好每一件事，以最大的热情投入到工作中去。

## 专访哈密地区文物局办公室副主任徐雪莲
## （原哈密地区青工部副部长）

**访谈时间：2012 年 8 月 29 日上午**

### 一、请您直接给我们谈谈转业后的不适应情况好吗？

**答**：转业后最大的不适应有三点，一是工作中有交流障碍，主要是语言问题；二是受工作思维套路局限，比如对领导交办的任务在第一时间完成，不喜欢拖沓，周围人接受不了，大家不愿意配合工作；三是工作环境和工作氛围的不适应，大家有戒备心理。

### 二、共青团工作经历带来的帮助是什么？

**答**：让我学会了做人低调。没有位高权高的感觉，大家有事相互帮衬；还让我学会了高调做事。有几件刻骨铭心的事，一是集体学习，大家抽签，分工抽到朗诵、读报、跳舞、唱歌等等，每月开展一次，很练能力，无一难脱；二是写工作日志，聊天、看报、见人的所思所想记载下来，每日积淀；三是参加演讲比赛，"假如我是地州团委书记，我应该怎么做？"，培养大家换位思考的能力；四是压硬任务，比如拉赞助，定数额，可以是代金卷、物品、现金、优惠券等等，自始至终安排一个人搞一次活动，从策划到总结，包括写主持词，全部由一个人完成，其他人辅助，领导点评；五进行授课，根据其特点，安排主讲内容，比如"如何做合格的办公室主任？"。

我们从朱钢书记（原哈密地州团委书记，现任自治区团委副书记），那学到了谦虚谨慎，勤奋工作的品质，这些让我特别受益，比如他从外地出差回来，先不回家赶到办公室，处理文件，了解情况，并召集大家开会，提出建议和要求。常说的一句话是："穿短袖的时候别忘了要穿羽绒服的时候所要干得事"。要善于思想大跨越，不拘泥一个套路。

还让我储备了做人踏实的品质。踏实是做人的根本。一个活动从最初的想法构思到最后的成型,中间的过程付出很重要,从一个月汇报修改一次,到一个星期汇报修改,再到一天汇报修改,时刻在变化,不断完善,直到活动结束,没有踏实的作风,是难以达到理想完美的结果。大到一个通讯录,工作手册,小到一个接待安排表,都要体现细节和温馨,比如天气预报、区情,带衣服。

### 三、请您对团干部提些建议?

**答:** 有三点,一是期望共青团干部要想着做事、要做成事并敢于做事。二是要学会积淀,沉下来,吸收养料;三是要踏实,实实在在做事,不要图回报,忙要有收获,"值",不是为工作而工作,注重过程,结果自然到来。

### 四、您从团外人员角度,是如何看共青团的?谈谈您的思考。

**答:** 有三点思考。一是要积极开发共青团干部的主动意识,这种主动特质的培养与领导魅力、团队氛围及优秀伙伴的影响相关联。二是基层和机关的共青团工作是有差异的,前者是从中融入,理解并执行,后者是上到下,推行并落实。前者是接收,后者是输出。现在接收弱,输出强,变成强信号,弱接收。基本处于被动应付状况。三是要加大基层的工作力度,唯一的办法,就是资源下移,强化人力,提高基层人员的素质,加强基层人员接收能力的培训,但提高基层人员主动意识更为迫切(例子:颁奖相关细节非常到位,但基层人员没有按时到位,会议就开始了,结果颁奖时,基层人员不会走台,会场引起混乱,挨领导批评,主要对基层人员素质有些高估)。

# 专访巴里坤县黄土场开发区副主任范海燕
## （曾任巴里坤县奎苏镇团委书记）

访谈时间：2012 年 8 月 30 日上午

### 一、可以谈谈您转业后的不适应情况吗？

我离开共青团到新的岗位只有一个月的时间，这一个月经受的考验还是比较大的，比如首先就是环境的不适应。一到开发区，映入眼帘的就是开发区一排破旧的平房，心里落差非常大。这个时候，家人的反对，母亲劝我辞去职务回到喀什。当时我的情绪波动非常厉害，过去的想法动摇，也想过放弃辞去职务回家。过了一些日子，发现别人都在忙，不知道自己该干点什么，感觉大家是一个整体，我就像中间插进去的，融不进去，心理不是滋味。

我们这个开发区一共有 19 个干部，4 个汉族，15 个哈族干部，开会前半场汉语，后半场是哈语，近 40 分钟听不懂内容。我给下属交代任务，他们听不懂我说的意思，也不知道该怎么干？依赖心非常重，最后基本上全由我自己干啦！比如写的材料结构不完整，语言都不通顺，只好降低要求，我一直对自己说："一切从简从宽，否则一切都不合格"，一腔热血，被冰水浇灌，只好从头开始调整。后来才慢慢适应下来，一直坚持到现在。

### 二、曾经的共青团工作经历给了您什么样的帮助？

一是在共青团学会了用他人能接受的方式与他人交流或去解决问题；二是学会了策划活动，能够有效整合资源，组织协调；三是学会了批评与自我批评，如果是我错了，一定会主动向大家承认自己的错误；三是在团里心里开心地累，现在是身心疲惫的累。

# 专访大红柳峡乡副书记、纪检书记、人大主席波拉提（团县委副书记）

**访谈时间：2012 年 8 月 30 日上午**

## 一、转业后不适应的情况

我已经转业五年了。刚转业到基层，那里的条件非常艰苦，没有电，只能用太阳能发电，点蜡烛。交通不方便，离县城 200 多公里，村与村之间的距离也有 200 多公里，开会只能到县里开。办公室在住宿。工作节奏非常慢，过去一天的工作，现在需要一周完成。

我转业遇到一件至今令我很痛苦的事情，当时发生意外事件，一个少数民族的男青年因家事喝酒一晚，第二天一早闯到我的一个朋友家开的一个铺子，我那天晚上在朋友那住，看到这个青年拿着刀子杀过来，我们都傻了，周围的人忙叫民警，但也没有把年轻人拦住，还被青年砍了一刀，这个青年跑掉了，在大街上有喊又叫，遇到两个乡干部也没能制止住他，这个年轻人尾随在乡干部之后，冲到了乡干部集中吃早餐的地点，一连捅了正在吃饭的几个干部，事后我赶到现场，已经有两个干部被捅死了，我当时头都晕掉了，后悔没能在朋友那里劫持住他，才酿成大祸。这件事对我打击非常大，尽管责任不全在我，但如果处置应急事件的能力足够强，也许会避免事情的进一步扩延。

## 二、对共青团工作和共青团干部提出的建议

我认为首先要抓好青年的就业和创业工作。哈族青年就业难有几个原因：一是当地就业的机会少；二是企业等用工单位的标准偏高；三是语言的不同，有就业门槛；四是哈族本民族文化的习俗，不喜欢孤独，愿意群居及时行乐，不愿意故土难离；五是不愿意舍弃牛和土地；六是目前生产地和住所非常远，处于比较难以选择的境地，留下房子为子孙就学考虑。

另外，共青团干部要及早转业，在岗时间太长，就会带来转业后的不适应。最后，共青团要经常对青年多进行法制教育，让青年懂法知法，少犯错误。保证社会的和谐和稳定。

# 专访巴里坤县委宣传部副部长玉森
# （曾任巴里坤团县委副书记）

**访谈时间：2012年8月30日上午**

## 一、转业后不适应的情况

在团和出团看团搞的活动，情况很不一样，在岗看团的活动影响很大，轰轰烈烈，在团外再看团的活动，非常局部，影响小，范围小，有局限。

在团是对团的领导负责，宣传部要对高层级领导负责，涉及各方面的情况比团要复杂得多，也特别容易挑毛病；在团受表扬多，在团活动是一阵子，在宣传部是连续性的，前面可以注重前期的准备，结束后可以放松不去多考虑，而在宣传部的工作则要一直持续做到底。既要注意社会效益，又要面对各方面的批评意见，联系面要比团复杂和广泛，面对的群体不是一个年龄段的人，而是各种各类的人，爱听不爱听的人都有。当然也有高素质的文化人，社会名流、一级导演、名画家等，满足了自己结识他们的愿望。

## 二、共青团工作带来的帮助

共青团工作让我们关注细节，知道细节，就很容易掌握活动的关键。对活动的擅长，关注细节的优势让我们很受益，只要综合监控指挥，就能很容易搞成活动。另外，让我们的组织协调能力强，考虑问题整体性、系统性、思想性较强。

# 专访新疆和田地区政法委科长张钊
## （和田地州团委干部、科长）

**访谈时间：2012 年 12 月 12 日晚上 23：00—23：30**

### 一、共青团工作经历带给你的价值和帮助

概括起来主要有五个方面的帮助：一是提高了我的综合素质，通过共青团的工作，让我的组织能力、协调能力等各方面能力得到了锻炼和提高。二是培养了我的自信心。通过共青团岗位的工作，让我的个人价值得到了充分体现，使我的自信心得到加强。三是给了我人生中难得的锻炼成长的经历，为今后转入更重要的岗位提供了必要的准备。四是为我今后的成长提供了一定的人脉资源，共青团岗位同各行各业打交道，结交了很多的朋友，这种人脉资源是我今后发展的重要资源。五是让我对组织有了认同感，有了一种积极向上向心的力量，让我有独挡一面的很多机会，这些都是组织培养的结果，也是一个青年成长不可或缺的因素。

### 二、转岗后的不适应情况，为什么？

对我而言，转岗后的不适应情况有两个方面：一是由于工作性质的变化，业务知识短缺造成的暂时工作的不适应，这是任何岗位的变换都存在的共性问题；二是脱离共青团组织大家庭的温暖造成的心理落差。团组织的活力、热情和同仁之间的友谊让每一名团干部为之骄傲，到了新的单位，管理方式和同事之间关系的变化，给我的心理上造成一定的落差，由此而产生一定的不适应感。

### 三、对当前共青团工作的建议和对团干部的成长建议

建议一：团干部转岗难的问题突出，建议注重加以解决，特别是对中

层团干部的转业要多关注。目前很多的团干部对未来不知所措，对下一步的方向很渺茫。期待能有较大的改善；

建议二：共青团组织上层建筑加强对基层的调研，尽量减少或避免组织开展脱离基层、脱离实际的活动，减少由此造成的基层团组织的压力；

建议三：随着社会形态的不断变化，团组织的吸引力程度呈现弱化趋势，需要深入调研，针对性地采取一系列措施。

## 专访阿克苏地区沙雅县民宗局长阿卜力米提

**访谈时间：2012 年 3 月 10 日**

### 一、沙雅县基本信息情况

总人口 29 万人，约 85% 的人（20 万人）是少数民族，少数民族中又有 98% 的是维吾尔族，20 万人中 84% 是信教群众，主要依据是在每年的古尔邦节和肉孜节中有 6—8 万男人到清真寺做礼拜，那么就会有同样数目的女人在家里做礼拜，另外村干部和 18 岁左右的未成年人信教的也有一些，这样加起来共计 16 万人。16 万人中有 80%—90% 分布在农村，多为农民身份，文化素质低，经济生活差，且逼迫孩子学经的人居多。目前有 458 个清真寺，其中主玛清真寺（星期五穆斯林聚集传教，讲经和解经）有 131 个，爱国宗教人士有 567 名，35 岁以下约 100 人左右。

### 二、对宗教方面的认识和理解

1. 问：宗教的主要特点有哪些？答：具有群众性、复杂性、民族性、长期性、国际性，伊斯兰教至今 1000 多年历史，祖辈相传教义和教规。

2. 问：宗教的五礼和五功是什么？答：晨礼、响礼、辅礼、昏礼、宵礼；五功是心功、念功、棵功、封功和朝功。

3. 问：零散朝觐带来的危害是什么？答：一是个人不安全；二是容易与反动组织有接触的机会；三是上当受骗，丢中国人的面子，给社会安定带来不利；四是去后不回来，给国际反动势力造成可控之机。

4. 问：朝觐回来的人情况怎样？答：被称为阿吉，他们的一些人宣传沙特，排挤爱国宗教人士，现在精选更加严格，层层把关，要求政治上坚定，拥护党的领导，朝觐前后多次培训，不让把一些不好的思想带回来，每次朝觐统一着装，衣服上印制国旗。

5.问：父母信教，孩子会受到什么影响？答：一定会受到影响，如果从小父母对孩子灌输，孩子就会自然形成习惯，父母100%信教，孩子必然信教，多为被迫无奈，因为长期一起生活。

### 三、宗教氛围浓厚的主要原因

1. 乡镇、村级干部领导班子放松管理，管控措施不当。
2. 经济发展滞后，信教群众有大量的闲散时间和精力。
3. 国际动荡，特别是阿拉伯国家事件产生的冲击和带来的影响。如萨达姆侯赛因被称为所谓的民族英雄。
4. 女孩子18—20岁嫁人之时。嫁人之前需要洗澡，洗澡前必须做乃玛子，以前不知道，这个时候被男方要求，不然婚姻出现危机，因此这些女孩加快了解这些教规，如要按照男方的要求着装，奇装异服的出现。
5. 农村文化阵地抓不住，宗教氛围必然升温。有一个局长和青年的对话——青年说："局长先生，我毕业以后种地，但没地可种，我想打台球，可是没有场所，我想喝酒父母不同意，这个时候有一个人过来告诉我说，这个世界不好，另外一个世界好，请你跟我来"。

### 四、现在基层工作存在的问题

现在很多时候我们有好的设备设施，但都空空的，没有人组织，只是应付各式各样的检查，做作样子给人家看，人走了以后又被闲置起来。我们当前需要的是：宣传内容的针对性，比如小学生放假的时候搞什么活动？18—20岁的青年，特别是未婚青年要搞什么活动？结婚以后要搞什么活动。今天在全县召开的思想文化教育工作会上，县长发了脾气，说：我们县这么好的设备空着，书摆在那里，没有人组织，你不搞活动，清真寺就会很活跃，对方给青年灌输三天就被洗脑了，你不去拉他，他就被别人拉，我们的宣传攻势很强，方式方法不比他们弱，但是，你一旦放松，阵地就有可能丢掉。共青团、妇联工作非常重要，德育教师、团支部要发挥作用，要大张旗鼓地开展"无神论"教育活动，将阵地牢牢把住。

# 专访致富带头人买买提努尔

**访谈时间：2012 年 3 月 20 日上午 11 点**

问：你什么时候有创业的想法？

答：2005 年我在新疆大学上学期间，一个好朋友告诉我有一个创业励志讲座，当时我在上大二，我就跟着一起去听，讲授人讲他创业艰辛的过程，内容非常细，从一点一滴的小事做起，最后做成了龙头企业，我很受触动，并懵懵懂懂有一点想创业的念头，在当时我的家乡非常贫穷，牧民把生活的重心都放在传统的养殖业方面，科技含量还很低，我觉得自己如果能带动他们一起搞科学养殖，一定会提高他们的生活水平，同时也会为家乡做一些积极的贡献。

问：你大学毕业回来怎么开始创业的？

答：起先，我把想法告诉村里的牧民，反复说经常说，同时开始到处求助，当时我有一个朋友在工商局，他告诉我，如果是组建专业合作社，国家和地区有相应的政策扶持，可以用牲畜担保贷款，我很快按照他的要求办理注册企业和法人代码，先后有 35 户牧民被说服，跟着我干起来，其中 20 户在山上，5 户在这里，他们负责种植，还有 10 户是机动，种植人多了，他们就去那干活，养殖人多了他们就去养殖户那里干活。当时我们有 200 只羊，因为着急没有经验，我搞了一个不很标准的农场，把羊放进去，随后又贷款 10 多万元。有一次，我们接一个给学校孩子送牛奶的活，就买了 10 头奶牛，后来由于牛饲料成本太大，就把 6 头卖掉了，原价出售的。接这个活一是为了孩子，二是为了固定一些合作户，提高他们的积极性。直到现在挤奶方面等质量没有出现任何问题。

问：农户进来以后他们的利益怎么样？

答：有好的收益，小部分的羊集中在合作社，以入股的形式，作为股东可以分红，另外羊入到合作社，牧民可以腾出手来做其他事，比如劳务输出。去年年底股份多的人可以分到1.5万元，入股少的也可以分到7000到8000元，他们很高兴。

问：今后你还有什么打算？

答：我想搞一个现代养殖牧场，天暖和后我就开始实施这项工程，扩大规模，一方面把山上的羊赶下来，另一方面遵照中央文件关于草原生态保护方面的规定，为了保护生态，我们要积极做贡献。集中放养可以减少对草原的破坏程度。

# 专访克州阿克陶政协主席阿书记

**访谈时间：2012 年 3 月 22 日晚**

3 月 22 日晚饭后我们专访该县政协阿主席，他谈到民族宗教工作比较复杂，一是非法宗教活动与少数民族风俗的区分；二是敌我矛盾与人民内部矛盾的区分。属于打击的很好办，属于抵制的还没有特别的法律依据，很难拿捏，不好处理；三是信访工作还需要认真对待，现在有的属于无理上访，但被纵容，基层干部很是苦不堪言，属于我们的责任没得说，但无理的上访，上面不能惯毛病，应追究法律责任。不能简单地说一句"属地化管理"这样的话；四是对危安分子子女和家属采取生活上高度关系，政策上严格把控。比如他们没有房子，给房子住，没有吃的，给吃的，没有门面房做生意，就给提供门面房，种地没有化肥就给提供化肥，娃娃上学有困难，就解决上学的事情。总之一切都是无偿服务的。涉及 1990 年 4 月 5 日巴仁乡事件，有 1600 人被卷进去，362 人为重点人员，其中 123 人依法被俘，最后缩小到 38 人，其中 2 人被击毙，他们这些政治犯的子女现在就是 80 后和 90 后，我们要加以关注，防止他们形成新的小圈子。

近来县里的维稳工作比较稳定，原因是两个，一是县里保护干部的政策到位，四清四知四掌握；二是村里的信息比较畅通，有我们的人。目前我们县还存在一些易感人群，多为 35—18 岁的农民青年，他们的文化水平低，经济生活差，很容易受到诱惑，辨别是非的能力弱。

另外依扎布特和依吉拉特都属于境外反动组织，他们的活动一刻都没有停止过。我们建议共青团组织要多组织年轻人活动，提供阵地、经费和配齐配强人员，多搞技能培训，不停宣讲，不断将年轻人输送出去，让他们见世面，长才干。

总之要加快民生工程的进度，同时控制宗教氛围的蔓延，加强法制宣传力度，忌盲目下命令。

# 专访阿克陶县政法委书记刘作新

**访谈时间：2012 年 3 月 24 日下午**

## 一、阿克陶县的近些年的稳定形势情况如何？

从南疆整体情况看，维稳工作压力日趋增大，极端非法宗教活动事件频繁发生。一是人文历史和周边环境复杂，反恐维稳形势严峻。比如自建县以来，先后发生了巴仁乡"4·5"事件等四起大的反革命武装暴乱事件和数十期暴力恐怖组织案件，到 2006 年，在我库斯拉甫乡又捣毁一处"东伊运"恐怖组织训练营。自 90 年以来一系列暴恐案件，涉案人员及其亲属达 1.5 万余人，重点人口多，密度大；二是"伊吉拉特"活动增多，企图借我边境出境"圣战"的迹象突出，打击防范和边境管控压力增大。380 公里的边境线已成为境内外"三股势力"企图潜入潜出的首选通道。三是非法活动氛围浓厚，非法活动和非法宣传品传播呈上升趋势，意识形态领域内的斗争更加激烈。

## 二、主要原因有哪些？

一是对宗教的感情基础。孩子从小受宗教影响，父母对孩子的影响，对宗教有一定的感情需要；二是受教育水平低，分辨能力弱，容易受恐惑；三是心理有攀比特征，一旦有反差很容易产生心理失衡，极易受到引诱产生极端想法，点火就着。

## 三、三股势力发展的阶段有哪些特征

第一阶段是制暴阶段，人体炸弹，制造火药，炸弹，枪支弹药等；第二阶段是杀害基层干部和爱国宗教人士；第三阶段是用小的动作和行为制造大的影响；第四阶段是极力煽动非前科的青年参与组织活动。这些阶段特征与我们的管控措施紧密相联，很有规律性、隐秘性、杀伤性、快速性。

## 四、降低维稳工作的成本关键在哪里？

关键是基层干部要扑下身子，走到群众中去，与他们心贴心、面对面、实打实。管控措施再严密，如果群众没有发动起来，这些措施也只是空中楼阁，无法落实。其中的逻辑关系是：三股势力不会停止行动，不会因为你经济发展了，他们会放弃自己分裂民族的活动，相反会变本加厉地实施他们的反动计划，因此我们的维稳压力只会日趋加强，维稳的成本日趋加大。三种措施必须跟上，一是以革命的手法对付反革命的手法，管控系统网络化，系统化和科学化。二是加快民生工程的实施，要让老百姓得到真正的实惠，从心底里感到党和国家的关怀；三是基层干部要扑下身子和群众交感情，建信任，通信息，只有各族群众和我们的干部血肉相连，离反动派灭亡之机就为时不远了。

## 五、目前我们主要存在的问题有哪些？

一是部分基层干部作风漂浮，身体沉不下去，喜欢搞表面文章，很多好的措施落实不到位；二是宣传工作薄弱。硬件和软件缺乏。宣传工作仅仅停留在任务驱动上，没有认真琢磨和规划，如何从内心世界认同和教育引领内容上设计安排不足；三是强化国家意识不够，狭隘民族意识过强。不利于民族的平等和团结。

总之，目前维稳工作任务十分严峻，我们管控的覆盖地区和人员仍有提升的空间，要避免纸上完善，落实有虚、认同不全、懈怠有余的情况发生，只要内外结合，干群一心，就没有克服不了的困难。

# 两次下南疆调研日志

## 第一天库车调研日志

库车是一个极为特殊的大县，总人口47.5万人，有8镇、6乡、5个国营农牧场，219个行政村，宗教场所609处（含一处基督教教堂），其中主麻清真寺187处，宗教人士957人（其中：伊玛目哈提普150人、伊玛目442人、助理伊玛目338人、专职哈提普27人）。

另外，库车是维稳工作非常繁重的县，当前青少年违法犯罪的情况和影响库车社会稳定和民族团结的主要隐患还存在。库车县14—35岁青少年人口总数为99613人，占全县总人口21.75%，外出务工青少年27488人，占全县青少年总人口的27.6%，违法犯罪青少年160人，占违法犯罪总人数的24.5%。各类重点人员1082名，其中：刑释解教人员862名，占总数的80.6%；公安机关列管人员110名（不包括刑释解教人员）占总数的9.4%；"7·5"涉案解脱人员69名，占总数的5.9%；失足青少年41名，占总数的3.8%；刑释解教人员中的危安人员234名，占重点人员总数的21.6%. 全县危安人员子女共有313人.

我们于2月2日进到齐满镇代尔瓦扎铁热克村，与村里26名青年交流，通过一个下午的访谈和走村串户，有了一些基本的感受。一是青年纯朴。从他们的眼神中透着一种单纯，当问起你会唱国歌吗？他们就会用维语自然哼唱出来，没有太多的扭捏；二是有焦虑感。从他们话语中，你会感到他们的生活环境相对恶劣，还处于勉强维持生计的底线，日子过得紧张而单调，有诉求的强烈愿望；三是有追求。他们对未来有想法，非常向往外面的世界，想干点实实在在的事改变自己的命运。

## 赴南疆开展青年思想状况的调研

29日回到乌鲁木齐后,就接到通知要与9位同志于大年初十前往阿克苏等地区调研,我没有精神上的准备,只是感觉这是一次极好的学习机会,自己已开始向预定的三年援疆目标计划进行第二阶段的工作。

区团委阿书记为我们送行,她的几点提示让我印象深刻,一是始终牢记我们这次下去的目的,以夯实基层组织建设为明线,深刻了解青年的思想动态为暗线,要圆满完成这次调研任务;二是要将调研工作与推动基层工作结合起来,将上层组织的工作理念、工作精神状态和工作实际水平充分地展示出来;三是注意安全,团队合作,积极沟通情况,取得实际的效果,在其他地区推广。

我能体会到这次调研的分量和价值,也期待在办公室想象的腹稿与基层实际情况对接,并不断进行修正,多吸纳多丰富自己。

按照原计划我们于2月1日上路,一路上从大家身上学到很多东西,比如从袁书记每一次讲话中,你能体会到方案思路很清晰,语言表达很明快。他让大家每人准备几个小故事和小游戏,我颇为欣赏,因为青年人愿意并能接受这种好方法。在他工作经历中,这种想法一直很强烈,"青春立志故事会"经过几年的努力在去年终于有了结果。利用一切空档,他组织大家练兵,从中发现每个人的特长,并委以重任,这一点对我启示很大。另外他在安排工作时非常注意层次和节奏,考虑问题既宏观又能注意到细节,比如从调研手段的角度,想到了与党政领导的座谈、与青年的座谈,到青年人家里促膝谈心,从推动共青团工作的角度,想到了要用故事、游戏等手段给青年人搞活动上团课。还有研究室主任子彬为大家提醒保密方面的重要性,大家还学会了几句维语,这一路上大家过得很开心,很有收获。

# 赴南疆调研日志（2月3日）

我们 3 日去齐满镇大博孜村，有近 300 多户农户，那里的村民非常纯朴，感情一旦建立，就没有什么不能交流的，他们的需求不是很高，比如就是有几亩属于自己的耕田，能种些棉花或者大枣什么的，如果外出务工，干点泥瓦工、美发或者食品类的活能养活自己就可以了，让我奇怪的是：在这样不太富裕的村，如果村民遇上什么难事，他们第一时间还是想去找组织帮助，而不是把所有期望寄托于宗教信仰什么的，尽管他们都信教，也会去附近的清真寺做礼拜。在我们访谈所有青年中，他们心中还是能说出自己所崇拜的共产党员，多数是村党支部书记或其他村干部，对基层干部的不满意程度不是太突出，仅仅认为他们对村民的关注聚焦在强势群体，相对忽视弱势群体，特别是对弱势群体的需要没有给与及时的帮助和解困。

这个村的村民普遍会哼唱国歌，但不会唱团歌，团的意识比较淡漠，他们对于党员团员不能信教的规定知道一些，但部分团员一周还是要去一次清真寺，在做礼拜的过程中他们体会到一种精神上的快乐和安宁，这已成为他们生活中不可缺少的内容。有些大学生因为学习的缘故在校期间不能做礼拜，他们毕业后还是要去的。还有部分党员，虽然知道规定不容许进清真寺，但他们有一个比较强烈的愿望，就是死后能请阿訇为他们念经，或者能在清真寺由宗教人士主持他们的葬礼。

对于民汉通婚之事，他们的态度是比较开明的，他们认为有几种阻碍，一是民族传统的习俗；二是语言的不同；三是受教育程度的不同等等，但是如果双方感情基础好，通婚也不反对。我们发现外出务工、大学生等群体中有接触和了解其他民族朋友的机会，务农青年这种机会几乎为零。另外维族男可以找汉族女，但不大接受维族女找汉族男。

在我们访谈的青年还有老人中，他们普遍关注双语教育，认为语言的障碍是影响他们就业挣钱的主要因素，他们比较欣赏和崇拜有知识有教养的汉族人，认为这些汉族人文明，不会像维族人喝酒闹事，老人们比较后悔没有让他们的子女享受到好的教育,如果赶上现在的好政策,无论如何不会像过去一样。现在他们就想送自己的孙子到双语幼儿园。

在谈到最近几年库车发生的恐怖暴力事件,他们知道2008年的"8·10"事件,多半人痛恨谴责这样的事,认为严重干扰了他们的正常生活,比如外出会遭遇冷眼、手续办理繁琐,汉族朋友对他们产生戒备隔阂等等,也有少数人表情麻木淡然。问起事件发生的原因,他们说不清楚。头脑还是比较简单的,这让我感觉到,在这样贫穷单纯的群体中,思想渗透的空间非常大,对其教育不是一件难事,因为纯朴善良,就会被坏人利用,因为贫困荒凉就会给坏人可乘之机,容易下手。

两天的访谈很有收获,访谈提纲的内容也在不断充实,方法不断更新,最大感受还是要先营造交流的气氛,拉近心与心的距离,然后再进入访谈正式环节,这样效果会好些,另外要充分考虑新疆地区能歌善舞吹拉弹唱的习俗,在访谈紧张的环节中,为缓解情绪,我们就请被访谈者给我们大家弹琴唱歌跳舞,访谈过程就变得有趣轻松。在以后的访谈中,我们还会有更多的惊喜。期待期待!!

# 赴南疆调研日志（2月4日）

早饭时我们抽空和库车县的努尔县长聊了几句，他曾经与"7·5"事件的两名死犯有过交流，发现这两个死囚和参与库车2008年8·10事件中的9个人的特点相通，一是家庭破裂，性格压抑，受到过歧视；二是学历低，只有小学、初中，基本不懂汉语；三是极易受到鼓动，爱凑热闹围观；四是多半是在乌鲁木齐打工；五是法律意识淡漠，表情麻木。

在我们访谈的对象中，有一个现象引起我们的注意，这些家庭情况复杂，问起当地的基层干部时，他们是这样回答我们的，这里维族人结婚成本非常低，重合、组合家庭花不到2万元；其次是他们的思想相对开放；最后是他们有大男子主义倾向，对妻子比较挑剔，不容许有任何瑕疵或者犯一些错误。

我们上午专门采访了奇满镇的综治办一名科员，他对"7·5"事件的18名解脱人员做逐一描述：一是他们多为三无，即无收入、无固定居所、无工作；二是他们都不承认参与了事件，在管教期间不很抵触，能夹着尾巴做人，头脑灵活；三是多半是40岁左右。也有一个25到26岁左右的大学生，这个大学生一家4人也参与了"7·5"事件。他们对这些人的思想很不了解，只能死管。因为没有明确的法律条文可以惩办，比如看非法宣传品等等，有时候管理底气不足，导致管理不利或管理不到位的情况发生。看来在管制力度不减的时候，需要加强法律相关条文的制定，还要加强双语教育的力度。

下午我们去伊西哈拉镇调研，与这个镇的青年座谈后，就分别分小组开始访谈工作。我们挑选了两名两候生（初中和高中毕业未就业的学生）和一名女初中毕业生在家务农。考虑到前两天访谈的综合情况，感到涉及共青团组织这一板块基本没有访谈出什么内容，我在了解完他们个人基本信息的基础上，就直接进入这一话题，交流中有四个问题他们的回答让我很惊讶。一是当我问道"你是如何理解团支部的"？他们三人回答是：团支部是各族人民团结起来共同奋斗，年轻人为适应社会发展需要不断加强自己的地方；团支部是各族人民团结奋斗，更加理解三个离不开的地方；团支部是民族团结的意思。二是我问"你喜欢怎样的团支部书记"？他们回答是：愿意为别人付出的人；品行端正，正直的人，对贫穷和富裕的人不区别对待的人；真诚诚实，对别人热心帮助的人，如果不能帮助别人哪怕说一两句暖心话的人。三是问他们未来的理想和打算时，他们都想当干部，认为做干部没有务农辛苦，而且可以有能力帮助别人，更重要的是在帮助别人的同时还可以得到尊重；当干部可以少吃苦，还可以升职发展。其中一名后生还想做到库车县领导的位置，他认为当领导必须人品好，因为要参加公选。那位初中毕业的女生回答道：一个胳臂有劲只能赢得一个人，有知识可以赢得万个人。四是问他们是否会唱团歌，其中一名能完整唱出来，他让我起个头，当我唱到"我们是五月的鲜花……"他马上纠正道"我们是五月的花海……"并且很兴奋，他说在军训时教官们老让他们唱这首团歌，词非常熟悉。

# 赴南疆调研日志一（2月6日）

今天我们去库车县管教所，采访了一位危安犯，32岁，为了采访效果，我和翻译及他在正式采访之前，先进行了交流，回忆昨天，反思今天，向往明天，共三部分内容，被采访者点头同意，接下来是访谈内容。

## 一、过去的经历

他是初中毕业生，在班里学习一直不错，因为经济条件的原因，放弃了继续学习，开始卖肉。有了一点钱他就开始琢磨一个人干点什么，其间他参加过一些语言类电脑培训，学习过阿拉伯语。2006年到乌鲁木齐闯荡，开始卖服装，没有摊位，他就抱着衣服在大街上卖。随后他开话吧，之后又开始卖手机电脑，一段时间电脑价格下降，他赔了。这个时候他接到父母的电话让他回去，他不愿意回库车，但没办法，回去后又开始卖肉。一天他认识了一个朋友，对他挺好的。在他们接触的一段时间里，给他讲了一些穆斯林和古兰经方面的知识，他很有兴趣。以前他一直对这方面东西很好奇，非常崇拜安拉，认为世界是安拉创造的，安拉能拯救世界受苦受难的民众，而且受到全世界人民的尊重。在和这个朋友相处的最后一个月里，这个朋友给他了一本书，是关于伊扎布特组织方面的内容，其中涉及全世界的穆斯林如何要团结起来，消除异教徒。认为汉族是一个没有信仰的民族等等。一个月后他这个朋友被抓，他很害怕，当日他就烧毁了那本书，一个人跑到乌鲁木齐，白天不敢出门，晚上出去给人打工。过了一段时间，他开始白天出去打工，给工地拉沙子和砖头。一天他去火车站买票准备外出时被抓获。

## 二、在管教所中的反思

他一直感到很冤枉，他认为自己没有做错什么，没有给别人传播任何思想，如果错，就在于不该认识这个朋友。另外他一直对古兰经等很多知识没有搞得太明白，很多问题都是懵懵懂懂，只是处于好奇想了解。当问到管教所同室的其他人因为什么原因进来时，他答道：一是他们贪婪，为了自己的利益，偷盗一次如果没有人发现，就会干第二次，直到别人发现才住手；二是他们不懂法律，不知道什么事情不能做，法律意识淡漠；三是没有文化，容易被说服。他们中的一些人是二次进来的，他认为要想转变这些人包括他自己，管教所应给他们多提供一些利于改造的书籍看，另外能请专家教授给他们上上课，特别是请那些出去以后转变不错的人或者做事成功的人给他们讲点经验。如果可以的话，让他们看看电视和电教片受受教育。

## 三、未来的打算

他出去以后还是要做点生意，多参加培训，学点东西，特别是关于经商方面的知识，期待政府能给提供点自由和方便。他还要对妻子和家人说声对不起，要送孩子上学，进行语言培训，让他掌握汉语，学更多的知识。

# 赴南疆调研日志二（2月6日）

下午我们去库车县阿拉哈格镇博孜村八组，这个村比较复杂，曾经发生过恐怖暴力事件。我们搭了一个村民的拖拉机去找一位名叫买买提·买何木提的宗教人士。他现从事清真寺伊玛姆一职，月收入240元。

这次访谈前我们就所谈的内容与翻译和同伴沟通了一下。共分三个部分：一是宗教人士基本信息情况；二是宗教人士内心真实感受和存在的困惑；三是谈谈对极端恐怖事件和人物的认识和看法，以及社会对危安犯分子转化工作的建议。

被访谈对象前妻已经去世，70多岁时娶了现在比他小20岁的妻子，妻子有两个女儿，大女儿给了妻子的前夫，现在因怀孕搬回来和他们一起生活。他当时在清真寺做伊玛姆，感觉挺好的，可是有人反对，说："从哪找的放牧的伊玛姆？""他有能力做我们的伊玛姆吗？"有人还告到了当地的统战办公室，结果那里的干部说："我们相信他完全有能力做，你们回去吧！"

我们问他在30年的宗教工作中遇到的最大困惑是什么？他的回答让我们吃惊。他说：政府让他每次带大家做乃玛子时要加一些宣传政府的内容。这样导致反对声，让一些人不高兴，不愿意让我在宗教场所讲政府的话。我就当没有听到，我想再怎么样他们也不能抡起拳头打我。反对的多数是年轻一点的人，年纪大的都听我的。另外，在外面看到年轻人无所事事，或者抽烟喝酒，我很想告诉他们不要这样做，但是我不能，因为我只能在清真寺教育人，别的地方不行，可我不能跟他们说来清真寺。他的妻子告诉我们一件事：有一次，有两个人过来说大队要给他特价肥料，单价40块，原价100多块，他们过来带他去大队买。我就纳闷，我们已经给大队统一交过买肥料的钱了，怎么又要让我们买了，我不让他去。可是邻居说便宜的肥料买上自己不用，也可以给哪些穷困或者孤寡老人嘛。他一想也是，于是就和小女儿一起去了，结果那个人把他们带到很远的荒地上撂下了，他们暴晒了大半天才找到路回来。

他认为：宗教是有教育意义的，你听从宗教教义做好事，死的时候能让活着的人说你的好话，他做伊玛木也是有意义的。而且觉得宗教对年轻人也有帮助，学习宗教知识，做礼拜，可以让年轻人少做伤害社会和别人的事。他们有的喝酒、抽烟，还有赌博的，别的镇还有吸毒的，喝酒和吸毒的人有可能杀人，那些自杀和把自己炸掉的，都是罪过，都不能进入天堂。

最后，我们问：您觉得一些恐怖暴力分子和宗教有什么样的关系？他提到伊扎布特，他们从来不进清真寺做礼拜，他们只在家里做。因为他们觉得清真寺已经成了帮政府说话的地方。社会上频繁出现了恐怖暴力事件，他认为是挑事的极端分子，借助人们对政府的不满发起事端，但这些人就算生活在我们周围，我们也看不出他们有任何不同（很善于伪装）。被他们利用的这些人呢，因为受文化限制，认为汉族是一群没有宗教信仰的人，除掉一部分是为宗教工作做了些事务，有功劳。15年前，大队书记卡吾力·托克的弟弟阿吾力·托克和他的妻子迪妮莎汗，还有他们的儿子和儿媳妇被人杀害。原因就是因为迪妮莎汗是做计划生育工作的，有人对此不满，说她是杀害安拉赐予他们生命的人，所以就把他们一家杀了。另外库车管得严，有些人觉得很压抑，总想打掉政府（村政府）的一些部门，这样能稍微松一松管制，让自己解脱。他想了一会儿，说：我们这里劳动任务（指义务劳动）重，大家辛辛苦苦干了，却得不到相应的报酬，和干部拿的钱差很多，让人们心里很不满意。

最后他建议要转化危安分子，需要从两方面入手，政府的法律是办事的依据，这点不能松，另外宗教的教育不能缺失，要让有歪曲认识的人正确理解宗教。特别是对危害社会安全的人，政府用法律对他进行严厉打击，这种力度已经够大了，他们就算有什么想法也不敢冒出来了。但他们脑子里对宗教的错误认识可能还在，如果不告诉他们正确的宗教认识，他们可能一直都不会改变以前的错误看法。另外，他认为不可能100%转变他们，原因很多。他们出来后，不敢跟我们这样的宗教人士交往密切，因为这样的话他们就很容易被带去再进行几天的思想教育。他们可能与旧组织没有完全解除联系，所以不良的影响还存在。

# 赴阿克苏调研日志（2月8日）

2月7日晚上我们从库车到达了阿克苏，前一天是元宵佳节，大家过得很开心，第一次在南疆过节心情还是满兴奋的，那天晚上我们吃的火锅，阿克苏地区团委给我们准备了精美的礼物和鲜花，这让我们很感动，也很惊喜，饭后大家到市里一个广场放了一些烟花，团队领导没有召集大家汇报，第二天在去往阿克苏的路途中进行汇报，这样一路觉得很充实。

2月8日我们与阿克苏党政领导进行了座谈，因为有书面汇报材料，团队领导就材料问了几个问题。阿克苏有73%维族，122个自然村，距库车240公里，离温宿县10公里，柯平县160公里，市委书记库尔班·吐逊说：无农不稳，无工不富。青年在外务工取决于他现在的生活状况，他们季节性的务工情况比较普遍，企业务工人数比较多，因此青年有提高技能的强烈愿望。初高中毕业生有1万多人，两候生有2000人。当我们问及青少年犯罪的动因时，市领导回答道：一是经济利益驱动，家庭贫困、单亲家庭偏多；二是受到很多诱惑；三是打击力度不够；四是忽视教育；五是社会环境的问题，网吧和娱乐场所有问题，社会存在不公平；六是我们工作中的问题，简单粗暴。还谈到：现在的老人在地头，青年人在炕头，思想教育迫在眉睫。

民宗委的领导就阿克苏的宗教工作谈了几点。一是对宗教方面的政策。保护合法不越位、抵制渗透不放松、打击犯罪不手软、打击非法不犹豫。对宗教人士加强培训和管理，每次200—300人参加，讲6天，对那些表现好的宗教人士还要到内地考察，对其规范宗教行为宣传作用很大，另外在为人处事的方面也有好的启示和帮助，去与不去反差很大。组织部长插话说，现在如何要让宗教与社会主义相适应，他认为有两点，一是宗教必须依法律的规定开展工作，二是，现代文化的影响和引领。目前对一些清真寺开始合并，集中建设少数民族文化活动中心，红白喜事宴会都可以进行。他还说：国家、阶级消亡了，宗教消亡不了，因此要找到法律和文化及宗教之间的制衡关系，要做到"酒肉穿肠过，佛祖心中留"的境界不很容易。

# 赴和田皮山县调研日志（2月9日）

2月9日一早，皮山县县委书记先介绍了皮山县的基本情况，其中有三特点引起我的关注，一是要走完皮山县各乡镇需要三天，各村之间极为分散，组织青年搞活动的成本非常大，交通费、农民务工费是最大的开支，他说2011年12.28事件发生的那个村离这更远，要走过去需要15个小时，而且海拔有3000多米，缺氧，要翻过三座大山，气候非常冷，到西藏阿里最近，那些想越境参加圣战的人无论如何也不能达到目的，不是被冻死就是累死；二是新疆"7·5"事件136人解教人员，有一些还是孩子，他们大多回到了藏桂乡村。我当时一下记住了这个村的名字，这个村需要我们好好关注，不知道这些管控人员现在的情况如何？三是全民信教是皮山县的特点，在我们完成一天的访谈任务后，我更加理解了这一特点，体现在做乃玛子已成为每个人生活中重要组成部分，无论什么地点、什么时间、正在干什么，都会放下手里的活，或者从公交车等交通工具下来自觉自愿在路边或者别的什么地方进行，地点的选择是很随意的，但时间是相对固定的，特别是下午3点半这个时间做乃玛子的人非常多，我们要关注这个时间。

上午10点半与综治办、教育厅等相关部门进行座谈，收获很大，主要内容，针对青年喝酒，保守派会说：喝酒对您身体有害；激进派会说：你喝酒会违背宗教教义，会遭到上天的惩罚，如果您这样下去，死后上不了天堂等等。极端宗教思想传播者则是利用宗教这一平台和方式，向青年灌输自己的一套内容，已达到对青年渗透的目的。综治办说皮山县发生的几个事件，2010年"5·23"事件，皮纳乡，涉及178人，袭击民警恐怖暴力事件，2011年"12·28"，偷越国境参加圣战培训事件，还有最近的花朵工程和母亲工程，从2010年以来，有33起非法宗教活动，均在18岁到25岁之间，参与人数维持较高的水平。公安厅团工委说道：和田"7·18"和同年"12·28"事件属于非法暴力恐怖活动，参与者最大年龄37岁，其中有11人是19岁到37岁，最小年龄只有4岁，大多数都拖家带口，这些人很多长期生活在边缘乡村，比如藏桂乡，他们被引诱的渠道就是地下教经点被灌以"圣战"思想，还有不打招呼等五不规定。信教青年比例上升的原因，他们谈到：2006年以来重大事件释放出来的人员，他们往回渗透，用农村包围城市的方法，他们讲经，鼓动青年着奇装异服和蒙面服。我在访谈皮山县公安厅副局长时他说道一个细节，"伊扎布特"反动组织人员他们精熟马列毛著，特别是毛泽东的军事战略思想，在破获的物品中发现马列原著，这些都反映他们的手段和方式背后的战略意图和用心之深。青少年因好奇心重，不愿意听正规讲经人员的讲解，喜欢听野阿訇的解经，因讲经的地点随机性很大，公安人员很难破获。目前学经中未成年人占到70%，教经人员年龄低龄化，女性比例趋高。目前采取的措施有法制六进村、严厉打击三股势力、贯彻四项方针，特别关注复杂的乡镇。

  一天的访谈让我们深深感受到皮山县维稳工作的压力，任务繁重而艰巨，青少年的思想教育比任何地区都更加严峻，这既是挑战又是机遇。

## 赴皮山县科克铁热克乡调研日志（2月10日）

今天我们到皮山县比较复杂的三个乡（藏桂乡、木桂拉乡）之一的科克铁热克乡调研，先是与该乡党委书记交流，从他的交谈中，了解了三个总体的信息，一是这个乡是全县最大的乡，3.6万人，18岁—35岁的青年有1.28万人，面积有3410平方公里，农户耕地人均3分，入学率98%到99%，有25个村，仅从每个村里过一下不进去就要半天时间；二是该乡有70%的空壳村，40%的负债村，经济不很发达；三是宗教色彩浓厚，全民信教，对不信教的人不打招呼、不握手、不送葬、不参加婚礼。类似这样的情况还很多。与乡党委书记交流后，开始正式访谈一个所谓"野阿訇"的人，他今年32岁，14岁开始和大毛拉学经，将近2年时间，常去阿克苏摘棉花。认识了一些当地的村民，因为他懂得一些经文，当地人称他阿訇，愿意把孩子送到他那学经，他先后在家里收留5个孩子，4岁到8岁，2个喀什的，3个阿克苏的，去年6月7日，被县公安局查获，解救了这5位孩子，交给他们的父母，问到孩子父母，为什么要把孩子交给他时，孩子父母说，只是让孩子跟他学点经文，自己死后孩子可以为他们送葬，非常简单的想法。

"野阿訇"在接受我们的采访中，自始至终扮演正面的角色，不肯直面我们的问题，比如他谈到经文中感兴趣的问题有孝敬父母以及青年的言行举止的部分；因为宗教犯罪和因为挣钱犯罪性质是不一样的；目前青年最大的问题是就业，没有事做所以就有机会打架、干坏事、赌博喝酒等，而且还参与非法宗教活动；另外青年喜欢那些讲经讲得具体细致，容易让人听懂的阿訇。

中午我们又采访了四位青年，两名在家务农，一名大学生村官，一名和田教育学校毕业生，准备考公务员，我们按照采访提纲向他们提问，总体感觉她们的态度不很积极，没有太多的想法，显得比较拘谨，不敢大胆说出自己的真实心态，看来由乡政府安排的采访对象有些问题。

对目前的生活是否满意？她们普遍答：满意，只是需要经济上再得到一些改善。

对未来的打算，两名务农青年需要找一份工作，没有太多的要求，大学生村官想回归自己的专业——初等教育，当一名初中老师，那个和田教育学校的毕业生就想当公务员。

当问及参加最近一次的升国旗时感受怎样？两名务农青年回答：没有什么感受。这让我非常吃惊，是不是宗教氛围浓厚的地方，人们的精神比较麻木淡漠，麻木的背后有些可怕。

谈及对民汉通婚的看法时，他们的态度不是太绝对，认为自己愿意，双方关系好就可以。

谈及对新疆、和田、皮山事件的看法时，她们认为这是破坏民族团结分裂新疆的做法，连累无辜的群众，严重影响人们正常的生活。事件的参与者是学历低，能力差，法制淡漠，容易相信谣言。

谈到团组织的建议时，她们表示很愿意参加文体活动，建议农忙时每月一次活动，农闲时可以每月搞两次活动。打篮球和拔河，跳麦西来甫都可以。她们知道团组织最近搞的走进青年宣讲活动。还有技能培训，比如木工、大棚种植、地毯编织和养殖技能。

## 赴阿克苏新和县调研日志

第一次来到新和县，阿克苏有 8 个县，新和县、沙雅县、阿瓦提县、柯坪县、温宿县、拜城县、库车县等，新河县的县委书记马国强是名转业团干部，曾在阿克苏地区团委工作过，转业后直接到新和县任县委书记，在历任转业团干部中，这种转业到县委直接担任书记的情况是不多见的。我一直有一个愿望想用 2 年的时间采访一批新疆籍的老团干，特别想借今年建团 90 周年之际，对 50 年代、60 年代、70 年代的转业团干上门拜访做一个深度的采访，现在看来机会渺茫，一是这些党政领导实在太忙了，经济发展的压力和维稳的压力相对内地的干部要大许多；二是我深深地领略过和体验过，一晚上可以完全把时间搭进去，喝酒也算一种重要的工作；三是青老年代沟的问题，过去的老团干对现在的青年团干部还是有一些想法的，两个年代无论经济状况还是思想觉悟，无论是政治待遇还是任务要求都很不相同，心理的落差还是有一些的，这也是不可避免的。但我确信：他们一定能通过在共青团工作的这段刻骨铭心的经历，对现在的共青团工作提出一些宝贵的建议。

设想再好，有时候难以实现啊！在酒桌上我挺弱智的，有时候坚持下来很纠结，也许真的不擅长这种场合。自己还是喜欢安静地梳理一下想法，想听他们说点有思想的观点，那种场合，我是真的很痛苦啊！尽管这样，我还是从地州、县里的团干部那里看到令人可敬的地方，也深为他们能遇到马国强这样一位有学识、胆识、智慧，且着有浓浓共青团情结的领导感到高兴，这对于这些年轻的团干部健康快速成长既是一种催化剂，也是一种亢奋剂。

## 第二次来到巴州的感受（3月4日）

离开库尔勒也只有一周的时间，再次来到这里，见到巴州地州的团干部，倍感亲切，其中巴州团委党组书记尔肯，是我在北京认识的，他去年曾在团中央统战部挂职，因为统战部受团中央书记罗梅的指示，准备编写一本民族地区团干部读本，特委托中央团校团研所承办编写任务，我有幸成为其中的一员，为了了解新疆共青团工作，特别邀请尔肯同志来团研所座谈，我记得最清楚的是：当时他提到如何搞好民族团结的话题时，他用一次特有的活动，即"我到您家吃月饼，您到我家吃馓子"来诠释民族团结的意义，正是这句话让我永远地记住了这位新疆挂职团干部，没曾想到，仅仅几个月我们在新疆见面了，这是第三次见面。

我很珍惜二次南疆之行，身边皆学问，身旁的团干部就是我们关注的对象，他们的举动和言行都会让我思考，除了他们的激情感染我之外，他们背后不为人知的故事也是我想挖掘的，每个人的经历都是一本书，让你从中汲取营养，也可以提炼出来，让全国的团干部参考。

这次跟随团区委朱钢副书记一起出来，很有收获，他的"霸气"，给人一种坚实和自信，他对人的尊重让我发自内心的感动，他的细心让我惊讶，他对经济领域的熟悉程度让我敬佩，比如"西气东送"项目、从新疆到内地的高铁工程、新疆的产业，如治沙、炼油、建材等等，他都能说上一二。从经过的路上，看到了"煤从天上走，电送全中国"的一些正在实施的援疆工程。他还告诉我们，1994年周永康曾经在新疆担任石油指挥部一把手，常说的一句话就是"只有荒凉的沙漠，没有荒凉的人群"。

他在区团委四年中，一直负责志愿者协会，在车里他很动情地给我们叙述每年的暑期，他组织高校志愿者服务团社会实践活动，一次这些志愿者来到偏避的农村，给这里的村民看病，尽管这些志愿者都是没有离开高校的医科专业的学生，可是当地的村民就像对待救星一样，迎接他们，村民自觉地排好队伍，等待他们就诊，这些志愿者内心的价值感瞬间提升很多，真正感觉到广阔农村大有作为，过去只是听老师说，现在是真正体验到了。他们还治好了村民的疑难杂病，一个老人长期卧病在床上，他们探望后判断这是一种"心病"，用"小锤子和钉子"，一点点轻轻敲击患者的身体，让患者试着站立起来，第二天他们真的看到患者在家里人的搀扶下来到他们的面前，没有让患者花一分钱，就解决了这一病况，这让他们兴奋不已。类似这样的故事还有很多很多。从他的话语中可以看出他对这片热土的钟情和对这里人民的热爱，在他手机储存的4000多个电话号码中，2000个是大学生志愿者的，1000多个是新疆和内地高校的团组织负责人的，余下的才是上级领导和同事及朋友的。

可以确信，在以后的调研中，收获一定很大，不虚此行。我期待再期待！

## 赴沙雅县调研日志（3月8日）

一早和新和县委书记马国强吃饭，朱钢书记简要将四天的调研情况提炼四点给马书记，一是基本调研范围和任务。涉及范围：1.农村县乡村、企业、学校（职技、中学、幼儿园等）；2.农村务农青年、农村致富带头人（养牛、种枣）、务工青年（加工红枣）、学校学生、西部计划大学生志愿者、企业家、大学生创业就业典型（办公打印、复印、摄影、开饭馆等）还有几层党政领导干部；3.重点项目参观，如县里便民服务中心、新和党校（新建）、乡镇办公楼、公务员集资房。二是从调研的整体状况看，县委领导的执政理念是立足长远的，充分体现"政绩不在当下"，功在当代，利在千秋。基层干部作风是亲民的，也是务实的，先点后面，从下而上，不折腾，不搞形式化的工程，下面运行比较规范。三是存在的问题。缺干部、缺技术、缺机制、缺产业。四是建议。许多事且说且干，不能只说不干。朱钢书记关于县级维稳工作提出一个理念，即让硬力量软下来，让软力量硬起来。蓝天白云下，加一些柔和的标语和温馨的口号，会引起好的反响。在群众团体中要增加一些使命感、荣誉感，发挥群众的积极性，为党和政府分忧解难。

我们来到沙雅县，还没进入住所就赶到会场开座谈会。通过与会领导的发言，我们了解到：沙雅总面积3.2万平方公里，6个乡5镇3个国营农牧场，总人口25.9万人，23个民族。被誉为塔里木胡杨、棉花、马鹿、卡拉库尔羊、罗布麻、红柳、红枣和围棋之乡。有五种文化，即龟兹、多浪、胡杨、绿洲、沙漠文化。财政一般预算收入7.08亿元（90%依靠石油税收）。该县坚持"稳粮、控棉、强国、兴畜、重转移"方针，坚持"以人为本、生态优先、宜居为重"的原则。坚决防止"重大政治性事件、非法聚集事件、大规模群体性事件、暴力恐怖事件"发生。巩固和发展民族和睦、宗教和顺、社会和谐的的大好局面。座谈会后，我们和基层的团干部进行了2个小时的交流，他们中10人来自乡镇，17人来自县中小学和少先队辅导员，9人县直单位，5人企业，9人是县相关单位领导，社区

2人。参加交流的人员约25人。反映的问题和困难很多，主要有活动受局限（安全维稳）、人员力量不足、语言交流、工作经历和对象不足、人员留不住、工作精力不足分散、政治待遇和职称评定、任务与升迁挂钩、工作边缘孤立作战、工作状态被动热情不高问题及青年学生心理问题。学生思想行为相对比较普遍的问题有：经济困难、受到歧视、早恋、家庭关爱缺失、追星（韩国明星、网络歌手等，最典型的行为是学生证上的个人照片用明星照如杨幂、乔布斯代替）、厌学等。当问及学生厌学的原因时，他们答道：一是教材内容有深度，但缺少青年娱乐和兴趣的时尚元素，政治性过强；二是受读书无用论的影响深，感觉种棉花比读书管用；三是单亲家庭，父母责任意识差，对孩子疏于管理（有一个父母要外出，给孩子丢下100元就不管了）；四是学生关注老师微博，但老师没有关注学生的情绪，这一点需要引起注意；五是学生喜欢在家玩网络游戏，不知道什么时间该做什么事，没有目标和计划；六是开展活动受到局限，因为安全怕出问题就放弃活动，学生喜欢出游；七是就业观念的问题，到党政机关算就业，到其他地方就不算就业，往往父母是机关干部的孩子，学习都比较突出；八是理想缺失，目标不明确。

# 赴沙雅县英买力镇阿奇东村调研日志
# （3月8日）

下午4点我们到达沙雅县英买力镇，该镇领导介绍了一下团的工作，这个镇的团员有1870人，有的已进入村两委班子，均在30岁以下。团组织一项活动引起我的关注，这就是小手拉大手活动，依靠孩子去改变父母家人的旧观念。座谈会后我们与各村团支部书记交流，先与他们做活动，将气氛活跃起来，通过活动谈体会谈感想，进而和他们交朋友。他们都很积极，取得了一点进展。

之后我们参观了英买里小刀协会，看到青年在做小刀，他们一边做着事，一边听着歌，很自在，只是做工时的气味比较难闻，劳动保护措施不足。后来又到了一家农户，他们是做小刀的个体，自己赚些钱。

在返回宾馆途中，我们和朱钢书记一起探讨农村青年目前的14类身份问题，这是意外中的收获，原来没有关注这方面的问题。这14类身份分别是：公务员（公务员局）、参公事业编、大学生村官（中组部基层办）、西部计划大学生志愿者（团中央）、协警（公安局）、干警（公安局）、民兵（乡镇）、四老人员（民宗委）、宗教人士（民宗委）、农机推广员（农机办）、科技特派员（科技局）、选调生（中组部）、内培事业编（人才局、组织部）、公益性岗位（劳动局）。这些都有国家补贴，目前的问题是，在我们的意识中，没有将这14类身份的青年考虑在内，比如评选优秀青年，通常只在致富能手、基层团干部等传统意义上选拔，今后要考虑这14类身份的青年。

通过连续几周的调研，我深深感到一个青年要成大器，一定要去基层锻炼，虽然很苦，但非常值得，特别是基层的团干部能够在一年的时间内接触到上面50%的部门和工作内容，在很短的时间内，就可以了解到全面的工作内容，在机关虽然轻松，但了解不到细节问题，进步就很慢。我还坚信：从基层出来的干部与机关的一般干部相比，无论是处理复杂问题还是各方面的能力,包括所见的世面都要强很多。现在机关与基层干部的交流制度是非常必要的,也是科学合理的,几年后情况就会有很大的改变,那种浮躁就会消失得无影无踪。

## 赴新和县渭干乡哈尼喀塔木村、喀拉库木村调研日志

3月6日我们前往哈尼喀塔木村和喀拉库木村调研，总体情况如下：

| 村名 | 渭干乡 | 玉奇喀特乡 | 哈尼喀塔木村 | 喀拉库木村 |
|---|---|---|---|---|
| 总人口 | 1.98 万人 | 2.14 万人 | 734 人 | 2164 人 |
| 耕地总面积 | 11.9 万亩 | 15.7 万亩 | 3300 亩 | 9583 亩 |
| 干部人数 | | | 6 人 | 6 人 |
| 党员数 | | 764 | 28 | 29 |
| 团员数 | 1139 | 974 | 65 | 56 |
| 青年数 | 5112 | 3356 | | |
| 四老人员 | | | 9 | 9 |
| 人均年收入 | | 8017 元 | 7929 元 | 8259 元 |
| | 16 个村，1 个农场 | 14 个村，3 个农场 | | |

上午先与村青年座谈，总体感觉，一是青年的精神文化需求和技能培训需求非常强烈，无论他是出于怎样的经济状况，青年学习语言的积极性很高，对组织的文体活动非常愿意参加，期待村干部能关注他们这样的需求。他们建议村里值班室可以轮流组织跳麦西来甫，活跃青年的文化生活，可以学北疆的做法，白天干活，晚上可以到大队活动场所跳舞。他们认为村里的年轻人藏龙卧虎，没有施展的机会。二是目前我们吸引青年的手段单一，无法满足青年的需要，面对新时期青年人的行为和思想引导和处理方法不足，围绕党的中心工作能力水平不高。三是这两个乡宗教氛围不是太浓厚，两候生的问题不很凸现，青少年的犯罪率很低，几乎为零。四是基层干部和师资力量严重不足，人员常常被县里抽走，造成人不在岗，占有编制；五是现有干部队伍人员后继无人，趋于老化；六是工作压

力非常大,独自开展工作的人少,被动工作的人多;七是人才留不住,扎根的基础薄弱。村里的硬件设施没有问题,最美的地方在学校,但没有老师,特别是双语老师奇缺,有时候无奈之下抽调基层干部担任双语老师。座谈会后我们分别参观了一所双语幼儿园和小学,还拜访了两名创业的青年,一位是养殖奶牛企业,一位是办公复印等业务公司。

最后,朱钢书记的一番话引起我的思考,这两个乡留下的青年基本上家境一般,没上过什么学,但精神需求很强烈,这不同于以往的农民。因此青年潜在的现代意识不完全与经济发展的进度相匹配;另外,对创业的青年群体,我们要善于做青年群众工作,要充分利用这些正面的点做社会稳定的工作,他们中有高手,我们应该依靠群众做工作。建议今后的挂职不限于体系内,更多的放在群众团体。我们要善于创造语境,能说"我们"的,绝对不要说"你们"。

## 赴新和县玉奇喀特乡库孜来克村调研日志

3月7日上午我们调研组一行去新和职业技术学校。该学校成立于2009年，学校硬件设施之好出乎我意料，我们原以为在南疆条件最差的该是学校，其实不然，县、乡镇最美丽的地方是学校。特别是该县的职业技术学校学生是不掏任何费用的，内地的高职学生费用很高，这都是党和政府的惠民政策好，问题是这里的学生精神状态远不像我们想象的那样，他们的状态并不是特别的积极和主动，有时你和他们交流时，他们的表情相对淡漠，也许是看到生人有些胆怯，毕竟是来自农村的初中毕业生，没有见过太多的世面。

从技术的层面可以说，专业设置非常实用，如美发美容、汽车维修、汽车制造、焊接技术、建筑泥瓦、衣帽加工等，加工车间设备非常齐全和先进，只要认真学习，没有找不上工作的。

我在思考这些学习的驱动力哪里来？两个方面，一是对党和政府的感恩心态，一个人一旦有感恩的念头，就会对眼前的一切倍加珍惜，克服困难的勇气也会更强一些；二是改变原有的生活追求新的梦想。一个人一旦对未来充满憧憬，就会增加无穷的力量，生活的激情就会重新点燃，兴趣是一个人成长的最佳催化剂。只要解决好，技术就如飞机的两翼，顺势离空飞跃。在新疆这一特殊地域办教育，不能仅仅为办教育而办教育，而是要先成为政治家，其次是教育家，再次要成为企业家。

接着我们去了一家叫"键鹰"的纺织企业，老板是浙江宁波人，2008年成立这个企业，从最初的400人到现在，有近2000人在这里干过，可谓"铁打的工厂，流水的工人"。原因有两个，一是女工一结婚就愿意呆在家里，以后也不想出来干活了；二是农忙时，她们会放下手里的活回家帮忙，还有一种情况就是女工之间一吵架，就放弃工作回家去啦！老板告诉我们：这种情况会随着社会的发展，陈旧观念的转化而发生变化的。实际上她们已经比以前改变很多了，总之，企业目前面临用工问题的恐慌。下午到红枣加工地的"天娇红枣业"，有幸看到红枣加工的流程，那红枣又肥又大，实在惹人喜爱，看到由红枣加工的各种产品，心里痒痒的，真想好好品尝一下啊！最让我们欣慰的是：一批小伙子从内地来到这里打拼，那种勇气和胆量实在令人钦佩，中午同带我们参观的山东小伙子一起吃了一顿大餐。小伙子的精神状态非常积极、健康阳光！

　　下午我们分别去了一所小学和一所中学听课，一节是自然科学知识，一节是音乐课，孩子们学得很用心，课堂气氛非常好。这里的小学、初中和高中费用，国家全免，还有助学奖学金，初升高比率大大提升。

　　晚上我们与西部计划大学生志愿者座谈，他们都讲了自己最精彩的故事，也谈到了一些困惑。我们对这样一类群体以前关注太少，今后要将他们与大学生村官、南疆四地州公务员、三支一扶、选调生等群体一并进行研究，这些与农村青年致富带头人一样都是我们未来青年人才储备库的资源。

## 赴沙雅调研日志（3月9日）

上午我们去沙雅牧区小学、幼儿园，那里有住宿的民族小学生30人左右，他们的床铺铺得非常单薄，只有一个薄薄的毡。之后与幼儿园的小朋友合影并交流，问他们长大了要做什么？他们回答：当医生和警察。随后看望了那里支教的新疆师范大学维语专业的学生，他们都自己做饭，学校领导对他们非常不错，给他们米、油和菜，他们之前在喀什已经支教4个多月了。他们在从教的过程中维语提升很快。下午去了盖孜库木中心学校，那里的小学生正在开展队日活动，给我的感受很庄严，但过于刻板，不够自然，严格意义上不符合孩子本来的自然本性和习惯，有些成人俗套。方法和手段略显单一。下午的阳光体育活动是孩子们最快乐的时刻，我们和他们一起交谈，听校长和老师介绍，这个操场很快就可以建成有跑道的运动场了。总体感觉是：牧区的小学生与外界接触太少，显得不够大方，倒是幼儿园的孩子要比他们阳光健康大方，问什么都积极回答，很招人喜爱，特别是每个孩子头上的帽子，各式各样非常美丽漂亮，没有顾上问一句，是否园里准备的？另外，下午去的中心学校，问题很突出，流动人口太多，占50%，特别是每年拾棉期间，孩子增多，随来随走，可以不和老师打任何招呼。另外一部分孩子的家长不配合老师的工作，学校批评孩子，家长有意见。我们还关注到一个细节，孩子就餐的地方缺少文化渗透，空白点比较多。

晚上用了近2个小时的时间，专访了央塔克协海尔乡党委书记余国锋，他曾是一名老团干，他谈到转业后遇到的问题主要有：工作内容十分庞杂，任务非常艰巨，为了避免讲外行话和出笑话，他进行学习和恶补，令人尴尬的是他缺少底气和自信，不敢发表观点，做出判断。他讲了一段令人刻骨铭心的事，他是"7·5"事件后转业的，当时在乡里心理孤寂压抑，不敢与人交流，告诉他人自己的行踪，每天提心吊胆，不能入睡，那是他最难熬的一段日子。他对团组织的建议是：软力量硬起来，在基础建设上要下功夫，比如机构、人、设施设备、阵地建设等等；现在上面把基层的力量想象过大,但实际上没有那么大,有些理想化了。同时上面很多决策方向上是正确的,但落到基层就虚了;最后是关于加强农村共青团组织建设问题。因为这个时期正是青少年理想信仰形成的关键时期,一旦出了问题,就难以补救。

3月10日上午我们专访沙雅县委组织部调研室主任文怀科,从他们去年接受中组部安排的三个重点课题谈起。一是关于经济发展方式的转变,二是县乡村换届如何考察领导班子,三是信息网络条件下的党员教育问题。沙雅县主要建设生态绿色经济,搞循环经济,即工业园区。该调研报告获得了一等奖。我们交谈的重点放到第二课题上。他们县目前考核干部是三个过半,即年终考核优秀过半、谈话推荐过半、会议投票过半。注重民主,体现平时。目前有11个乡镇,班子配备情况是:注意性格气质、年龄、业绩、学历和基层经验。优秀的乡镇干部通常具备魄力、较高学历层次、工作态度积极、与班子配合默契等特点。智商和情商约为4:6。当然各乡的情况也不一样,考核的标准也相应进行调整,考核第一名奖励20万,两个一把手各得2万元。基层群众对干部的主要意见反映在:党和国家的富民政策落实不到位问题;整合资源为民服务的能力不足;村集体经济搞得不好;宗教事务管理水平不高;关注青年问题和共青团工作不够。对团组织的建议是:要理解乡镇领导的思路,主动配合,并积极发挥青年的作用。

沙雅调研工作就要结束了,我们收获很大,10月份再来。

## 赴塔大和359旅调研日志（3月11日）

第一次去塔里木大学，这个学校是1958年王震将军亲自提议开办的，进入校展史，首先看到第一期学员，王震将军在其中，我脑子立刻就浮现出第一批学员还有多少人在世？他们在什么地方？正在做什么？如果能采访到其中一些，那该是怎样的激动情景！这无疑是一个庞大的工程，但很有价值和意义。这种念头一直持续到359旅展览馆，每当看到359旅的光荣历史画面时，我就关注这些画面的人现在在哪里？如果请他们复述一下当时的历史背景和发生的故事，该是多么生动的教科书啊！每个人的背后都有一部刻骨铭心的故事，即使是一个小花絮，也会让人感动得流泪。

在任馆长声情并茂的讲解后，我有三点感受，一是兵团精神的伟大，正如王震将军概括的四句话：生在井岗山、长在南泥湾，转战数万里，屯垦在天山。他们既是能打仗的部队，又是能生产的行家，从战斗英雄到劳动模范，随时在为祖国做着奉献和牺牲，一想到我们现在所处的优越条件，我们还有这样和那样的不满足，都觉得很惭愧，不能不承认，没有兵团精神、没有兵团文化，在新疆是难以固守的。二是不等不靠思想。军人一切以服从命令为原则，自力更生，艰苦奋斗。屯垦戍边，无怨无悔，生产工具自己造，荒地开垦自己来，技术创新首当先，一切不沾百姓利。三是永葆军人的本色。什么时候都充满自信，压不垮，打不倒，从他们身上能感到一种无穷的力量，让你全身振奋，抖擞精神。

晚上，有幸与我们的西部计划志愿者和警校学生会主席交谈，他们的一席话引起我的深思。这些年轻人起初是充满着一腔热血来到新疆，但几年后越来越现实，不得不面对很多令人纠结的现状，我深深感到：要想有所发展，没有当地的群众基础难于上青天，面临远离亲人的孤寂，面对上下政策的不一致，更面对出路的狭窄，他们无语，原先那种坚守新疆的信念开始发生动摇，如果有机会接受兵团精神的教育，对他们的成长无疑是最大的帮助。因此，兵地两融建设十分必要，而且迫在眉睫。

## 赴阿瓦提县多浪乡调研日志（3月13日）

一直以来对多浪文化充满好奇．特别是刀郎舞蹈，梦想有机会一定要好好看看，今天终于梦想成真，晚上由阿瓦提县县委何书记特意安排的一场别开生面的晚会让我终身难忘，他们特别邀请多浪乡歌舞团专场演出，地点就选在多浪部落，专门安排导游带我们到部落展厅，在那里你可以深刻地感受到多浪文化的博大精深，令人震撼，一方水土养一方人，多浪人的那种聪慧和勤劳，从他们的每一天、每一季、每一年的劳动的耕作内容变化以及生活的改善，也能从他们的每一个节日到生命中的每一个仪式都渗透着一种习俗文化，这种习俗满含着"大道"、"规矩"、"简约"、"圣神"，让人不能不去接受它，但这也恰恰是民族分裂分子借机利用的强大武器，因为这里的村民真是太善良了，如果不是有一定的文化借鉴能力，很容易迷失方向的。

上午我们去了县二中，与青年教师、德育教师和辅导员以及团委的干部、高中生学生干部、初中学生干部四组座谈，其中青年教师是随机加进来的，我参加这一组，收获很大，他们谈出一些特别有价值的内容，比如学生目前令人隐忧的"厌学"现象、"早熟"现象，还有教师，特别是青年教师的权益没有得到保护，尊师重教的氛围还不够浓厚，很多深层的问题没有解决，这些都让我感到一种责任的重大，更感到任务的严峻。但令我们欣慰的是：这个学校的亮点在于重视人才，特别是对那些年轻有为的，由一技之长的青年教师，给他们提供了很好的展示平台，发挥着作用，带出不少的学生，美术、音乐、书法，真的可以让我们的学生从中体验"真、善、美"的内涵，这对于这些人生观、价值观和世界观正在形成阶段的中学生无疑起到非常大的作用，我深深地敬佩这些有着远见卓识的学校领导，更为我们这些默默无闻、精心培养、无私奉献的广大教师员工所感动。利用中午的一点空闲时间我们去看望区团委阿布莱提的父母，这种习惯一直是自治区团委特别是阿书记所倡导的，我颇为欣赏，深深知道对一个人的尊重比什么都重要，这是金钱和荣誉不能换来的，它是事业发展的加油站、是一个人成长的驱动力,更是人格心理健全的基点和支点。正如人民大学附中的刘彭芝校长所说的:"尊重和爱是教育的最高境界。"

　　下午我们与多浪乡乡领导座谈和沟通,了解这个乡处于城乡结合部,人多地少,乡财政一年的收入只有11万元,但去年投入活动的费用就达21万元,他们还是比较重视团组织建设方面的工作。随后我们与民兵、务工青年、协警三组座谈,总体感觉青年创业欲望比较强烈,同时他们急需资金扶持,这给我们团组织一个信号,我们的工作要跟上去。最后与副乡长交流了一会儿,他是一名转业团干部,非常富有激情,特别是谈到做基层群众工作的方法时,他侃侃而谈,但因时间关系没有谈透,有机会还是要对他进行专访的。

## 赴阿瓦提县拜什艾日克镇调研日志（3月14日）

一早我们赶往拜什艾日克镇，见到镇党委王书记，他谈到的非法宗教活动越来越具有隐秘性和诡秘性。你在明处，它在暗处，掌控的难度加大。前一段这个乡破获的一个团伙，制造很长的大刀（后得知是刀厂的人员报告的），好在出事前发现，没有造成任何伤亡。另外最麻烦的是将部分民族风俗和宗教行为混淆，比如家庭中如连续说三次想离婚，阿訇念经，就可以离婚，无视法律的存在。他常去村里，和村干部交流，直言不讳的问他们：在村里是你说了算，还是宗教人士说了算？如果这个村干部能理智气壮地说，自己说了算，他就认为这个村维稳工作没有太大的问题，反之，村干部有意回避或者吞吞吐吐，他认为这个村问题很多，他要关注或操心一些。二是自治区张春贤书记来这里视察的事。我是无意看到办公室放了一张他与张书记的合影照，问及张书记所关注的问题，他说：有基层干部待遇问题、人员缺编问题、体育设施硬件问题等。而且有的问题当场就做安排进行兑现。三是对共青团工作的建议。他认为我们与反动势力争夺接班人的战斗一刻都没有停滞，你不抢占阵地，他就要抢占，你不拉青年，他们就要拉走青年。因此我们要多组织青年搞活动，要把农村青年的问题解决好。当问及他最纠结和头疼的事时，他说到有两个头疼的事，一个是搞活动建场地缺乏资金，第二是群众上访信访工作压力非常大。多为土地等问题。只要有到自治区或北京上访的事，上面就可以一票否决这个乡或者镇。他们这个镇典型的人多地少。因为他要去开一个会，我们的交流不得不中断。我们也要与村团支部书记、公务员、大学生村官等群体座谈。

我与该镇的8名公务员进行了约半个多小时的交流，这8名公务员中有2名是乡镇公务员，6名是南疆四地州公务员，问及它们的区别时，他们回答到前者是有固定的岗位，不用岗前培训。我从三个方面提问，一是他们在岗期间一些令人困惑和纠结的问题；二是从上岗的不适应看公务员岗前培训的问题；三是对自治区公务员局和调研组的建议。第一个问题他们为现实利益谈得偏多，比如办公设备的缺乏，交通费的补助、公务员集资房等；第二个问题他们谈得很有价值，主要涉及培训的内容方面，一是语言交流环境的营造和强化，二是公务写作的课程增设，下到乡镇用处很多；三是公务员礼仪，特别是接待、电话、记录、会场布置等。因为时间关系没有细谈建议，就回到主会场。三组分别都进行了汇报，第三组是团县委王馨书记汇报的，让我对他又增加了几分敬意。他的汇报具有全面性、特色性和延续性。他谈到：一是基本情况。该镇共 27 个村，17 个村党支部委员，10 个村委会委员。平均年龄 28.2 岁，有 1 人是村副主任，1 人是村党支部书记，10 名是团员，17 名是党员，连任有 20 人，新任 7 名。二是主要经济情况，有 11 个村经济情况好些，能够开展基本活动，经费能够保证，16 个村中，8 个一般，8 个空壳，约占 30%，团组织经费没有保证。基层团干部的待遇偏低。三是活动开展情况。主要是教育活动和团日活动。四是普遍存在的问题。对团组织工作重视程度不高，套种和维稳的工作压力非常大。组织青年开展活动的经费不足。五是对未来的想法。以现代文化为引领打造文化强县。采取两条路径，一个是特色领域，以刀郎青年艺人为基础，组建刀郎文化传承团队，做出特色品牌；第二是以农民画家为基础，打造刀郎农民画。其中附含专题教育，贴近青年，增加辐射功能。在座谈会总结中我讲了两个问题，首先提出一个观点：在物质匮乏的同时，不能忽视精神的作用，这是符合唯物辩证法原理的，物质第一，意识第二，意识对物质有反作用。其次，我们所有共青团所搞的活动要体现思想性、群众性、社会性、政治性、文化性、特色性和环保性。

随后我们去一个村养殖致富带头人，他今年 23 岁，有 3000 支的品种鸡，只要养到 2 个月就可以出售，一年有 4 批，年净收入 4 万余元。他打算开一个土鸡场，另外有条件再开一个饲料场。

饭后我们赶往柯平，但不巧的是，同伴身体状况不佳，我们又返回阿瓦提县宾馆，冥宴之中就像早已安排好的那样，我们与阿瓦提县难以分离。

## 赴克州调研日志（3月17日）

3月17日我们吃过早饭，11点出发前往克州，这是我第一次到克州，沿途景色非常壮观，我被山上的雪景吸引，中途我们在乌什县吃了骆驼掌，这也是我第一次品尝，非常有嚼头，一个生的骆驼掌要卖到100多元。在一个风景非常美丽的路口，我们停下车，在一条水沟的地方和最近的雪山上，朱钢书记给我们每人拍了一些照片，他的摄影技术非常好。在空空的马路上，我们放上音乐一同跳起了麦西来甫，很是过瘾，这也是头一次在大自然的怀抱中尽情歌舞，很酷！很爽！

我生性喜欢这样的生活，很有故事性，随处你都可以找到你想要的东西，因为变换，找到的机会就会很多，触动你的故事就会很多，你每天的心情都会很好。我从没有感觉到一丝倦意，而是倍感这种机会的难得，人生中有多少机会能来这里，能认识这里纯朴的牧民啊！

晚上扎曼县长接待了我们调研组，他对阿合奇县的介绍让我受到触动。一是阿合奇县地理位置比较特殊。位于新疆西部天山南脉腹地，地处高寒山区，全境东西长198公里，南北宽132公里，国土面积1.68万平方公里，东部与乌什县交界，东南与柯坪县线相接，南、西南分别与巴楚县、阿图什市毗邻，北部及西部与吉尔吉斯共和国接壤，国境线长371.4公里，拥有46个通外山口，典型的"两山夹一谷"的地形特征。二是经济发展严重滞后。正如县长所描述的，全国所有的贫困因素都能在阿合奇县聚焦。牧区缺草、土地缺土、老百姓兜里缺钱。自然生态十分脆弱。县域主体经济为畜牧业，人均年收入只有2000多元。三是气候特征独特。"长冬无夏，春秋相连"，冬季严寒，最低气温达零下30多度，年均降水180毫米左右，蒸发量2311毫米。四是我国著名的三大史诗之一—《玛纳斯》的故乡，历史上柯尔克孜族就有驯鹰、库姆孜弹唱、手工刺绣等传统习俗。

克州有三县一市，即阿合奇县、阿克陶县、乌恰县和阿图市。阿合奇县又有5乡1镇3场，23个行政村，全县总人口4.3万人，主要由柯、汉、维、回四个民族组成，柯族占全县总人口的86%。

扎曼县长还给我们讲了有关边境方面的事。边防哨卡的地方离边境有40公里，但在40公里的区域中生活着一批纯朴的牧民，他们无怨无悔地默默承担着守护边防的任务，令人震撼，你会在不经意中随处看到他们在放牧期间在石头块上刻下"中国"两个字，虽然生活十分贫困，但国家的意识极强。

接下来我们要在克州的三个县深度调研，期待接触那些纯朴善良的牧民和欣赏领略这里的《玛纳斯》文化。

# 赴克州阿合奇县库兰萨日克乡调研日志（3月18日）

3月18日上午我们听取了阿合奇县党政领导的情况介绍，林县长谈了该县的工作思路，即"教育是中心，基础是重点，增收是目的，解放思想是根本"。该县重在巩固提升"戈壁产业"，努力提升劳务经济，不断促进产业增效、农牧民增收。比如提升戈壁设施农业，2011年温室蔬菜大棚年均收益达1万元以上；大力推进劳务产业。通过劳务输出——学习提高——创收致富——回乡就业——建设新农村的模式，疆外务工人员月均纯收入达到1800元，最高达到3700元。该县还增加招商引资力度，加快优势资源转化，努力促进县域经济健康发展。比如，加快水能、矿产资源开发，配合中国华能集团公司做好华能托什干河别迭里水电站建设工作。该县在维稳工作上主要是两防，一是防祸水搬家，二是防境外渗透。另外谈到当地的干部，幸福指数比较高，比如健身条件相对便利、有序和无成本，现代文化引领方面也有特色，如玛纳斯文化、猎鹰文化等。

政法委和民宗办的领导介绍该县的70座清真寺（35个主麻清真寺，35个一般清真寺），77名宗教人士，其中35个是伊玛目，35个是哈提甫。信基督教人13个，均为中年女性。教育工委的领导介绍该县的教育状况，初中毕业升学率为68.15%，2011年内高班为138人，常年在外务工的人有3000人左右．目前民汉合校集中办学．中学寄宿生补助为每月229元，小学寄宿生补助为189元。

随后我们前往库兰萨日克乡调研，该乡位于阿合奇县城以东约28公里处，托什干河下游北岸，有三个行政村，939户3775人，其中农牧民人口3084人。参加乡里座谈会的人员有四类，即乡镇干部（含乡党委副书记、公务员3人、大学生志愿者2人）6人、村团支部书记3人、小学德育教师3人、农村团员3人。我们分成三个小组进行座谈，情况是：该乡3600人，12个村民小组，人均年收入2200元，再外务工300人左右，留在家里的300人左右，青年14—28岁的人有982人，团员有184人，中心小学

(1—4年级）1个，教师员工66人，公务员去年有11个，其中之一是信息报文章不会写，二是工作变化太大，刚刚熟悉一项工作，马上又被安排做别的工作。他们总体感觉青年的创业就业愿望比较强烈，但缺乏资金等支持，比如地毯厂，家庭作坊式，还有一大队的刺绣厂等，只能做到自筹一些，乡镇补助一些，另外就需要小额贷款项目。该乡有人员招聘，如种草人员、盖房子人员、护林人员和站所人员等，地方发工资，实拿到手里的钱有800—900元，多为初中文水平。还有不到10%的青年在家务农，特殊群体的青年不多，宗教氛围不浓厚，2个清真寺在使用，只有周五做一次礼拜。这些公务员留不下的主要原因有两个，一个是远离亲人，感情交流缺失，二是主观上就不想呆，嫌地方太远，工作太苦。

村团支部书记这一组反映的问题主要有：组织活动经费不足，活动场地缺乏，组织人员困难，培训交流机会少，网络存在问题，上面下发的文件收不到等。小学校反映的问题是：希望青年教师给学生做榜样。特岗教师多为外地来的，生活工作压力非常大，另外一些青年教师上的课不是自己的专业，课时量很大，真正上课的人只有32人，他们对今后的发展目标还不清晰。村里团员这一组反映的问题有：希望提高待遇，提供贷款的机会，能关注在内地务工的青年，同时还期望能学到现代养殖技术。另外，团组织开展的活动不多，希望多组织活动，其中卖凉粉的女团员和做移动电话缴费的急需人员的扩充，希望团组织能帮助他们。

随后我们实地考察别迭里村的刺绣厂和三大队村的地毯厂，总体感觉规模很小，那里的农牧民非常纯朴，要求也不高，精神状态不错。我们还观摩了戈壁设施农业基地，如蔬菜大棚，与那里的青年一起参加劳动，栽种白菜苗，同时参观考察了华能托什干河别迭里水电站。

## 赴阿合奇镇调研日志（3月19日）

早上我们到离阿合奇县最近的一个镇——阿合奇镇，该镇党委书记吴文定给我们放了一个汇报片，让我们很感动，调研几个县、乡和镇，像这么认真做准备的书记不是很多。他原是阿克奇县团委书记，有过共青团经历的党政领导对什么事都是比较认真的，尤其对共青团工作非常支持。整个汇报紧紧围绕共青团组织的功能，特别是意识形态领域方面对青年的引领、青年的成长、加强共青团干部的队伍建设还有党建带团建等方面进行，画面生动。该镇的青年群体有以下几类：公务员、招聘人员（公益性岗位）、大学生村官、西部计划大学生志愿者、民兵、协警、务工青年、个体工商户、农村致富带头人、学生等。

该镇有三个村，吾曲村、皮羌村和牙郎奇村。2011年全镇共有团员375人，镇团委班子9人，班子平均年龄25岁。该镇在服务青年方面有三个特点，一是向广东劳务输出304人，解决青年就业问题；二是抓典型示范，带动发家致富，15个团员青年成为脱贫致富带头人；三是通过"青年之家"阵地的建设，夯实基层团组织建设基础。

随后我们前往牙郎奇村，和那里近20位牧民青年进行了互动游戏活动，一是"齐心协力"、二是"汉语练习"、三是"摔背合作"，这些活动的寓意他们理解得非常透彻，这让我很开心也很有成就感。随后我们将他们分成四个小组进行访谈，总体感觉这些青年渴望创业，有的想开刺绣铺，有的想经营牧场。有的还想开餐馆，他们年龄都不是很大，主要困惑在资金问题上，看来技术都没有问题，有一定的基础。他们还有一个比较大的困惑，就是村里给他们每月700元，但工作任务比较重，我认为就是那种公益性岗位，如帮助村里种地、扫雪、植树等，没有更多的休息日，他们建议能否增加一些，因为工作强度比较大。这些青年都是没有参加劳务输出的，家里有各种各样的困难，也不想出去，只想在自己的村开个店。

在前往该村青年致富带头人的路途中，镇领导带我们观看了牙郎奇新城区规划，牧民安居房非常壮观，就如内地的小别野，结构很好，上下两层，外观漂亮。我们在里面看了好几遍，脑子里浮现十年后这里的场景，一定是一个现代化的城镇，只有在社会主义国家，牧民才会享受到这样优惠的政策，不知道那些住进来的农户心情是怎样的激动啊！

午饭后我们先后去健康路社区，与那里的17名青年交流。让我吃惊的是：这个社区很特别，共2269人，低保户196户，约500多人，团员13名，清真寺3个，宗教人士8人，25名职工，本科5人，大专9人。来的青年干什么工作的都有，比较杂，有计生站、民政工作站、司法办、综治办等人员，他们中有南疆四地州公务员、西部计划大学生志愿者、事业编人员、零就业家庭人员、劳务输出一年返乡人员等等。当问及他们的困惑时，普遍感到工作不稳定，离父母亲人太远不安心，缺少友情，向往外面的世界但又担心不能适应等，这个时候的青年显得相对浮躁一些，没有定力。

下午看了几个农村致富带头人，给我感觉，他们承受挫折的压力比较强，不甘于落后，有想干事干成事的欲望，精神状态非常乐观，思想比较开放。柯尔克孜族的人比较豪爽，他们对最近发生在叶城的事件感到害怕，不能理解。另外这个民族不排挤汉族人，相反还有和汉族人通婚的情况。我在社区就遇到这样的青年。

今天的收获很大，只是天一直下着雪，真想去看看边防线上的青年战士，好在社区蔡书记是从那里下来的，我从他那里简单了解一些关于边防战士的故事，很苦，一年都无法回家，整体忙于训练和巡逻。有机会我一定要去那里看看，住上一两天，体验那里的生活。

## 克州阿克陶调研日志（3月21日）

从阿合奇县到阿克陶县路途遥远，行驶近6个小时，天上下着鹅毛大雪，途中有一段路非常惊险，天与山浑然一体，什么都看不清楚，路面上白雪与路基以及路边的荒漠成为一体，分不清哪是路面、哪是荒漠？我们的心立刻揪了起来，不敢掉以轻心，眼睛紧紧盯着前方的路，可以说进入了无人区，没有车辆没有行人，只有白皑皑的一片雪地，稍有不慎就会落入雪窝。我在想，人与大自然相比真的非常脆弱，难以与自然抗衡，只有祈祷上帝让我们安全到达目的地。

感谢大自然的恩赐，我们终于走过了最艰难的路程，经过6个多小时的奔波，在阿克陶团县委的接应下我们抵达阿克陶宾馆。

阿克陶县地处祖国西部边陲，位于帕米尔高原的东麓，塔里木盆地西缘，全县总面积2.4万平方公里，共15个乡（镇场），由维吾尔族、汉族、柯尔克孜族、塔吉克族等13个民族组成，总人口20.5万人。全县分平原和高山牧区两个部分，属于典型半农半牧县。阿克陶县区地理位置优越，西部、西南部分别与吉尔吉斯坦共和国和塔吉克斯坦共和国接壤，国境线长380千米，旅游资源也非常丰富，特别是壮美的帕米尔高原自然风光和独特的民族风俗，令世人神往而陶醉。"世界冰山之父"慕士塔格峰、高原平湖喀拉库勒湖和克州冰山公园非常著名。

副县长阿达来提·买买提和我们一见如故，很投缘，大家很开心，晚上在这里喝到了吐鲁番的无核葡萄酒，很甘甜。团县委阿不力克木·艾则孜以前做过一个乡的副乡长，人厚道并成熟。今天是个好日子，我们和民族的干部在阿克陶一起过了一个诺肉孜节，一路上的惊险和辛苦都化为开心和快乐，相信我们在阿克陶的几天里，一定会有更多的惊喜等待着我们。

## 克州阿克陶玉麦乡调研日志（3月22日）

今天早上该县党政领导出席座谈会，县常委钱江没有照稿子汇报，而是很自然谈了自己对阿克陶县的认识和看法，让我记忆深刻。他在20年前，即1990年4月5日巴仁乡事件时来这里送物资，以后再没有来过。没想到2010年组织安排他到该县交流，第一周没发现什么，第二周他去大巴扎，顿感吃惊，黑压压的人群，在这样极为贫困的地区，上至领导干部，下至普通人都是这里的常客。这里很知名，逐渐成为"旅游"景点。他在这里已经待了一年多，他注意到，在过去的事件中劳教释放人员已经陆续返回，很多事件中都有阿克陶人。他深深感到：维稳工作十分严峻，因为这里潜在的危险仍然存在，目前管控措施十分严密，一村一警再配三协警、村两委会、民兵+十户长+百户长、包村工作队、边防武警、网络网点等。现在还有青年在农闲时打牌、晒太阳，等靠要思想仍很严重，观念的转变任务也十分严峻。目前要从根上解决，一是从环境上影响，二是从文化素质上提升。如招商引资，让大企业落户，解决青年的就业问题，从根上培养一种进取心。

民宗干部介绍说：阿克陶县与喀什地区疏勒、疏附、英吉沙、岳普湖、莎车、塔什库尔干等县相邻，县城西南的木吉乡、布伦口乡与塔吉克斯坦、吉尔吉斯坦等国家接壤。该县清真寺626座，主麻清真寺154座，一般清真寺472座，在职宗教人士674名。哈提甫153名，副哈提甫61名，依玛姆460名。目前该县存在的主要问题有：一是特殊的地理位置和周边环境，少数民族区域经济发展相对滞后；二是个别信教群众的法律意识不强，政策水平较低，部分信教群众对"三股势力"等反动组织的警惕性不强，"朝觐热"现象还未消除；三是地下教经现象依然存在，还存在父母给子女教经，其隐蔽性强，教经时间不确定，不易被发现；四是个别乡镇基层宗教工作干部，对民族宗教政策以及宗教知识的了解和掌握程度不够，对宗教工作有时存在放松现象。

座谈会后我们观看劳动技能培训情况，和厨师专业的学员进行了交流，他们的精神状态不错，普遍有办餐厅开饭馆的愿望，学习动力比较足。他们用维语一起高唱国歌和柯尔克孜族民歌，但不会唱团歌。来到服装专业的现场，和两个女学员进行交流，她们告诉我，内地发展很快，挣钱多，她们也学会了待人接物，等有机会还想再出去。最后到砖瓦专业学员班，因下雨他们正在上汉语课，我询问他们的生活情况、年龄、团费缴纳等情况，当问及他们喜欢的活动时，他们异口同声地说了他们喜欢的一些活动，但是没有活动场所，有几个会唱会跳柯尔克孜民歌和舞蹈的小伙子给大家进行了现场表演。气氛非常活跃。他们的培训、吃住全部免费。

下午我们前往玉麦乡二中，那里正在举办诺肉孜节，初一到初三的学生准备了丰盛的美食，我一一拍摄了下来，还时不时品尝大家的劳动成果。最后来到活动广场，按照维吾尔族的民族风俗坐下来，观看节目和品尝"诺肉孜饭"。该学校的老师和学生都能歌善舞，节目非常精彩，因为要去5村，我们提前退场，这天的天气非常好。

来到5村，乡团委书记汇报了工作，随后我们按村干部和协管员15人、民兵12人、劳务输出和经商人员13人、务农青年9人分成四组交流，大家汇报30分钟。在我们这一组村干部和协管员的交流中，让我意想不到的是：大家发言很积极，特别是提建议时很理性。比如建议"五四"活动能否在村里举办，不要仅局限在乡镇；青年创业贷款的还款期限是否可延长，几个月太短；能否多一些培训的机会，提高技能；能否增加一些办公室和设施设备等。另外关于对青年问题的担忧时，他们提到：多进行招商引资来解决青年的就业问题；多进行劳务输出，有利于青年改变观念，比如过去认为女孩子出去务工会嫁不出去，现在发现不但嫁得好还给家里带来了富裕，语言方面进步也很快。一位村里的开库姆孜制作店的青年引起我的关注，他想教村里更多的年轻人学手艺，他说：年轻人一旦有事情做了，就没有时间干其他的事啦！他准备开一家比较大的乐器店，可以招收50个青年，目前需要一些资金。令我没有想到的是，他把一个刚制作好的库姆孜送给了我，我很激动和感谢，这些青年真的很淳朴、很真情！

## 赴克州阿克陶喀热开其克乡调研日志（3月23日）

3月23日早，天下着毛毛细雨，我在宾馆对面的广场一个人跑了几圈，大口地吸入新鲜的空气，还是第一次这么长时间一个人在外活动，特别在那些维稳形势比较复杂的地区，心里一直处于相对紧张的状态，地区团委和县团委也格外注意保护我们。从阿克苏到克州，从和田到喀什，同属南疆四地州，情况是如此的不同，可以说千差万别，比起内地的一些发达省市自治区的情况，还有很多差异性，这让我真正感到若大的中国，没有中国共产党的统一领导，真不知道会是一种怎样的结果？尤其在新疆这样一个占全国五分之一的土地，在阿克陶这样一个县，就有边境线380千米，如果稳定上出了问题，不仅仅是影响经济发展、普通老百姓能否过上安定日子，恐怕更大的问题是流血、暴乱、纷争随之而来，最大的牺牲者还是老百姓。在这样的地区，稳定的压力和成本还是非常大的，但无论怎样，让农区和牧区的老百姓的日子好起来，仍然是党和政府集中关注的主要中心工作，富民安居工程和相应的优惠政策越到基层，实施力度和影响力显效越明显。你会深深体会到：也只有在中国，也只有在中国共产党的领导下，才会有这样的奇迹发生。最好的双语幼儿园在这里，最美丽的学校在这里，你会随处可以看到，各项民生工程正在大刀阔斧、热火朝天地展开，你完全可以相信：新疆的明天会更美，南疆的局面会改变，因为新的一代，从幼儿园起就接受着现代化的最优质的教育，操着流利的汉语，完全可以通过小手拉大手，改变父辈一代的陈旧的观念，完全改变那种将自己包裹在每天要做5次乃玛子的单一的生活方式，而是与内地同步，共同发展，共同进步，那时候才是真正意义上实现各民族的平等。

早饭后我们行驶约50公里，来到喀热克其克乡，见到该乡党委副书记和副乡长，他们简单介绍了这个乡的情况。该乡位于阿克陶县西北部，东、南、北部，分别与喀什地区的疏附县的铁日木乡、布拉克苏乡、萨依巴格乡、乌帕尔乡隔河相望，西部与阿克陶县奥依塔克镇和乌恰县波斯坦铁列克乡毗邻。地处盖孜河和吾帕尔河之间，三面环水。距阿克陶县城43公里，喀什37公里。有四个村，其中2个村（1村和2村）以维吾尔族为主，另外2个村（3村和4村）维吾尔族和柯尔克孜族对半。有16个清真寺，16个爱国宗教人士，仅3村就有6个清真寺。乡党委副书记告诉我，柯尔克孜族人好管理些，这个乡这些年没有发生什么事，他们的主要精力在抓经济发展和维护稳定上。该乡的青少年有1733人，占34%，团员318人，占全乡青少年的18.3%。

座谈会后我们立刻赶到这个乡所在的3村，来参加交流的全是清一色的男士，这让我很吃惊，村里的干部告诉我，妇女都在家里，通常不出来。从与村团支部书记的交流中，我感觉到，其团干部的精神状态不是很积极，表达能力和素质还是有问题的，没有那种凝聚青年的"粘合剂"，性格内敛过于稳重的人做团干部还是不太合适的，缺少一把火精神。

在村干部的配合下，我们把青年集中到村政府的大院，做社工游戏，来的青年约50来人，有民兵、外出打工人员、农村致富带头人及务农青年，他们还是很纯朴的，很听指挥的，也能从游戏中得到一些收获并表达出来。但相比较而言，不如玉麦乡5村的青年开朗和善于表达。我请许库大哥打开车里的音乐，让青年跳起来，我细细观察，县、乡和村的团干部没有积极融入青年之中，这让我确实有些吃惊，不喜欢和青年打成一片，不喜欢和青年玩在一起，怎么可能让青年跟你走呢？

午饭我们是和乡领导以及乡镇公务员、选调生一起吃的，我顺便看了看他们住的地方，条件还是很简陋的，屋里的炉子灭了，东西摆放还是比较零乱的，但是公务员和选调生的精神状态让我很满意，可以看出他们还是喜欢这里的领导和村民的，动作也很麻利，表达很积极，这与乡领导民主的作风和和蔼的态度有直接的关系，你看不到他们心理压抑的地方。环境留人在这里得到验证。大家围坐着一张桌子，沐浴在阳光下，吃着大盘鸡，着实感受到一种轻松和自由，这也是来南疆调研为数不多的一次轻松的午餐。这里的乡干部是务实的，也是感性的。

下午我们来到喀热开其克乡中学，学校的校长是一个爽快和阳光的人，他与阿克陶县的团委书记阿不力克木是老同学，他们准备得很充分，材料也很齐整。该校是一所农村的初级学校，去年初中毕业生67人，55人考上县一中，2人考上职业技术学校，5人考上县职业高中，只有4人回家务农，升高比例91%，今年有54人初中毕业，预计升高比例100%，该校没有汉族学生，70%是维吾尔族学生，30%是柯尔克孜族学生，全校仅有几个汉族老师。随后我们召集该校的青年教师一起座谈，共有7位（6个少数民族老师、1个汉族老师）参加，谈到对学生整体情况的评价时，他们的汉语表达还是不很流畅。主要反映学生厌学的情况，问其主要原因时，他们回答：有家庭教育的问题，父母多为农民身份，对孩子的学习督促不够；与学生的个人兴趣有关，男孩喜欢数学，女孩喜欢汉语和语文；与初中孩子处于心理叛逆期特征有关，初三的学生叛逆期更为明显；与小学期间养成的学习习惯有关，要改变其不良习惯只有30%的可能性；与学校的经济条件有关，能带学生出去见世面，能有好的学习资料，比如汉语学习光盘、听力带等等，情况会好很多。我们和校领导反馈时，校长还给我们补充了两条，一是与教师教课的水平有关，好的老师可以让孩子产生学习的兴趣和动力；二是与班主任的配备有关，好的班主任可以带来好的班风，这对孩子的学习也有很大的帮助。总之我们都认为青年教师这个群体非常重要，他们是一线直接面对学生，是知识和思想的第一传播者，他们的精神状态、思想，直接影响下一代的培养。从我们听初三学生的课，学生的反映和回答，也让我们感到这个学校的老师素质还是比较高的。

## 与西部计划大学生志愿者交流（3月24日）

早饭后我们调研组去看大学生志愿者，给每个宿舍买了一箱牛奶，我们将所有的大学生志愿者集中在一个屋里，搞了一个座谈会，大家分别讲述一个刻骨铭心的事情、人物等，其次谈谈自己的事情以及对组织的建议。共有12位志愿者讲了自己感受最深的事情，我听后很受触动。归纳起来有以下几点收获：

河南籍志愿者：阿克陶县经济还很不发达，刚来的时候感觉不好，但真正下去以后，才觉得情况没有自己想象的那么糟，学到了以前书本上和学校所没有学到的东西，这里的领导和群众对我们非常的好，另外通过磨练，我们的公务写作水平有所提高。

河北籍志愿者：这里的领导把我当成自己家的孩子一样，吃饭不要钱，特别是民族同志的节日，我们去团拜，大家吃得很撑很饱，让我们领略到酒文化的浓厚。

江西籍志愿者：我在援疆指挥部服务，主任非常耐心教我们，从浅入深，从出错多到少，现在比以前颈部多了。但相比较一起来的伙伴，他们的想法很伟大，他们还在想着为山区的孩子送物资，很感人。

云南志愿者：我在县检察院工作，搞录入案件工作，要报给州上，同时还负责档案借阅工作。给我最深印象的事情是：在一次公开的法庭上，辩护方与公诉方发生口角，休庭时，受害方言辞激烈，冲上去骂检察院的公诉人，"你也是维吾尔族人，你为什么要替共产党说话？"看到这个场景，我当时吓呆了。没有想到这里的民族意识是这么强烈，我认为云南也是少数民族的地方，但没有这样的事情发生，我们从小受到的教育就是各民族是一家人，所以教育要从娃娃抓起，要让大家知道，各民族是平等的。

江西籍志愿者：我在农业局服务，我看到大棚里种植桃花很惊奇，特别还是维吾尔族的人种植桃花，而且种的非常鲜艳，他们懂经济发展，专业意识也很强，这一点和汉族人没有什么不同，很开放。只是我们有一些偏见，另外我们的宣传工作还不到位。

福建籍志愿者：我在这里有一件事接受不了，就是从驻地到单位，要经过四个垃圾桶，味道非常难闻，每次路过都要捂着鼻子，受不了，我想离开。另外卫生打扫时间也有问题，白天打扫灰尘很大。

江西籍志愿者：我在援疆指挥部服务，负责收发文，县里的会议非常多，准备起来很烦，情绪不好，不过有主任安慰我，离家这么远，有领导关心心里暖暖的。

江西籍志愿者：给我印象最深的事情就是，在交通枢纽的中心地区有两家钉子户，这在内地是不可想象的，这个地方可谓太民主了，如果发生在内地，一夜之间，房子就被推倒了。据说该户拆迁需要150万元。不过现在这个问题解决了，我们不知道是什么原因。

乌鲁木齐籍志愿者：我在宣传部服务，我有一个同事很幽默，他是一位少数民族的干部。一天来了一个全身着黑色的农民来我们办公室，我不会维吾尔族语，我们大眼对小眼，后来我的同事回来了，他们说了很多，等这个老人走后，我的同事告诉我：这是一位四老人员，他的补贴一直没有发放，他来问情况，并说了一句话让我的同事特别感动想流泪。"我为党工作了一辈子，我也不是来要回补助的，只是看看有没有我的名字，有了我就放心啦！"这件事给我很大的启发，每个基层的工作就如同一个螺丝帽一样，小细节做好了，群众对我们党和政府信任度就提高了。

贵州籍志愿者：我是学中医的，一直在医院里服务，工作强度很大，常常加班。现在要在学校、红绿灯、卫生局和固定点发糖丸，我感觉到这里的村民预防疾的意识弱，不愿意吃糖丸，怎么劝也不服。另外安全意识也比较差，交通规则不遵守的现象很多，有一个19岁的男孩，骑摩托车撞在自家的拖拉机上死了，很可惜。

阿克陶县志愿者：我毕业于农业大学，上了17年的学，刚开始上班很不适应，但我们这里的民族团结搞得不错，大家上班很融洽，上班是领导，下班是朋友，慢慢就适应多了。

伊犁地区的志愿者：服务团委。印象最深的事是，基层干部不好联系，各方面的数据上不上来，工作有些拖拉和散漫。另一个方面南北疆气候差距很大，而且相距路途遥远，过年回家路上就用了4天。

## 赴乌恰县波斯坦铁列克乡
## 调研日志（3月25日）

3月25日早饭后，我们就出发准备前往克州第3个县即乌恰县调研。克州团委书记王春林考虑路经乌恰县一个乡——波斯坦铁列克乡，拟确定先到该乡调研，之后再赶往乌恰县。我们都认为这个建议非常地好，就按照这个计划实施。

乌恰县的党政领导和团县委领导早已在离该乡大约2公里的路口等候我们，一起到该乡办公楼进行座谈会。

乌恰县波斯坦铁列克乡位于乌恰县西南端，北、东北与喀什疏附县接壤，南、东南与阿克陶县奥依塔克镇相邻乡政府距喀什56公里，距县城135公里，314国道穿乡而过。总人口2525户9191人，下辖6个行政村，有柯、维、汉、回、塔、哈、藏、壮8个民族，其中柯尔克孜族占到了76%。农牧民人均收入2343元。该乡青年人数（35岁以下）2752名，团员159名（团青比例是有问题的）。

该乡的党委书记朱中勇是位南疆四地州公务员留疆战士，他在这里已经有10年了，吃了不少的苦，能留下来完全是他在部队所受到的正规教育和训练的结果。朱书记介绍完该乡的基本情况后，我和县、乡领导一起梳理了该乡的青年群体人数。比如：大学生村官6人、返乡大学生119人（本科20人、专科生99人）、青年致富带头人10人、务工青年687人、民兵54人、南疆公务员43人、协警18人、综治协官员18人、十户长23人、务农青年3475人、牧区青年1347人、招聘人员6人（公益性岗位）、民间艺术传承人20人。我请乡领导谈谈青年不稳定的因素有哪些？他们谈到四个方面的内容，一是青年就业观念陈旧，有攀比心理，极易感到失衡和自卑；二是村级开展活动时，青年参与积极性不高；三是村级组织条件差，特别是青年的流动性太强，都要去外面挣钱；四是受外界干扰和影响比较大。受到吉尔吉斯坦的动乱的影响，314国道也成为三股势力越乡而过的通道。该乡有25个清真寺，主麻日约有400人，其中18—30岁的青年有 50—60 人，这几年人数更是趋于下降。

座谈会后我们去该乡比较近的村——凯勒迪敦村，与那里的青年进行见面和交流。根据青年的群体，我们分了三个小组，即务农青年 10 人、民兵 6 人、青年致富带头人 2 人和大学生村官 4 人及村团支部书记兼电教员 3 人，分别座谈。总体感觉是：一是青年的创业欲望还是比较强烈的，普遍感到资金的缺乏，特别需要组织的帮助，能够取得低息、无息、贴息贷款，并能够拉长还款日期；二是希望组织能够在科技知识方面、双语训练、林果业种植、牛羊养殖、疾病预防等方面加大培训力度；三是期待组织能够经常开展活动，宣传党和政府的优惠政策，加大宣传的力度。

最让我受到触动的是残疾青年致富带头人——他开办的超市很火，他还有两辆班车，其中免费送村里的孩子上下学，每年的 10 万元收入，他要拿出 1 万元去帮助那些需要帮助的人，他获得的证书和奖杯无数，可以说在这一物质贫穷的地区他堪称精神力量的巨人。

看完该乡的秋桃基地和红枣基地后我们用了近 1 个小时赶到了乌恰县。晚上见到了该县的政法委书记张会，大家一见如故，谈得很投缘，他关于对乌鲁木齐"7·5"事件的看法和下基层贴近百姓的做法让我对他肃然起敬，很是打动我。在他看来，民族和民族之间需要包容和开放，那种狭隘和排挤的行为都是可悲的。另外基层干部要多下去看看百姓，他们是如此的淳朴和善良，他提出的"下乡百里长征"的行动，终于实施成功，每个人都留下一段刻骨铭心的经历和故事。我深深被他所讲的故事打动，庆幸自己结识这样一位智者，相信在乌洽的调研一定会画一个完美的句号。

# 赴乌恰县乌恰镇调研日志（3月26日）

3月26日上午我们与乌恰镇党政领导见面座谈，该县政法委书记陪同，在座谈会上，我们了解到：乌恰镇有1532个青年，其中学生654人、零就业（公益性岗位）128人、自主创业15人、劳动输出人员337人、致富带头人13人、闲置青年483人。关于该镇维稳压力工作，政法委书记插话说：目前正在举全州之力，把巴仁乡从负面影响改为正面影响。这个镇有5个社区，清真寺只有一个。地理位置也比较特殊和复杂，有480公里的边境线，11个河口和86个山口。去年12月23日就发生过一起建国以来一次性偷运毒品599公斤的案件，还有2月27日获知有4个家伙从乌恰县到阿富汗参加圣战训练，我们当场抓到1个，在喀什和和田抓到3个，他们之间彼此并不了解，但很快一拍即合，其特点是偶发性、聚集性和快速性，很难预防和发现。

随后我们赶到博鲁什社区，与那里的青年进行交流，按照前来参加会的青年群体，我们分成3个小组，即警务员3人和协警为第一组，公务员3人、公益性岗位3人和致富带头人1人为第二组，因实施双语教育从教师岗位转到社区的8人为第三组。每个组都有交流座谈的议题，定好时间汇总情况。

我参加第二组讨论，头一个发言的人是青年致富带头人，我问及他现在有什么困难时，他不是谈自己，而是期待组织区帮助那些生活特别困难的人，还有社区的残疾人，问及他的未来打算时，他说道：要组织困难的人，他想教给他们维修的技术，而且是免费义务培训，他想贷到无息贷款，租个商铺，吸纳更多的青年人一起干。令我感动的是：他持续2年一直帮助2个残疾人（夫妇），每月拿出50—60元支持他们，还免费为他们修理电器。从各组汇总的情况看：青年参加活动不是很积极，活动形式比较单一，青年还是渴望参加一些培训提高自己。另外，有一些问题还是没有得到解决，困难户住房问题（条件不具备）、绩效工资的扣除问题，人已离开岗位，学校仍在扣除绩效工资。同时也反映出我们的警务工作任务非常的繁杂和艰巨。

接着我们看了口岸、生态园（南山），非常壮观，景色很美，可以想象几年后这里的变化一定会翻天覆地。

下午我们去乌洽县实验中学调研，这个学校的团队活动开展得很好，既有规模又有创意，其中腰鼓队、鼓号队、手风琴队、库姆孜队等等，投入很大，思想教育活动很有政治性、思想性、娱乐性、公益性。对学生爱的能力、礼貌教育、法制安全教育、业余团课、手抄报、励志教育、劳动意识培养和锻炼等都很有独特性，从中可以提炼很多有益的内核。特别是听了四位青年教师的发言，我更加感受到：那些牧民的孩子、还有父母外出打工的孩子以及父母离异的孩子，都特别需要组织的关爱，特别需要爱的抚慰，特别在青春叛逆阶段，心灵上的引导更为渴望。另外孩子学习主动性的缺乏，应从根上寻找，如小学学习习惯的培养、家长督促的不足、竞争氛围的不浓、班主任履行职责的不足、任课教师教学质量的不高等等。应该更多关注孩子隐性方面的教育，而不是仅仅停留在显性方面的教育层面上，很多问题都需要我们认真思考和研究，给出答案。

随后我们赶到实验小学，那里的孩子正在过团日活动，团日活动的主题是"学雷锋，见行动"，孩子们把雷锋的日记都熟记了下来，很了不起，这里的孩子大部分是柯尔克孜族，汉语水平也还很不错。孩子的舞蹈节目和库姆孜弹奏非常棒，让我受到触动，又一次将我们拉回童年，多么羡慕他们现在美好的童年啊！

最后一个点是与阿依布拉克村大学生村官、务工青年、青年致富带头人见面交流。给我最深刻的感受就是：他们创业意愿非常强烈，其中一位公益性岗位的女青年，原养殖2000只鸡，后续没有资金支持，不得已只好把鸡卖掉了，她还是想和大学生村官一起办一个养殖合作社，期待能贷款一些，自筹一些，养羊养牛，她们有场地，只需要2—3万元就可以完成这一梦想。看到她们那么渴望的眼神，不甘于落后努力做事的劲头，我被感动了，如果能有100万元，可以实现几百个乃至上万个青年人的梦想啊！

## 乌洽县调研总结日志（3月27日）

今天是调研工作的最后一天，我们大家都很轻松，坚持到最后是一件不容易的事，从最初的5人调研组，因各种原因只剩下3人，我还是认为我们是最后的胜利者，也是收获最多的成果者，特别是在今天的总结会上，我们都从内心将自己的想法拿出来面对面、心贴心、实打实地畅快沟通，这是最正式的第一次，也是此次调研的最后一次。我为在乌洽县能结识张会书记而感到莫大的荣幸。他所准备的情况介绍是最完整的，也是最深刻的，特别是最后一部分关于存在问题的列举更是最透彻的。其中谈到：教育引导和服务青年工作的普遍性、广泛性有待进一步提高；吸引、凝聚和组织动员青年的能力有待进一步增强；团干部队伍和团员队伍建设有待进一步加强。部分基层团组织建设薄弱、有效联系覆盖青年不够，尚未形成"点、线、面"的工作机制；部分乡镇团委组织格局创新后，工作联动机制尚未成熟；一些团干部队对形势政策研究不深、对民族宗教政策的学习运用不够，青年群众工作能力不强，工作作风不够扎实。

张会书记在维稳工作中谈到三个不利因素，一是周边情况复杂，三股势力影响仍然存在；二是边境口岸掌控压力很大，38个山口车辆通行的管控任务繁重，大量兵力向边境移动，目前有800名十户长、1000名护边员在守护；三是流动人口的管理难度加大，地区与地区人员管理衔接上还有很多漏洞，比如在清理中发现三无人员，与当地的公安人员、派出所以及家属联系，处理安置起来很困难。在谈到非法宗教活动时，他认为改革开放1978年到1990年期间该地区基层政权非常薄弱，队伍一片散沙，百姓对政府的依赖降低；教育的缺失，青年闲散人员增加；宗教氛围急剧升温，600多个清真寺相当学校数量的5到6倍，百姓有困难不找村干部，而是找阿訇，选村干部也要到清真寺选举，这些都是导致1990年后事件频发的关键因素。现在的情况大有好转，参加朝觐的报名人数每年递减（由过去的23人降为10人），学生辍学减少，免费就学，实施营养餐（一个鸡蛋、一个面包、一袋牛奶），渴望学习汉学。渴望进城上学。初升高的比例由 2005 年的 34.8% 上升到 2011 年的 90%，在全县真正做到最好的建筑是学校，今年要投入 3000 万元建设 5 所新学校。

晚上吃饭时，范宝军县委书记来给我们送行，他就是第一个在玛依喀克戈壁滩上建成蔬菜大棚的规划者和实施者，当我们听完他从 2007 年开始顶住压力进行尝试，到 2009 年张春贤书记来视察并给于肯定的历程艰辛故事时，都无不激动和感动，敢于冒险，敢于担当，敢于奉献是他作为军人的特质，为此他得到了当地百姓的满意和尊重，党和国家给于他很多的荣誉。

在结束晚宴的时候，张会书记给我们讲了吴登云老人的故事，他在新疆一干就是 40 多年，当地的百姓不舍得他离开，在 70 年代他曾经为了一个烧伤的孩子从自己身上植皮多处，不打麻药，抢救孩子，我在想，有谁能这样去做？真的了不起啊！张书记还和我们谈起酒文化，认为酒是人与人交流的载体，但不是根本目的，不能为喝酒而喝酒，有多少有希望的干部都因酒而夭折，实在不值当，另外做人和做事都需要把握好度，过了就会出问题。

第二天我们就要离开乌洽，前往阿图什，这个句号画的很圆，大家都很开心并心存感激，可以确信：在乌洽县调研的日子，令大家终身难忘，永远铭记！

## 路径库车县日志（3月30日）

返回途径库车，我们便在库车停留一晚，一是看看援友，一个是库车县委副书记胡道成，一个是库车县副县长赫西颜，还有一个是我没有想到的，北京物质学院孙涛在该县挂职，任该县夏常委和团委马书记，我与他是第二次见面，见到援友和老朋友，一下子轻松很多，疲惫感也没有了，这就是一种精神的力量，和朋友在一起时间过得很快，喝点酒也不晕，晚上睡得特别踏实。

第二天一早，县委高书记就来陪我们一起吃早饭，我提出一个问题，从党政领导的角度怎么看身边共青团干部？他的回答让我沉默。他很直白也很犀利，直接切入问题，主要内容有三点，一是共青团干部队伍人员问题。不会干，不能干，不想干，没有把真正懂共青团工作的人员安排进去，特别是团校科班出身的人安排到这个岗位，有一些人员还是当官的子女，借这个跳板，为了提拔快的功力目的刻意安排进去的。二是共青团工作的薄弱环节，存在中央到地方、上层到基层、理论到实践的链条断裂的问题。从上只是一味要求，怎样怎样做，要求的人不了解基层，不了解实际状况，只是下命令下指示，从不说他们自己该做什么。而基层的人只是被动接受命令，没有时间搞自选动作，只是应付就透支精力，无暇思考，也没有学习培训提高的机会。即使在培训课上，也会出现讲课的人仅仅是从理论上总结经验，而不是从实践中总结经验，因为授课人不了解基层，这些人给基层的干部上课，就会出现误导和走偏。三是共青团工作的内驱力不足。现在在经济建设的大环境中，以经济发展为主，共青团工作要贴上去，青年都在忙着赚钱，谁有时间去参加你组织的活动，你的服务必须跟上去，不然领导不高兴，青年也不高兴。目前我们团干部的状态不尽如意，很多团干部激情不足，热情不高，主动做事的动力不足，一方面待遇不高，有的没有落实，另一方面党政领导支持也不够，社会环境系统支持力度也不大，那种不想事、不思考、浮躁心重，整天混日子的人不少。

听完他的回答，我不知道说些什么，但我还是要感谢他的率真和直白，着实在我头上浇了一盆凉水，不过又让我清醒了好多，从另一个角度来看，共青团工作需要提升的空间非常大，我们可以做的事还有很多，责任重大，任务艰巨。我们更应努力工作，以赢得党政领导对我们工作的支持及对一些片面认识的改变。

# 第三次赴南疆调研日志

## 赴和田地区调研日志（11月1日）

2012年11月1日我们赶往和田地区，中午休息后参加和田宣传部安排的座谈会，统战部、教育局、政法委、工会、团委、工商联等部门的负责人参加，其中宣传部部长汇报了地区的宣传工作，其他部门如统战部等同志进行了发言。

和田地区总面积24.78万平方公里，其中沙漠面积占63%，山地面积占33.3%，绿洲面积仅为3.7%，边境线210公里，与印控克什米尔地区接壤。全地区辖7县1市，2011年总人口207万，有维、汉、回、柯尔克孜等22个民族，其中汉族占3.4%，维吾尔族占96.4%，是少数民族高度集聚区。和田干旱少雨，年均降水量只有35毫米，年蒸发量在2300毫米以上。

这次我们主要调研的专题是和田地区开展社会主义核心价值体系建设和思想政治工作的一些情况，特别是主要创新的做法。汇报中他们谈到的几个问题引起了我们的关注。

一是宣传产品的出炉。由过去内容供应到现在的产品供应。产品一是通俗读物和宣传材料，如《以史为镜同仇敌忾反对三股势力，以法为准认真贯彻民族宗教政策》、《三股势力是我们共同的敌人》、《新疆"三史"宣传材料》、《道德的力量》等。产品二是《和田日报．大众周刊》。产品三是优秀影视剧等文化惠民产品，《制止非法宗教活动事实教育宣传片》。产品四是宣讲光盘。产品五是《惠民政策连环画》及横幅、标语、宣传挂图、板报、电子屏幕。

二是宣传活动的品牌。活动一是分层级、宽领域、全覆盖地开展了面对面宣传活动宣讲，进机关、进学校、进清真寺、进家庭，宣讲团442个组，涉及宣讲人员2410党员，分赴90个乡镇1383个村，56个社区。活动二是组织1000余名返乡大中专、内高班学生和内地返乡务工人员，深入农村、社区、学校，开展社会主义荣辱观宣讲。活动三是组建"老干部"宣讲团、"土专家"宣讲队深入村镇进式行"拉家常"巡回宣讲。活动四是开展"民情夜话"，面对群众进行思想政治工作，了解民情，帮助农民解决实际问题。活动五是开展"百日广场"文化活动，学唱、传唱和演唱优秀歌曲。活动六是在全地区教育系统近40万师生中组织开展了第四届少儿双语口语大赛和爱国主义教育基地讲解员大赛。活动七是开展"读爱国书刊、唱爱国歌曲、看爱国电影"等活动。活动八是举办"爱祖国爱家乡"读后感、观后感作文比赛。活动九是开展"我身边的好人"推荐评选和"十星级文明户"评比活动。如推出先进人物库尔班、吐鲁木、王蔚、吴艳杰、买沙力罕、艾合买提等，注重赴会先进典型的示范作用。

三是机构人员、阵地等硬件建设情况。三个专职宣传干事没有完全到位，一村一警、三协警，六民兵基本到位，村警享受事业编制待遇，但目前发生与村干部间的利益矛盾，协警队伍不稳定，每月1200元收入过低，需要引起关注。关于阵地建设情况有好转，但作用发挥不够，群众生活仍然比较单调。

在我们与参加座谈会人员的互动中，关于上述问题谈了他们的看法，主要观点有几点，一是宣传内容不大能吸引村民的兴趣，很多与农民的实际需求相脱节，比如农民致富的适用技术等。另外，内容单一，书屋中缺少农民版的书，现在急需从基层农民挖掘好的产品并回归到农民之中，并为农民所喜爱接受；二是宣讲形式效果，还是要面对面，并且通俗易懂，富有感染力；三是在村民中有威望，和村民有感情基础的宣讲人所讲的内容容易入脑入心，目前的宣讲人与村民的感情不是很贴近；四是宣传确实对稳定局势有一定的帮助，但还要加强教育与打击力度同步进行，不可偏废。目前地下讲经点屡禁不止。

最后他们提到，宣讲最好的效果是来自边宣讲边听取农民的意见，同时及时反馈给政府相关部门，并对一些问题有一个比较好的解决方案，这样的宣讲最受农民欢迎。

总之，今天的交流氛围非常愉快，大家都很积极，信息量比较大，特别是统战部的负责人谈的一些敏感问题也让我们收获很大。

## 赴和田地区调研日志（补充）

今天在地州调研工作座谈会上，统战部负责人专就宗教工作谈了几点看法，主要有四个方面的问题。

一是如何看和田地区公职人员的装束？他认为穿衣带帽天经地义无可厚非，可谓带有个人的特性的表现。但是和田地区是特殊地区，着蒙面服是一种带有浓厚的宗教氛围的表征，这种现象应与单纯的着装意义要剥离出来。目前敌对势力的高手一直在研究对付我们的策略，无时无刻在与我们进行着对抗，比如和田皮山县刚刚参与10月1日喀什叶城发生的爆炸案。因此，国家公职人员绝对不能穿蒙面服和包头巾，现在部分公职人员离岗后着蒙面服，或者在岗不戴头巾，下班后戴头巾的情况比较严重，应引起我们的注意。

二是和田地区地下宗教氛围为什么这么浓厚？他认为，要正确看待这一情况。目前我们的宣传工作比较单一，只是念报纸念文件是不行的，不能走进村里，与他们面对面、心贴心和实打实是不行的，另外村民的生活和生存压力还是非常大的，他们有参加活动的愿望，需要有释放压力的机会和场所，寻找一定的精神寄托，目前看来，宗教的问题还是一个具有复杂性、长期性和群众性的，短时间内难以解决这一问题。

三是我们如何做宗教人士的工作？我们主要做的工作就是要引导宗教与社会主义制度相适应。目前我们带宗教人士到内地参观，既看一些好的地方，也看一些不好的地方，比如天津的平民窟，让他们感到，内地也有穷的地方，但党和国家还拿出资金来支援新疆，回来后他们就把这种感受讲给信教的群众听，宣传效果就非常好。另外，也要灵活地看待他们做乃玛孜的事情，具体情况不同也要具体分析，不能太刻板太生硬。比如在一次带他们外出时，飞机延误，大家情绪非常激动，这时候他们要在飞机场候机室一起跪地做乃玛孜，周围的人纷纷投来异样的目光，机场的领导过来要阻止这一行为，我当时积极做机场领导的工作，让他们放心，并解释道：他们只是在做祈祷，祈祷飞机早点起飞，这种行为在特殊的场景下可以平伏内心的情绪，天塌不下来的。相反，要是按照惯例执行，就难免发生意外事件。要善于冷静处置一些突发事件。

四是我们如何做群众的工作？目前群众工作比较单调，农民的生活压力非常大，要外出打工，放养牛羊，同时平均主义的观念又很严重，依赖性很强。我们基层组织要做三件事，即关心群众、关注民生，抓宗教管理，比如目前在关于生老病死的问题上，我们抢回了话语权，特别是支部书记对去世的干部进行公证的评价，经要念，话还是要说，这已成规定。厚养薄葬，在生前就要提供政治待遇，经济上救助，特别善待这些人的子女，同时要把宗教人士当成基本群众，不能当另例看，应当成可以依靠的力量，积极做工作，提供生活补贴要充分理解他们。但也有明确规定："一切带有宗教色彩的民族活动要严加规范"，无论要做什么，都要向组织报告，比如婚礼上要请阿訇念经等。另外还有一个现象需要注意，这是他亲眼目睹的事情，有一个汉族群众，主动打扫清真寺，扫完后跟随大家祈祷，做乃玛孜，一是环境压力（周围全是维吾尔族人）驱使，二是想把黄萝卜卖出去，不然，没有人买他的萝卜。他这么做完全想与信教群众打成一片。简言之，"共同朋友种出来的东西"（同伙人）——宣传部阿部长说。

五是对"野阿訇"的看法？"野阿訇"有三类，一是宗教人士犯错，免掉宗教职务；二是留学回来的；三是自学成才，没有任何宗教职务，自认为专家，只有一点宗教知识。

六是要善于理解当地老百姓的土话。比如，"没有白面囊，难道还没有见过白面囊吗？""只听楼梯响，但不见人下来"。

七是要问百姓幸福吗？绝大多数都会说自己幸福，但要说到遗憾，他们一定会说"这辈子要去朝觐"，这是他们的终极目标和愿望。我们要做他们的工作，一个是一次朝觐费用将近10万元，沙特接待了不了这么多的人，我们每年只有3000人才能去，而且有三个条件，身体好、经济没有问题，是守法的公民（宁夏600万人，也只有4000人可以去朝觐）。

## 赴和田墨玉县奎牙乡调研
## （11月2日上午）

我们一早来到墨玉县奎牙乡参加座谈会，出席人员都是乡精神文明办的各方面负责人，其中有文化站、广播站的领导，给我们汇报的是乡党委书记，姓董，在当地土生土长，维吾尔族语说得比汉语还要流利。

奎牙乡有4.8万人，人均收入3066元，人均9分地，30个行政村，165个居民小组，是全县第二大乡，民族构成有60到70个汉族人。据说清朝时该乡民风淳朴，宗教氛围浓厚。

该乡在社会主义核心价值体系建设方面的基本做法是：一是创建学习型组织，每周五下午定期学习，雷打不动。实践证明，出问题往往在干部身上，特别是干部忽视学习的环节上。二是公民道德建设，帮扶对象1到2个，年底作为考核指标。三是开展民族团结教育活动。村村结对，军民共建。民汉关系做不到融合，稳定谈何容易。四是开展主题活动。第一是向先进典型学习，比如陈双梅，汉族媳妇，与维吾尔族小伙结婚，在墨玉已有10年，婆媳关系非常好，其特点是她把这里当成自己的家，成为劳务输出的工作能手，由其组建的协会名声远扬。并开展五个心活动，即忠心献祖国，爱心献社会，孝心献父母，热心献他人，信心献自己。此内容贯彻课堂始终。五是挖掘非物质文化遗产，即奎牙麦西来甫，打造品牌，目前已找到10多位民间老艺人，正在编排电视系列节目。六是建立文艺演出队。村文艺演出小组，乡文艺演出队，县文化馆。

目前的问题是：文化体制不顺畅，"帽子上有，经费下不来"，经费不在乡里，对村文化站广播站人员和相关活动无法掌控。建议，按照人头进行拨付文化活动经费，不可追活动，主要在体制上下功夫，就活动搞活动没有持久性，要调动两头的积极性。

创新的特色做法：一是对传统宣讲活动的改进。18个领导干部，一把手，在群众中有威望，进行为期10天的准备，对当地实际情况掌握，宣讲生动。先在机关试讲，再到基层正式讲，并与群众考评结合起来，领导干部有收获,也很用心,群众听起来也高兴。在宣讲中还会穿插一些文艺节目。二是带领宗教人士到内地观摩,广场有多大,坐飞机的感觉,做中国人多么自豪,都可以给信教群众宣讲,有时配合放一些光盘,效果不错。建议到一些比较差的地方看看,通过比较,可能感受的情况会更好!

乡图书馆,农屋,文化站没有人管理,没有文化设施,所采购的书也不是群众愿意看的,建议可以采取商业化运作,一半做新华书店,一半搞农民书屋,以卖书养农民书屋。另一方面,采取总数目下放,农民自己挑选,组织配送。

今天的调研还是有很大的收获,感觉乡领导有魄力和思路,他们敢作为,真心想把工作做好,为农民办实事。

## 赴和田墨玉县调研日志（11月2日下午）

在奎牙县吃过中饭后，稍作休息后赶到墨玉县政府办公楼参加座谈会，办公大楼比较气派，完全出乎我的想象。参加座谈会的有县委的各部门领导，比如组织部、民宗委、政法委、妇联、工会等部门，汇报工作的是陈伟同志，曾经的共青团干部，语言表达非常流畅。他介绍了墨玉县的基本情况，总面积2.5万平方公里，其中绿洲面积846平方公里，总人口53.11万，辖2镇14乡、3个街区（9个社区），364个行政村，有维、汉、回、蒙、哈萨克等16个民族，其中维吾尔族占99.14%，全县人均收入3067.5元。

他谈到宣传工作的主要做法有：一是面对面宣传活动。鉴于全县人平均受教育年限只有6年的实际情况，采取结合当地的工作进行宣讲。二是在学校免费发放报刊，如新疆日报的农民报，和田报的大众周刊（维吾尔族语），并让孩子带回去给家长看家长听，了解相关党的惠民政策。三是开展大型的活动。比如"长辫子"大赛，即"让美丽的长发飘起来，漂亮的脸蛋露出来"；少数民族农牧民集体婚礼，县委领导亲自参加；举办饮食文化节，民族特点的饮食，烤包子打馕，也可用天然气，倡导绿色环保。

来自民宗局的负责人谈到：该县戴面纱的人数在宣讲活动前后由60减少到6个。另外最近出现一个新的现象，一些宗教人士也外出摘棉花，只好将信教群众合并集中附近的一个清真寺，由一个宗教人士进行组织。这反映出宗教人士开始关注自己的经济利益，其思维发生一些变化。还有，对一些外出经商进行劳务输出的人的看法也有微妙的改变，过去人们的想法消极的和负面的多，现在有所改善，有所动摇，并开始行动。目前在乌鲁木齐和内地都有墨玉县劳务输出服务站，有时候还会成为新疆人语言交流和协调劳资纠纷的场所。

最近县政府有一些大胆的想法，就是错开棉花收获和就学时段，让家长带着孩子一起摘棉花，把就学的时间拖延。

目前存在的问题是：村级文化馆空空如也，文化产业缺乏；另外宣讲政治化过强，通俗化不足，同时对理论宣讲员培训不到位。建议成立理论宣讲人才库。

座谈会后我们还去参观非物质遗产——桑叶纸，我是第一次看到这个东西，5公斤桑树皮才能剥成1公斤，通过几道工序制造出的纸张不容易撕破，很结实，维吾尔族老板给我们每个人一张桑叶纸作为纪念，我们小心把这张纸折叠收藏好。今天的感觉非常好，期待明天收获更大。

## 赴和田地区调研日志（11月2日补充）

11月2日一早吃早饭，地州组织部小刘科长给我们聊了他来和田的经历。他来新疆16年，过去在四川农村，大学毕业后找工作非常困难，一次偶然的机会来到人才招聘市场，发现新疆、西藏等地方来四川招人，他选择去新疆。过几天新疆这边就来消息，同意招录他，地点是和田地区某个县的医院。

一路上他看到的是戈壁沙漠，又新奇又兴奋，坐了很长时间的火车，来到了乌鲁木齐，接着在车站等候，晚上听到毛驴声，把他吓了一跳，也感到很惊奇。他随后坐上去和田的列车，又是很长时间，他给接待方组织部的同志打了一个电话，对方很吃惊，不知道他会直接赶到和田，只好告诉她如何乘车再到某个县医院报到。在这趟列车上，才发现一车人只有他一个人是汉族人，语言不通，车开到一定时间，突然全车人都下去，在一个地方集体做祈祷，当时他的心情一下子揪了起来，才发现他来的地方远不是他想象的那么简单。

有一次他和当地四川老乡见面，他的老乡在一所中学教书，当时这位老乡的领导也在场，他和这位领导谈了自己的想法，并表达了想来中学的念头，随后教育局便安排了他到这个学校，一年后他因工作被调到了教育局，两年后又到政府办当秘书，2005年调到和田地州宣传部。他的故事给我们很多启示，也很令人感动，是他的坚持，才有今天的成就。但最后他还是向我们表达了他的夙愿，就是退休后回老家四川。

# 赴和田县英阿瓦提乡调研日志
## （11月3日）

英阿瓦提乡人年均收入4061元，今年拟突破4200元，乡里民间艺人19人，农家书屋8000个藏书量，主要内容有新疆历史、惠民政策汇编和连环画。硬件条件基本可以满足乡村两级的工作需要，比如数字化电影进村，乡村文化大院和文化站，四个认同的电教片在文化大院播放，还有流动的电影放映队等等。关键是软件建设，比如如何引导村民的价值观，倡导奉献精神，要比贡献，除了热情没有什么东西可以炫耀。南疆是一个具有深厚土韵的地方，南疆文化建设亟待加强，在这方面有几种创新的做法。

一是一村一户文化长廊。200多块文化墙涉及的主要内容都是热爱伟大祖国，建设美好家园等。这个文化墙还有一些故事，有两户人家的墙上画的内容不一样，一家是关于反对贪吃铺张的内容，另一家是关于宣传党的惠民政策的内容，前一家村民感到面子不好过，感觉大家都会认为他家就是贪吃铺张的人，这说明老百姓对文化墙的内容是非常关注的。二是红色教育基地。老英雄讲故事。其见义勇为的事迹反映在文化墙上，请他做学校的少先队辅导员，并进行授课，同时还承担村民的宣讲员工作。三是农村文化大院。看节目、看图书、采购物品等，积极推广五个一，一个固定场地、一场自编节目、一套人马队伍、一个文化阵地、一套数字影院。给文化大院适当补贴，发一部手机、发一吨煤。适时举办民间艺人大赛，积极盘活文化设施资源，降低成本提高使用效率。为了方便群众，就近就便建立村、组、户文化大院，即三级农家文化大院，让百姓有地方活动。四是提供优良的文化产品。比如小品"两个孩子"，故事说的是一个孩子上学，努力学习成才，当上了县长，另一个孩子不上学，挖了一块和田玉赚了好多钱，让村民选择，你是现在就跟孩子上宝马车呢？还是等等，让孩子好好学习长大成才，当上县长带领村民一道发家致富呢？村民认为还是等等，让孩子读书。同时开展"读好书、跟党走、小手拉大手"活动，营造读书学习的氛围，对上大学的孩子，其家里可享受低保、安居等优惠政策，并予以班主任、大学生家庭一定的激励。

目前存在的问题是：一是农村文化资源的充分利用问题，建议文化图书"少文字多画面"，从和田地200万人平均受教育年限只有6年的实际情况出发，尽可能让百姓看得懂、入得心。目前，人民日报汉语版在村民看来很浪费，不是卷烟就是烧火，根本看不懂。二是要扶持民间艺人力不从心。建议乡这一级应该成为文化引领的设计师，让文化站人员成为多面手，目前人员素质不高，建议按照人口比例配备文化干部。另外也要考虑文化遗产的保护和民间艺人的传承问题，特别是抢救民间产品工艺，建议出一些政策加以保护。

座谈会上一些村民谈了他们的幸福观。一位维吾尔族老乡说：去年我的一只眼睛看不见了，村干部及时把我送到医院治疗，现在好了，而且医药费基本都报销了，我感到非常幸福。当我们问一位维吾尔族老大爷，您还有什么愿望时，他幽默地说道：房子有了，电视有了，天然气也有了，再要提什么要求真是过意不去，不好意思，什么都有了，只差给个小老婆了！

## 赴阿克苏地区调研日志（11月5日）

和田连日几天的沙尘天气让调研组成员倍感难受，每天的呼吸都很艰难，想洗个澡，没有热水，实在难受我就用冷水洗头，结果出了问题，第二天头痛的厉害，什么都不想做，只想把脑瓜撬开，看看哪根血管堵塞，好疏通疏通。

第四天我们乘火车赶往阿克苏，从窗外望去，一片沙漠，很荒凉，到餐桌吃饭，一层浮土刚刚清理，不到5分钟，尘土又浮上餐桌，总也不能干净吃上一顿可口的饭，心情还是比较郁闷的。我突然佩服起来和田地委宣传部的小刘科长来，年轻时的他一人从四川跑到和田的民峰县太不易了，而且能坚持16年，一般人很难做到啊！和田一年365天，光这样的沙尘天气就有200天，无论怎么讲，能在这坚持待住就是一种奉献一种牺牲。

我很感谢调研组这个团队，在秦建华秘书长的带领下，大家都很团结很和谐，可以说交流无障碍，一路上虽然艰苦，但其乐融融。我们谈天谈地，聊的话题非常多。从与他们的交流中也能学到不少的知识。车厢里维吾尔族人居多，气味也比较独特，看到几个维吾尔族的孩子长得非常漂亮，我也会偶然上去给他们拍拍照片。时间过得很快，夜里1点半的样子我们就到了阿克苏，地委宣传部的小吴来接的我们，回到房间身心疲惫，但呼吸感觉好多了。

早饭安排在11点，肚子里空空的，特想吃点馕，后悔没有提前准备。今天日程是前往阿瓦提县调研，我因为今年去过阿瓦提县，不像第一次那么兴奋。但之前地委领导安排我们去了阿克苏新建成的福利院，这个院由三部分组成，老年福利院、儿童福利院和残疾人福利院。凡无儿女、无收入和无工作的老人都可以住进老年福利院来，我们看了福利院的各种设施，比我们想象的要好很多，特别是娱乐设施非常齐全。从老人们的状态可以看出他们对这里的环境还是比较满意的。只是这里的护工确实少得可怜，院长告诉我们，护理员月工资只有100多元，来这里住的人数远远大于护理人员数，这是目前比较纠结的问题，不敢接收太多的人。我们在院长的引导下参观儿童福利院,看到这里的孩子很可怜,有一个15岁的男孩,他几岁的时候曾被骗到什么地方,还被阉割,当公安人员解救他,问他的家在哪儿?他不记得,只说在阿克苏,前两年被公安人员送到这里原来的儿童福利院。我们看这个孩子脸上一点表情也没有,他的身心受到很大伤害。院长和护理员准备让他学一门手艺好维持他的后半生。还有一个又聋又哑的才几岁的孩子,听护理员说,这个孩子整日不想动,思维很呆滞,因为先天性残疾,被父母抛弃了。他旁边的女孩倒是很活跃,护理员们都很喜欢她,她是兔唇,已经做完手术,情况还不错。其余的孩子我们没有见上面,他们都去上学了,这些护理员就像他们的家长一样,每天要接送他们上下学,还要负责检查他们的作业,很是辛苦。当然也有一些孩子学习特别好,非常聪明。一路上,我在想,这些孩子以后的命运该会怎么样的?但愿他们一切都会改变。

下午我们前往阿瓦提县调研,与我们同行的一位维吾尔族的基层干部,他是阿克苏地委宣传部领导,名字叫艾合买提,现在阿瓦提某个乡挂职,挂职工作快要结束了。他是特别受欢迎的宣讲团成员,曾是阿克苏地委讲师团的副团长。我们通过交流,发现他的演讲口才非常地好,尤其是他那流利的汉语水平让我们吃惊,知识的渊博加上语言的风趣,使得他在很多乡镇讲完课后,当地的村牧民都要推选他当乡长,他有一些句子很有意思。比如:"粮食种错了可以重来,但思想种错了就要出问题了"。还有"没有好坏的民族,只有好人和坏人"(没有民族的好与坏,只有人的好与坏)。他的一些观点我们也颇为认同。一是对穆斯林的定义有几个方面的内容,即心中有安拉、封斋、去麦加朝觐、做乃玛孜等;二是阿瓦提县实施规定,不容许四老人员死后在清真寺请阿訇念经的问题。他认为要区分共产党员不能信教与民族风俗习惯的问题,不能太绝对,否则会很被动;三是目前出现的一些问题有几方面的原因,首先是文化认同不彻底,比如小偷,如果偷汉族人的东西就是好的。其次是经济发展落后的问题,再次是干群关系紧张的问题,个别基层干部素质不高,作风粗暴也会影响党的声誉;最后是对新疆历史的误解。自古以来,新疆就是中国的领土的一部分。但一些民族同志对自治政策理解不够。四是基层工作的重点不是放在服务而是放在管理,没有把党的富民政策告诉百姓。五是宣讲教育老龄化。特别要关注18到35岁的这批年轻人总不是宣讲教育的主体,但又是各种事件的主要力量。而那些不出事和闹事的老人总在经常受教育的群体之中,其主要动机是为了能获得低保和各种优惠政策,实际效果没有达到。六是非法宗教宣传品要在源头上根除。一些反动宣传品在乌鲁木齐的二道桥经常畅销。七是电视新闻媒体上的广告字句要谨慎。比如"古尔邦节是穆斯林群众的节日"还有"春节是汉族人的节日",用词还要多推敲,要凸显中华民族。越是敏感问题越要慎重。

一路上,我们谈得很开心,正如有人说过的"去一个地方,关键是看和什么人去"。

## 赴阿克苏温宿县调研日志（11月6日）

一早吃饭时偶遇新疆日报的资深编辑刘枫女士，一起谈到7·5事件，我还是第一次听一名记者谈7·5事件，她亲眼目睹的叙述让我陷入沉思。在7·5当天她出去玩，回来时遭遇打砸抢，看到两个汉族孩子从火车站出来，她急忙将孩子拉进车里，用毯子盖上躲在后车座下，她的车也被坏分子砸坏，好在她的记者身份帮助她逃此一劫。她叙述了7·5事件看到的三件事，一是二道桥大巴扎发生的故事，一个维吾尔族干部在紧急情况下将对外的大门全面封闭，让里面的汉族人躲到三楼里，等事情过后给公安部门打电话叫来几辆大轿子车把这些汉族人安全送到家；二是一个伊斯兰学院在当日事件发生时，只要看到汉族人就让进来，但不让维吾尔族人进来，解救了很多汉族人；三是一个饭馆，事件发生时，两个汉族女孩吓呆了，正在吃饭的维吾尔族女士看到维吾尔族人要冲进来，急忙将一同吃饭的母亲的头巾和自己戴着的头巾摘下来围在两个汉族女孩头上，并按下她们的头让她们吃饭，冲进来的人一看没有汉族人就退回去了，这个维族的女士一直陪着孩子到第二天，并把她们安全地送回去。这几件事让刘枫记者明白了一个道理，没有民族的好与坏，只有好人与坏人的区分。这次事件死伤很多人，那些救人的都是40—50岁左右的人，而参与打砸抢的人都在18—30岁左右，拿着带着钉子的棍棒直接对准汉族人的头部打，很残暴很血腥，仅二道桥的一个巷子就死伤70多人，一个下水道的罐子里就发现9具汉族人尸体。其中有一个政府的处级干部，他的家人从山东来新疆来看他，当天这位处级干部值班，他的家人要去二道桥买些物品，正巧遇上歹徒，全家5人全部被活活砸死。还有一对夫妇去亲戚家，夜里11点在回家的路上被歹徒打死，夫妇俩在死前拼命地带着伤往一块爬，两个手还没有握在一起，就被歹徒又乱饿棍打死。他们的女儿在厦门大学学习，被叫回来，在参加他父母的丧葬时，一直看着窗外不说话，也没有眼泪，大家都为此非常担心。还有一个女孩和家人当天一起坐公交车，被歹徒劫持，她的母亲一直把她护在胸前，祈求歹徒不要打死她的孩子，可以打死她，并威胁歹徒如果要把她的孩子打死,胡大那要算账的。这个孩子亲眼目睹她的母亲和她的家人以及车里所有人被打死的整个过程,她的母亲满脸是血,她眼睁睁看着母亲死去,还是一位公安干警把她从车里救出,事后刘枫记者采访过她,整个描述的过程她没有一滴眼泪,很多细节她说的清清楚楚,连歹徒的面目都记得很清晰,公安部门的人根据她描述的情况及时抓住了歹徒。有人分析这个小姑娘,都为她担心,也很害怕,因为这个小姑娘很可能成为两种人之一,不是疯狂杀手、就是抑郁死去。这些心理的创伤一辈子都很难愈合,几代人为之取得的民族融合成果一夜之间毁于一旦,很痛心的。

早饭后我们前往温宿县大峡谷,很壮观。在内地也去过一些大峡谷,但这里的大峡谷有四种地理地貌现象,听导游讲这里也会经常发生洪水,有时候来得快去得快,真来时跑不及,因此当地在峡谷内建立一些高位平台提供人们自救,另外特别关注天气预报,如果天气不好,就会阻止人们进入。

在峡谷各形各色的山体中,你的想象力得到无限的开发,你的阅历会让你在这里发挥作用,比如伟人之峰、生命之源、少女期盼、坦泰尼号、亲密接吻、罗马教堂、悉尼剧院、卫兵站岗等等,很有意思。大自然真的非常神奇,似乎早早就做好了安排。

下午我们赶到温宿县吐木秀克村,看望了升国旗 21 年的老汉胡达拜地·依明。我们听了他的故事很感动,1991 年 9 月 5 日,他从电视上看到升国旗,就觉得心里有一种暖流,一种自豪,他就萌发出一种想法,可不可以在家里升国旗,从此开始了他升国旗的历程,村里人知道了,就积极响应,村干部给他提供了很多便利,慢慢从家里升国旗换到在村上升国旗,一干就是十几年,当地州领导来看他时,问道他还有什么心愿时,他说想去天安门看看升国旗。地委的领导满足了他这一愿望,那天他终于来到了天安门看到了升国旗,他的心情万分激动,他很感谢党和人民给了他很多的荣誉。自治区党委书记张春贤同志接见了他,并与他合影留念。

今天的故事非常多,还有很多一下子记不住,慢慢整理出来,留做以后细细思考。

## 赴阿克苏温宿县吐木秀克镇
## 调研日志（11月6日）

下午我们调研组一行参加了吐木秀克镇安排的座谈会。座谈会上该镇党委书记刘国荣同志介绍了镇的基本情况，我简单记住两个数字，一个是该镇年人均收入5900元，拟在年底突破到7300元；二是该镇属边境重镇，守边护边任务非常严峻，距离周边国家吉尔吉斯坦只有88公里。

参加座谈会的镇相关负责人也发言，大家一致认为面对面宣讲效果非常好，特别用新旧对比，国内国外对比的方法老百姓接受起来快。比如时代变迁，过去喝涝坝水，现在喝自来水；我们现在开着汽车，周边国家还骑着毛驴等等。现在村村有警务室，人人感到安全，到文化广场跳麦西来甫，过去为生存所迫，安全无保障。每一个大队党支部都要关注老百姓的生老病死，并对四老人员、贫困户及时给予关照，随时争夺人心，争夺阵地。比如文工团送文艺到乡镇，乡镇便出一样数量的节目，到哪个大队，哪个大队多出节目。目前镇里有13年连续递交入党申请的，因指标少，现在还没有入上。另外在换届选举、投票、开会的过程中，随时穿插一些节目，活跃气氛。每一个大队党支部还经常去巴扎，看看有无非法宗教活动存在，发现问题随时处理。教育局的负责人还提出：教育资源与教学矛盾的问题，还有黄金时段，新疆台经常播放美国大片的问题，对学生产生负面影响。另外反映双语专业教师的缺乏。

调研组建议镇党委就今天所提出的问题写一个报告，对存在的问题提出一些措施建议，回去后要好好研究思考并提交上级领导积极争取条件。

## 赴阿克苏市机关调研（11月7日）

今天一早前往阿克苏市国税局和阿克苏地州工商局调研。国税局他们在开展文化建设中经过了松散发展起步阶段、文化行动实施方案阶段和系统文化定位阶段。比如对文化的认识也有一定的提高，认为文化是提升机关工作人员战斗力的关键、是关系到未来发展方向的，有利于调动职工潜能及积极性作用的一面。他们有一些突出的做法，比如健全各协会组织结构，摄影、绘画、体育、音乐、瑜伽等，参与人数200多人（全机关共有600多人），有部分会员具有专业身份，取得一些成就，获得自治区和地州各类大奖，并取得较好的效果。这些活动一方面使职工的工作热情提升，一方面可以平复心态。多年的宣传工作让他们有许多体会，一是坚持打造文化精品，目标定位在精神层面，信守正确的理想价值观，虚功一定实做；二是扩大活动人员覆盖面，提升职工的参与度；三是不能唯物质论，要将文化投入看成是"精神福利"；四是要将文化建设和税收工作有机结合起来，不能单打一。目前的问题是，如何从表层面向认知共识及精神提炼过渡，真正达到入脑入心，上升到精神和信仰层面。

随后我们来到地州工商局，参观了他们一站式服务的大厅，让我们眼前为之一亮的是每一个办公室门墙上都有一个人员在岗、开会、请假和出差等信息表牌，这是对服务对象的最好的尊重，一些干部的办公室还是玻璃幕墙，外面的人很清楚地看到他们的工作状态，非常透明，可以看出工商局工作纪律非常严格，职工的工作压力非常大，工作任务繁重，这就不难理解工商局出现的一个特殊现象，即一满30岁工龄的职工都主动退休，接受返聘的情况很少，有的不到50岁就退休了，多数职工并不感到幸福，这与他们超负荷的工作有很大的关系。

下午调研组一行参加了阿克苏博物馆，讲解员讲的非常好，很多内容都是第一次知道，回去需要慢慢消化。下午地州宣传部召开汇报工作座谈会，民宗、政法、援疆指挥部、妇联、团委等部门负责人做了发言，他们谈到了一些好的做法，比如，安排4个记者去内地12个省市专门拍摄新疆籍人的一些故事，其中包括柯坪县民考汉的一名学生考入清华大学的过程和故事。但他们也反映文化资源挖掘和开发不够，缺乏专业人士的指导，还有对一些问题深入研究不够，根子上的问题在哪里？并没有彻底解决。宣传部的孟部长晚餐会上讲到了几个实例引发了大家的深度思考。比如：他在一次飞往内地的大飞机上见到一位维吾尔族妇女，上飞机时还穿着蒙面服，飞机起飞后便脱下蒙面服，完全换了一个人，半截袖和短裙。这是为什么？是环境使然压力所趋。另外发生的"4·26"事件，是十几个年轻人所为，杀死了村里20几个人。事情发生前，这些年轻人一直在训练，但没有一个人报告，这个村还是县党委书记联系点，这是为什么？这些年轻人第一时间先把眼线人及其家人干掉，他们在眼线家天窗投下炸弹，随后又到其他人家里杀人。他们为什么要这么做？这些年轻人是没有什么知识的人，而指挥他们做事的人一定是有知识的人，这些人是通过什么方式指挥他们？另外，有人说，这些年轻人是看了非法宗教宣传品，一时要去杀人的，怎么可能？没有这么简单，要有变坏的过程，这个过程是怎样的？我们要认真研究。另外7·5事件，我们的宣传总是说是热比亚在境外策划和指挥的，那么远，他们是通过怎样的路径实施的？还有一种趋向和现象，很多汉族干部把孩子送出去，不愿意在新疆呆，长期以往，后果不堪设想。这些问题都需要我们很好的思考和研究。目前有三点建议，一是要解决民族融合问题，着力点不在群众，而在干部。很多问题是出在我们的干部身上。很多事件的发生，我们的干部是不知道还是不报告？民族干部与汉族干部的思想就没有得到统一的认识，不能彻彻底底的交流。二是不要把什么问题都上升到民族问题。比如民汉同志单纯的闹意见或者打架，不完全是民族问题，有些打架只是刑事纠纷。还有民族风俗习惯不等于宗教氛围浓厚，要严格区分开来。三是要从思想理念上解决问题。要找到问题的突破口，不是在现象上下功夫，而是要从根上找原因，我们有什么问题？他们有什么好的做法？一定要找到解决问题的路径和方法，比如：对宗教人士的管理，有人说管理太严，只要求这些宗教人士不能做这不能做那，但是谁都不去倡导一种宗教怎么要与时俱进，怎么与中国的传统文化，特别是儒家文化和现代文化结合的问题，光是喊要与社会主义制度相适应，但没有具体的路径和方向，这些宗教人士只是被动执行，内心很难达到一种真正的认同。实际上有神论和无神论就不是一致的，要承认这一现实，但完全可以引导，干部有这样的责任。

今天我们还与浙江援疆指挥部的同志见了面，他们提出了六个特别，即特别能学习、特别能干事、特别能吃苦、特别能团结、特别能自律、特别能奉献。实际上,认识是需要一种精神的,一个国家更是如此。这些援疆干部两年内就融入当地的群众中,他们给自己提出的口号是:要说阿克苏话,做阿克苏人,干阿克苏事。

明天我们就要返回乌鲁木齐了,南疆调研让我再一次感到,我们基层干部确实不容易,尤其是汉族干部,在南疆工作的压力和付出远远超出我们内地干部的想象,而他们又是最讲政治的、最忧国忧民的。

## 赴哈密地州调研日志（11月9日）

今天一早不到6点就起来赶往乌鲁木齐机场赴哈密调研，但由于哈密降雪，飞机起飞延迟4个多小时，我们感到身心疲惫，也顾不上很多，每个人在候机室的椅子上躺倒就睡。因为前几天的奔波，发现身体的状况有一些问题，总是感觉胸部隐隐发痛，左肩非常不舒服，让调研组的小伙子捶打了几下，感觉更难受了，心里在暗暗告诫自己，一定要坚持啊，不要给调研组增加麻烦。

到达哈密宾馆，稍加休息后地州宣传部的领导带着我们看了三个点，没想到一到哈密第七中学看到整个学校的外墙画面，我们被一种浓厚的向上的文化环境所包围，内心被深深触动。再进到学生教室和走廊，满世界的学生艺术作品让我们驻足并惊叹，拼贴民族画、木板雕刻画、剪纸图案画、泥朔人物画、竹帘书画、米豆粒脸谱画、廉政漫画等等映入我们的眼帘，给我们以视觉的冲击，其思想内容超乎我们的想象，有革命伟人、科学家等语录格言，比如陶行知的"千教万教，教人求真，千学万学，学做真人"，鲁迅的"我们从古以来，就有埋头苦干的人，有拼命硬干的人，有为民请命的人，有舍身求法的人……这就是中国的脊梁"。还有歌德的"我们为祖国服务，也不能都采取同一方式，每个人应该按照资禀，各尽所能"。特别是外墙，都是中国现代革命历史大事记，很能激发学生们的一种爱国热情，这些作品都出自学生和老师的手笔，这些人物和故事就更容易走进学生们的心田。我们能从学生们的讲解中感受到一种自信和自豪，当看到学生们能把伟人用木板刻画的栩栩如生时，我们倍感欣慰，深深感到，播种思想比什么都重要，它是培养接班人还是掘墓人的分水岭。艺术是陶冶情操的最佳路径，特别是当今社会人们在唯物质利益化的影响下，能静下心来用心做一件事是非常难能可贵的，尤其在这个学校中，近80%的外来农民工的孩子，用他们从工地捡来的木板、别人不要的花篮、非常便宜的米粒豆子和玉米花等做成一件件有思想内容，有真挚情感的艺术品就更不易了，这些作品不但绿色环保，而且鼓舞人心，催人奋进，一些字画上的内容至今还在影响着一代又一代的青少年，比如："立身以诚为本，处事以公为先"，"胸有人民能拒腐，心唯自己难自廉"，"宁可清贫自乐，不可浊富多优"等等。参观完第七中学后，我们感到需要将这一成果外延并扩大其影响，让更多的学校、企业和机关的领导来学习和参观。

随后我们走访了哈密市西河区街道"居民说事点"，了解其开展的相关情况，让我们倍感兴奋的是看到了基层群众工作的创新典型，需要提炼出有价值的内核和元素，特别要将一个个鲜活的故事内容用一条主线串起来，用艺术的形式再演给百姓看，原汁原味，一定会有更大的效果。这些"草根领袖"真的很了不起，他们心里时刻装着百姓的冷暖，是连接党和群众的桥梁和纽带，如此质朴，如此真情，就像百姓的贴心人，时刻把党的政策和关怀送到百姓中去，随时梳理百姓的内心纠结，平复百姓的情绪，他们是新时代社会和谐的营造者和百姓快乐幸福的制造者。

在晚宴上，有幸与地州党委吴华敏委员结识，他的学识让我们敬仰，特别是在关于人的现代化方面，中国20年明白的三个问题以及知识分子与农村文化人的区别，都引起我们的思考，激发我们加快学习的步伐，博览群书。这个时代放松学习就意味着退步和落伍。

## 赴哈密大泉湾乡调研日志（11月10日）

早饭后，地州宣传部领导陪同我们一起到了大泉湾乡的一个金圪塔乡调研。让我们没有想到的是这个村根本没有农村的摸样，完全是一个地地道道的小城镇，这个村的支书给我们讲了一个小故事，2010年的某个日子，和村民在一起聊天时，村民给他提了一个建议，能不能让村子里的农民住上楼房，也享受一下城市里的生活，他一听觉得是个事，当天晚上便思考琢磨了一个晚上。于是就去找领导汇报，写申请做方案。当时这个乡的对口援疆省是河南，刚好河南援疆指挥部也有这方面的意愿，要帮助当地村民能住上安居房，很快这件事就有了一点结果，于是村支书找人开始设计图纸，上面的领导来视察工作，也非常认同这件事，便督促设计人员抓紧工作，不到几天的功夫设计图纸就出来了，这时候村支书开始动员村民集资贷款，刚开始不少村民都认为这是不可能的，按照当地的土话："精脚丫子打人"，意思就是不靠谱。过几天挖掘机开始施工，村民这才发现这是真的，就积极贷款交费，就支书家而言，168平米的别墅，一共交了不到10万元，贷款10万元，政府补贴3万元，两年后他们就告别了过去的破平房，住进了新楼房，而且是别墅，这在他们看来就像做梦一样。当我们问及支书还有什么愿望时，他特别激动地说：什么都不缺，如果年龄是30多岁就好了，如果不是党的好政策，怎么也不能住上这么大的房子。很多过去把农村户口转成城市户口的人都后悔了，想转回来就很困难了。在我们离开书记家时，他幽默地告诉我们，他要开着车去看看他的羊和牛，他们搬过来以后，平房就不住人了，牲畜还在那里，每天只要去看看就可以了，虽然路不远，每次去都开着他的高级车。这让我们很吃惊，我想，内地的朋友一定不会相信在新疆还会有开车去喂养牲畜的。

这个村还配建了非常漂亮的幼儿园、问题活动中心，文化健身广场等，集中供暖、排水、供水供电供气，设施非常完善，村民靠滴灌为棉花地浇水，种植一些林果，过着比较富裕的生活。人均年收入在9千到几万元之间不等。

参观完社区，我们赶到大泉湾乡办公楼开会，哈密市宣传部部长朱新元介绍了哈密市这些年的宣传工作，他曾是哈密团市委书记、大泉湾乡党委书记，表达能力非常强，思路也非常清晰，他从领导的重视、变革创新、落实情况、突出重点和存在的问题五个方面汇报，有几点认识让我受到启迪。一是不重视宣传工作的领导不是好的领导也不是一个称职的领导；二是要高规格建设文化阵地，要在村子里形成事实，最好的建筑就是文化室；三是要营造一种文化渗透、文化欣赏、塑造灵魂的良好氛围；四是只有文化上的认同、思想上的认同、灵魂上的认同，才能达到表里如一；五是宣传工作要真抓实干，虚功实做，少说多做，眼见为实；六是建一座楼容易，培育一个新型农民难。宣传工作核心是人；七是某个时期、某个阶段、某个领域宣传工作的重点不一样，要在农村、社区、教育、企业和机关树立各具特色的典型，比如教育是第七中学、农村是金圪塔村、社区是西河说事点等等。及时宣传党的政策，把问题解决在基层；八是提拔干部要从宣传干部和通讯干事中提拔，能说能写素质高。

在与他们的交流中，我总结提炼出宣传工作的一般规律，即营造良性的外部环境、注重内心的价值理念、坚持不懈的持久毅力、勇于创新的路径方法。在工作要始终关注信仰、信任、感情三个因素，以及情感、艺术、时尚三个元素的作用，不是为宣传而宣传，而是将党的政治主张在轻松、自然、愉快的氛围中贯彻，无为而至。要从目前的提供宣传内容向宣传产品过渡，以扩大我们的影响力。

随后，我们前往巴里坤县调研。

## 赴巴里坤调研日志（11月10日）

第二次来到巴里坤感觉很特别，只是角度不同，实际跳出团看团可能会更加理性和智慧些。另外就宣传工作而言，党团组织有很多的相同性和一致性，青年工作可以从党委宣传工作的一些新做法得到很多好的启发，这是我这次参加党委思想政治工作调研的最大收获。

巴里坤哈萨克自治县成立于1954年9月30日，地处新疆东北部，东邻伊吾县，南接哈密市，西接昌吉州木垒哈萨克自治县，北与蒙古国接壤，属高寒县、易灾县。总面积3.84万平方米，总人口为10.26万人口，哈萨克民族占35%，其他少数民族占2%，15个乡镇牧场区，46个行政村。

从县乡村领导的汇报中，有几点新的收获。这个县的特点有：一是教育理论艺术化。二是文体活动受欢迎。按照当地百姓的土话来说，就是："肚子饱了，眼睛饿了"，无论是什么样的文艺团队下乡演出，场场爆满。目前存在的问题是：宣传设备还有待于更新，比如农村宣传大喇叭；另外艺术指导人才缺乏，人才留不住。

在这次调研中，一些宣传画的内容和格言引起我的关注，比如：文化就是已经变成了习惯的生活方式和精神价值；心灵需要有品质的抚慰，文化应是温暖的灯光；智慧是知识凝结的宝石，文化是知识绽放的异彩。还有一些领袖的话语也挺激励人的。如江泽民说：人类社会发展的历史证明，一个民族，物质上不能贫困，精神上也不能贫困，只有物质和精神都富有，才能成为一个有强大生命力和凝聚力的民族。胡锦涛说：一个没有文化底蕴的民族，一个不能不断进行文化创新的民族，是很难发展起来的，也是很难立足于世界民族之林的，要提高发展水平，增强发展后劲，提高群众生活质量，必须高度重视并全面推进文化建设。

在哈密调研期间，也是十八大召开之际，当地的一些主要领导也会和我们交流胡书记的工作报告，比如对报告的体会，中国在近20年的时间，明白了一件事，要成为海上强国，要成为世界和平的维护者。正如在《墨子·兼爱》中,有一段话,"天下之人皆相爱,强不执弱,众不劫寡,富不敖贱,诈不欺愚"。

总之,一路走来,学到不少知识,感谢区党委宣传部提供这样好的机会,感谢哈密地州基层干部和群众为我们提供的鲜活素材,让我们再次感到,智慧在基层,能人在基层。

## 赴哈密地州调研日志（11月11日）

今天一早就从巴里坤赶回哈密市，下午参加哈密地州安排的由相关部门负责人座谈会，地州宣传部师惠珍副部长对进行社会主义核心价值体系建设的新做法等做了很深入很实质性的汇报，听后令人耳目一新，为之振奋，其中有几个理念和几点做法让我们很受启发。一是三个结合，思想教育与文化体育活动相结合；意识形态引领与社会心态调节相结合；满足各族人民精神文化需求与教育引导各族人民相结合。二是两个着力，着力在入脑、入心、管用上下功夫；着力在全覆盖上下功夫。三是紧紧围绕弘扬以爱国主义为核心的民族精神和以改革开放创新为核心的时代精神开展工作。

史部长的汇报中，有两个概念性的提法值得认真学习和思考，一个是什么是狭隘的民族意识？另一个是什么是积极健康的民族意识？前者是在民族与国家关系问题上的本民族至上意识、在民族与民族关系上的排他意识、在文化开放吸收问题上的封闭意识、在传统与现代关系问题上的守旧意识。后者是在民族与国家关系问题上坚持国家利益高于一切、在民族与民族关系问题上坚持平等相待、在文化开放吸收问题上坚持学习借鉴欣赏包容、在传统与现代关系问题上坚持与时俱进。他们明确提出：对传统文化的传承、弘扬要有利于弘扬爱国主义为核心的民族精神，有利于解放和发展物质文化生产力，有利于各民族文化之间交往交流和谐。让党员干部熟知这些理念，并给基层群众讲明白。

他们在实践中有几个突出的新做法，一是创作"新疆精神之歌"，教人人传唱，编成广场舞进行普及，各种媒体进行播放；二是开展"德行哈密"建设（人文理念、主题歌、人物访谈、专题讲座）；三是深入开展"感恩教育"、"民生教育"及"民族团结教育"。并在实践中加以践行，比如援疆石碑、互学语言、互办实事、混合文体；三是开展以文化为引领的系列工程活动。如《文化格言警句500条》《哈密十谈》等；四是构建"六位一体"村级宣传思想文化体系。即文化室、农家书屋、体育活动场地、文化干事、文化活动经费、文化活动机制。

他们还创新了一些工作方法，比如在党政机关、企业、学校、社区、农村、两新组织、清真寺等开展不同内容的主题活动，面对青少年、各族农牧民群众、离退休人员、下岗待业人员、各类低保群体、个体工商户和私营企业主、宗教人士、农民工等开展有针对性的主题教育活动。招聘10名农民工宣讲员。另外完成广播剧《梦开始的地方》等，汇编《哈密地区农民爱国诗集》等。值得提出的是：哈密地州宣传工作还在向内容通俗化、对象的普及化和"文化低保"的满足化下大功夫。

晚上，很幸运，再次与宣传部部长吴华敏委员见面，他认为，宣传工作有两个绝招，一是你要有本事做，二是领导支持你做。不能自己和自己玩。另外要做就要做透，不能虎头蛇尾，有头无尾。还有做事就要做到具体，具体，再具体，比如要盖房子，几根柱子，多少砖多少水泥都要到位。目前，人们无非处在三种关系当中，一是市场关系，要斤斤计较，利益纽带；二是组织关系，要靠制度维系；三是情感关系，要靠真诚维护。任何工作你要做出成绩来，一靠先进，二靠透彻，既要有加工的思考方法，又要有丰富的素材内容。要在一定的形式下，赋予其深刻的内容，诚挚地去做，向着更高的价值目标去做。

听君一席话，胜读十年书，的确，需要我们好好思考，细细品味其中的道理。

# 第四次赴南疆宣讲日志

## 第四次下南疆的意义非常特别
### （12月8日）

十八大开过以后，接到自治区团委下南疆进行宣讲的任务，今天，我们赶到了第一站库车县。说心里话，每次来到阿克苏，总会让我很感慨，一是我很喜欢这里的团干部，二是这里总能遇到一些令人高兴的人和事，虽然他们非团干部，大多是在基层长期做事的干部，仅从他们在基层的历练时间，足以让你不由产生一种敬畏和尊重感。经他们处理的事情是我无法经历的，有些也很传奇。

为了做好这次宣讲工作，大家都很下功夫，不能辜负这些基层干部的付出。明天要给企业和学校的青年宣讲，我不知道效果会是怎样？但我清楚，一定要摸清他们想要的东西以及他们心中的疑惑，在这么短的时间内，就需要共建一种价值观和意义，要让他们有所收获，让他们有所感受，除了做好功课外，就需要心贴心、面对面、实打实的交流，在交流中大家彼此真诚了解，彼此建立一种信任，有时候可能还需要通过游戏互动调整情绪。我想一定要灵活多变，最终能将你所讲的内容入脑入心。

我一直在想企业的青年想了解什么呢？他们脑袋里有什么呢？他们对十八大了解多少呢？他们对哪几个内容有兴趣呢？一定要通过课堂的内容用较短的时间了解到。比如：他们从十八大看到和感觉到什么？他们特别想要什么？目前要这些东西还缺什么？有什么难处？这些问题搞清楚后就可以结合十八大的主要精神，进行循循善诱地讲解，最后能推出能让人信服的结论。有时候，我在想：也许讲什么不是很重要，关键是他们心理的疑惑能解开，这需要一点厚度和能量，要积极调动已有的知识和素材，正能量聚焦，才能攻克某个难点。也许也没有那么复杂，只需要把十八大精神讲解清楚就行，层次不一样，要的东西自然不一样，需要加以调整和变化。

在来之前，我看了冯小刚导演拍摄的电影《1942》，很受触动，即使什么也不讲，就让他们看这些历史片，也能起到相当大的作用，艺术更容易产生共鸣。你会深深从中感悟到：覆屋之下、漏舟之中、薪丛之上就如同笼中之鸟、釜底之鱼、牢中之囚。你无法忘记昨天的苦难，四万万民众为奴隶、为牛马、为犬羊，听人宰割，听人驱使的日子，你绝对不想再过，会对今天来之不易的生活倍感珍惜。越加深刻感受到：梦想不可丢、道路不可弃、信心不可泄。回首过去，审视现在，展望未来，我们一定要有历史感，因为历史蕴含着盛衰兴亡的深刻道理，只有吃透道理，从内心认同，而不是表面的认同，才能达到信念的坚定，只有信念的坚定，才能有持久的行动力。这是一个颠簸不破的真理。中华民族虽然经历了血雨腥风的革命年代、硝烟蔓延的战争时期、激情燃烧的建设岁月、波澜壮阔的改革大业，倍加感受到：道路决定命运，发展才能自强。对于我们每个个体来说，就是要将自己的命运和民族的命运结合，才能最终实现自己的理想，实现中华民族复兴的目标。国家好、民族好，才能自己好。

总之，从千年未有之变局到战胜千年未有之顽敌，对复兴梦想的不懈追求始终是我们的动力之源，勇气之源。

## 好好享受宣讲的过程（12月9日）

讲授十八大精神对我来说是一个挑战，虽然做了很多功课，但面对国电库车发电有限公司和中石化塔河分公司的领导和职工时，心理还是有一些忐忑不安，有些语言表述上还是有些不太准确的地方，毕竟自己学习和理解，特别是记忆不很完整，但让我没有想到的是：近170人左右的听众还是给我热烈的掌声，这对我是莫大的激励。尤其让我感动的是中石化塔河分公司的党委书记带着公司的全体的领导一直听完我的宣讲，并于当日晚饭赶到现场一起和我们用餐。

我很珍惜这次宣讲机会，一是对自己领会十八大精神的程度是一个很好的实战检验；二是在讲授过程中与听众的交流是一件很享受的事；三是通过宣讲加深了与当地新老朋友的情谊。一天连续宣讲两场，也很辛苦，但这样的工作对我来说很有价值和意义，看到宣讲后的效果也很有成就感。每一次宣讲对象不同，都要对宣讲内容进行适度的调整，这对我来说，是一件很有意义并乐于做的事情。

当然，我也发现一个问题，因为时间关系，有些内容还不能讲深讲透，特别是涉及历史方面的知识还需要回去补课，没有完整的历史概括能力，很难把一个时期和一段故事放在整个历史的大背景下阐述明白，更难讲清楚这段故事的背景与现在的关系，如果自己不能吃透，就难以向听众交代清楚，自己也会语无伦次，没有逻辑感，不管听众是否清楚，但我自己会发虚，没有底气，这次宣讲我知道历史，特别近代史对宣讲的重要功能，这将会促使我一定要好好研究历史。

今晚阿书记也赶到库车县，她正准备给孩子们讲十八大，这更有挑战意义。比如关于十八大提出科学发展观，科学发展、和谐发展、和平发展，特别是五位一体，她借鉴内地团组织的做法，即用五种颜色代表五种建设，银色代表经济建设、红色代表政治建设、黄色代表文化建设、蓝色代表社会建设、绿色代表生态建设，然后在一张纸上落个小手印，分别在五个小纸头上涂上这五个颜色，就可以跟孩子讲清楚"五位一体"的意思。我听后很触动，语言的转化是这次宣讲的一个重要环节，那种纯报告式的宣讲已经不能满足基层群众，特别是基层青年的需要，如何将所传递的信息让大家入脑入心，仍需要下大力气。

这次宣讲虽然没有安排共青团工作的内容，但只要有机会，我还是要讲一点进去，毕竟是研究共青团工作的。今天晚餐时，库车县夏帕克提·吾守尔常委、副县长谈到两个问题，引起我的关注，一是共青团要及时做好青年的舆情系统，要知道青年在干什么？在想什么？如果不能把这些信息及时上报，就会对事件把控不利，会处于极度被动的境地，这是我们比较担心的；二是职业技术学院的学生流失非常严重，到了快收不住的境地。他们就业、择业观需要加以积极引导。我们都知道共青团组织两个重要的价值功能就是探索党的思想政治主张在青年中的传播路径，不能有完整快捷的检测舆情系统，怎么可能做到上传下达，下情上知呢？还有就是探索党的组织行为在青年中的实现路径。这方面我们做得也还不够，目前从上到下重点推出的"大团委"工作就是在解决这个问题，比如城乡城镇结合部的青年覆盖问题，这个群体在以往是被忽视的，部分村已经没有多少青年了，那些青年就是在城镇和乡村间游动，很难固定下来，工作的覆盖面是有限的。

宣讲十八大精神不和实际工作结合不会产生好的效果，我们宣讲的目的，终究要为工作提供帮助，要产生积极的正能量，把大家的力量拧成一股绳，共同为"中国梦"的实现贡献一切。

## 在阿克苏职业技术学院宣讲（12月10日）

今天下午赶到阿克苏职业技术学院，本想可以和同学们好好聊聊，最好就是面对面座谈，没想到，一进入现场就被一种强大的阵势（约有500多人）所袭，一个是不习惯这样居高临下地对大家宣讲，二是感觉有些形式主义的成份让自己有点不舒服，只好暂时做了一些调整，临时给同学们讲了三个问题，一是历史性梳理十八大报告，二是青年成长的规律，三是我们该做什么？因为时间关系，我对第三块讲得不很充分，自己也不很满意，第一个部分还可以。从现场的情况看，有些同学很用心，很配合，还有一部分学生的精神状态不是很好，看他们的眼神，没有听进去，看来没有把同学们强力吸引住，还有，就是这种状态也多少反映出目前我们学生主动的意识不是很强，这是比较令人担忧的。

之后我们又赶到一个社区街道，即托万克巴扎巴格街道，看了看那里的青年，其中有部分青年反映民办学校和国立学校的问题，前者办学成本比较大，竞争压力很大，教师水平还是可以的。但国立学校的老师长期养尊处优，教学用心程度不够，一部分学生会到民办学校上汉语课，但是为了应付上面的检查，公办学校还是从私立学校接回学生充数，因为以前对这个问题没有关注，所以没有搞明白他们之间是个怎么样的关系。还有一些团干部反应搞活动比较难，大家对赚钱有兴趣，只喜欢把自己的事情做好，不愿意关顾国家大事，也不愿意关心别人的事情。他们与青年的交流还有一定的困难，有些青年认为他们比较"老土"，"太古板"，青年是讲究时尚的，喜欢花钱，多为月光族，这种情况导致有些青年在自己家耕地被政府征用以后，成为低保户，养成了依赖、偷懒的习惯，不愿意付出劳动，有坐享其成的想法。

晚上，我们赶到阿瓦提县吃晚饭，与老朋友何书记见了一面，感觉很亲切。但是这顿饭的代价有些大，往返前后两个多小时，虽然心里有点不舍，但饭后细细清点收获，也不觉得吃亏，一是认识阿瓦提组织部朱永刚部长，二是领略到了买买提江书记的风采，有大气和从容之感。特别是他在场面上对基层干部的尊重让我着实感受到一种力量和气场，他对农业专家的高度赞赏，也让我看到了这位新上任的团委副书记的人格魅力。我想起在从库车县返回阿克苏市路途中，他讲述的自己所经历的故事，还有一些风趣的语言，比如"自己圈内的小牛难以成为公牛"，他语言的表述很到位，你很难挑得出一些致命的毛病，这让我们学到很多。

在从阿瓦提县回来的途中，与郝云书记的交流也让我受益，比如他的前任秦书记曾经告诉他们的工作方法和理念，比如"上级团委给了你田，同级党委给了你肥料、空气、水等，你要把自己的田种好，肥料用好，万万不要荒了自己的田，浪费了肥料等资源。"另外，他还总结了几个不等于，即潜能不等于实力、时间不等于体验、现在不等于未来等。他还强调要把关系接续好，为下属干部的实际利益去努力。

这批年轻的干部真的很厉害，完全可以相信，他们的成长会加速度。另外，我对国家最基层的干部充满敬意，一个乡党委副书记兼团委书记说了这样的话：借党委之势之力之经费，干好团的工作，补充团的经费，团的工作重在青年的思想引导，责任意识的提升，对国家的责任、对家庭的责任，对自己的责任。这位基层干部确实有素质有思想有水平。

## 第二次到塔里木大学（12月11日）

塔里木大学是一个有着奋斗历史的学校，半耕半读造就一批又一批的杰出人才。反省现在的教育，感觉问题很大，比如劳动的教育就已经没有了，没有了劳动，就没有深刻的体验，没有体验就难以有真实的感受和与现实的比较，没有比较就没有鉴别，更没有"倍感珍惜"、"来自不易"和"弥足珍贵"的反映。相反，那种急功近利、浮躁奢华、尽情享受、一夜出名的想法就变得很普遍。一旦青年中有这样的思想，特别是对劳动的漠视就意味着根子出了问题，即使我们灌输的知识再多，培养的能力再大，也会带来动机的不纯，知识越多、能力越多，对社会的正向价值危险越大，务必要引起我们的高度重视。"劳动最光荣"、"奋斗的青春最美丽"仍是我们这个时期、这个阶段最要倡导的理念和价值观。

今天用了一个多小时为100多名学生干部解读了党的十八大报告，我自己感觉很满意，一是学生的素质比较高，很多学生一直用心在听讲，二是互动配合特别强，给我以极大的信心和鼓舞。在已讲过的企业、学校等领域，我自认为这次塔里木大学讲得相对还比较满意。既有历史的梳理，又有报告解读，还有规律的阐述；既有历史的案例，也有现实的故事，还有文学的引用。原打算用2分钟的舞蹈《美丽家园》来结束今天的宣讲，因场地和时间的局限，没有做成。实际上表达中肢体语言很有用，特别能将精神状态带给大家，比说教效果更好，只能寻找机会再尝试了。

今天宣讲之所以比较成功，一是对学校学生的了解；二是比较从容和放得开，没有任何杂念，很投入。当一个人全身投入到过程中去的时候，实际是最享受的，也是最幸福的。往往发挥不太好的时候，常常是想得太多太复杂，自己把自己吓住了。另外对环境的感觉太杂，有一些干扰元素影响自己，给自己人为地设置了一些障碍。细想想，不用考虑太多的事情，一旦进入状态，就要全力投入，享受当下，不知不觉就将所有的能量释放。

一个人的知识是有限的，我们不能苛刻要求自己，但可以将已有的发挥到极致，用自己擅长的方式去调动听众的最大热情，自己讲得要能说服自己，感动自己，才能去影响我们的对象，万不可模仿他人，你永远是你，不是别人，要有自己的宣讲特色，这样我们才会为组织带来更多的价值。

在塔里木大学留下一丝遗憾，没有机会见援友，主要是时间紧，另外和他们平时的联系不多，但幸运的是：见到了东北师范大学的校友，他曾是东北林学院的团委书记，这次新疆地区副厅级公选，他考到这里任塔大副校长，人性格很豪爽，给大家带来不少快乐！

明天，我们就要赴和田墨玉县去宣讲，期待有更多的收获。

## 角色定位的重要性（12月10日）

"联系人"这个角色，我没有做好，把自己没有放在这个位置上考虑，只是作为宣讲团的一个成员，尽可能把课讲好，结果还是出了一些差错。

比如：在库车县一站，有一个环节没有把握住，一是与永春等青农部成员的对接出了问题，没有将准确的信息及时发送给地州团委，其中不清楚买买提江书记是坐飞机，还是和我们一起坐车（后来才知道他是因为有个考试不能和我们一起来）。二是安排马合木提校长在库车住宿的事，不清楚地州不知道马校长这组的情况，结果给地州带来了一些麻烦，将晚餐的地点转移到新的地方，撤去坐签。三是阿书记到库车的事也不知道，不清楚她要来库车县和拜城县宣讲，我们要到宣讲现场，结果早上吃饭时，一点也没有意识，通知大家提早把行李放在车上，结果硬生生地陪着阿书记吃早饭，没有做好提前退房的准备，没想到让阿书记在那里等候，买买提江书记早已坐到车上等候大家，非常不高兴，责怪我没有把联系人的角色做好，搞得大家非常被动，我也一时反应不过来，实际上这类的事以前也犯过，怎么就没有改进呢？我完全提早问清楚，通知大家做好准备，就可以避免这样的尴尬，不过怎么解释没有意义。只有吸取教训，加以改进，保证以后不再出现类似的错误。原本这不是一个什么复杂的事，没有什么大不了。

区团委的工作节奏太快，与团校的情况有很大的不同，需要跟进，不能太随意，太任性，一切随着自己的意愿来，既然来援疆，就要一切谨慎从事，不能太过于个人化，个性化，也不要把自己凌驾于团队之上，积极融入到团队之中，与每个队伍保持接触，并进行通畅的交流。

这次宣讲，收获还是比较大，无论从哪个方面对自己都是一个提高，比如：政治意识、团队意识，节奏意识的提升，在以往的工作中，总是比别人慢半拍，总是把自己隔离于团队之外，这些都是以后需要加以调整的地方。

在这里工作一定要注意不能急躁，要承受，因为没有资格要性子，发脾气，打交道的所有人都是领导，与其解释说明，不如先接受下来，认真思考和反省，错了就承认，也应关注地州团干部的做法，每个细节都很到位，着实让我学到了不少东西，因为未来的路是不确定的，很难说以后一定要做自己很熟悉的工作，不是有句话吗？人要做不会的才是最大的挑战。要永远在内力上使劲，万不可将力量放在别人身上。

与其纠结于这样的内疚，不如重新开始，将以后的工作做得更好！

## 二次来到和田墨玉县（12月12日）

见到陈伟，现任墨玉县副县长，很亲切，他也是曾经的共青团干部，又是留疆战士。最早他是一个新兵，后考上南疆四地州公务员，光双语培训和文化课就补习一年，后分到和田市，做过一段共青团工作，之后安排到某个乡镇做党委书记，再到墨玉县任副县长，是位70后干部。

今天上午陈伟县长陪同我们去了斯孜街道，街道来了部分的青年和街道干部，分管的工作涉及共青团、妇联、警务、医疗保险、流动人口、安全生产、统战宗教等领域。座谈交流的主题就两个，一是谈对十八大报告感受最深的一点；二是对自己今后有何愿望。让我比较吃惊的是：有个维族小伙能说出十八大报告中的十二个部分。大多数对报告中提到的"民生"比较关注，比如工资收入的增加、就业创业政策、双语教育、计划生育政策等，还有对"社区服务"内容、"作风建设"方面的关注。

当我问及社区青年喜欢参加什么样的活动，社区团支部提到两项活动引起我的关注，一是预防艾滋病宣传活动，二是计划生育宣传活动。来参加活动的青年人有三种，第一是志愿者组织过来的；第二是被奖品吸引过来的；第三是自己主动过来的。目前墨玉县艾滋病高危人群排在第二，感染者有1043人，发病者有90多人。感染途径主要是吸毒注射器、抽血、性传播、母婴喂养等。社区有两名艾滋病患者刚离去，一个是吸毒，另一个是开大车的司机，其家庭成员全部被感染。一位社区的基层干部谈到：低保往往没有给到那些最需要的人家，陈伟副县长解释道：一是最初的申报机制不科学，限时限名额，太过于匆忙，导致审核不严，已经拿到低保，无论将来的收入有何变化，都难以去掉。二是在滚动管理上不足。只能增加不能减少，一部分低保户还有带着金银首饰的现象，但取消不了他的低保资格。另外一些低保户觉悟境界水平还需要提高。

墨玉县有9个社区街道，20余座清真寺，整个墨玉地区有1040座。宗教氛围比较浓厚。

下午吃过饭后就马上赶到阿布丹食品开发公司。先是参观了核桃仁生产线，又与工厂的部分青年进行了座谈，因为公司的创始人刘总是 2002 年下岗成为再就业工人，原是做建筑行业的，一次偶然的机会，爱人生小孩，爱人的哥哥从墨玉带着麻糖来看他们，他们都特别爱吃这种糖，2004 年刘总开始试搞，2006 年在郊区住宅地小作坊，邀请祖传老人当顾问，起先几次不是很成功，大量挤压产品，前后 8 年的时间，开始推向市场，先品尝后销售。后来才打出名声，2008 年就到了现在的地方——曾经的丝绸厂。未来他们想在北疆开发区落户，将墨玉县作为最大的加工基地。

晚上吃饭遇到两位和田地区的转业团干部很开心，其中转到政法口子的张钊很有想法，他特别感激共青团带给他的帮助，在共青团的 7 年（2005 年—2012 年）中对组织有了认同感，有了一种积极向上的力量，让他有独挡一面的很多机会，这些都是组织培养的结果，也是一个青年成长不可或缺的因素。但在转业后有两个很不适应的地方，一个是同事间组织之间的距离拉大了，有点远离大家庭，心里空落落的。二是团的岗位与新的岗位不同，需要快速适应。但是目前他的成绩还不错，分别获得两个个人先进，这都是在共青团历练的结果。当问及对共青团干部的期待，他提出两点：一是要加速团干部的成长速度，二是对中层团干部的转业要多关注。目前很多的团干部对未来不知所措，对下一步的方向很渺茫。期待以后能有较大的改善。

明天，我们要赴和田师专进行宣讲，我心里没有底，但一定要把语速降下来，清晰地进行表达。期待明天一定能成功。

## 对和田少数民族干部的印象（12月15日）

在和田你常听到一句话：中国的社会主义在新疆，新疆的社会主义在和田。来到和田后，你会发现，这里的领导干部无论从能力上、智慧上都超乎你的想象，尤其是那些土生土长的汉族干部，既能讲维吾尔族语，又能讲汉语，说维吾尔族语时如果不见人，你根本分不清他们是汉族人还是维吾尔族人，他们在维吾尔族人中也颇为有气场，那时候你才可以真正感觉到民族的概念很淡很淡，因为融合得已经分不清，已经没有必要考虑民族的问题。我在想：什么是真正民族团结，如果还在强化"民族"的概念，一定是还没有真正融合，还有一些分层、隔阂的现象，甚至部分地区还发生过民族分裂的情况。

这次到和田，每到一个地方，你会有一种置身在外国的感觉，周围基本都是维吾尔族人，他们的交流是真挚的，尤其爽快的大笑不时入耳，在内地是不多见的，是从心底里发出的，有重重的力量感，很自然、很纯粹、很畅快，虽然我不知道他们为何而笑，但从他们的眼神看出，从他们的表情看出，这种笑声的背后是简单的，是集聚的，是向心的，是阳光的，他们在发出笑声的时候是无所顾忌的，也可以说是透明的、透彻的。有时候我会被这种浓浓的氛围感化，不知不觉也可以吃很多东西，自然身体的体重要增加不少，我粗粗算了一下，每次南疆归来，体重都增加至少10斤左右。

一位团校的讲授民族理论课的老师告诉我，全世界有2600个民族，500多种语言，1000万人口的民族只有65个，维吾尔族就是其中的一个，在新疆相比汉族人口，维吾尔族是少数民族，但在全世界中并不算少数民族。在新疆，你确实能感受到少数民族的那种大气、豪爽和真诚。

买买提江副书记在这次自治区公开选拔副厅级，即自治区团委副书记一职过程中，有很多的故事发生。那时候，我作为一名自治区团委机关的参加副厅级干部面试旁听的一员，有幸目睹了面试的全部过程，他是第一个出场，现在回想起来，他给人最深刻的印象就是：声音洪亮，底气比较足，态度积极乐观。面试的5个候选人，其中2个比较熟，一个是自治区团委机关的，另一个是巴州地区团委的，而他是乌鲁木齐大湾社区的干部，我并没有刻意关注到他，这次才知道他的学历不是很高，但具有两个乡镇基层工作10年的经历。虽然他在这次副厅级公选中面试和笔试成绩都不是最好的，但自治区党委经过考察依然选定他作为自治区团委副书记，这是一个非常清晰的用人导向，也向青年干部发出了一个成长的信号，重视基层工作，培养基层干部。正向买买提江书记后来说到：当时把他从一个乡派到另一个乡工作，他还有点想不通，以为上级领导对他的工作有成见，现在回想起来，感觉这都是组织对他用心的栽培，他对党组织充满着无限感激，特别是对他的老领导充满敬意。尤其"7·5"事件后派他去乌鲁木齐，在当时也很不理解，因为在他父亲有过教训，被派出后再就没有回来，也没有什么大的进步。他怕自己又重蹈覆辙。现在想想，没有这次去乌鲁木齐的经历，很难有今天的辉煌，这也是党组织对他的又一次严峻考验，他在乌鲁木齐稳定形势最严重的关头坚挺了过来，扛过了最艰难的日子。他的老领导现任地区的杨专员所说的：一个青年干部的成长一靠组织的培养、二靠个人的努力、三靠发展的机遇。一个好汉三个帮，三个馍馍一箩筐，能从和田走出去，就是我们的骄傲，我们的自豪。

  这次来和田宣讲，又认识了很多少数民族的基层干部和当地的汉族干部，让我对他们的感受又增加了不少。深刻感觉到，我们如果在和田工作是极为困难的，不懂语言是最大的障碍，因为感觉到以后来和田的次数不一定很多，所以对每次的出行我都倍感珍惜，多观察，多请教，多体验。比如尽管不是很方面，我还是参加了没有其他汉族同志参加的维吾尔族人晚宴，大家很少说汉语，我也一句听不懂，他们还请了当地著名的乐师弹奏十二木卡姆，场面很热烈，很浓厚。对乐器也了解一些，比如都塔尔、弹布尔、斯塔尔等等，三种乐曲合奏的声音非常好听，让你忘却一切。和田难忘、难忘和田！

## 与和田电力公司青年的交流（12月15日）

人的一生真的很奇特，上个月随自治区党委宣传部下到和田调研，因为带队的秦秘书长与和田电力公司的老总是好朋友，在一天的晚上，该公司的老总邀请秦秘书长吃饭，我随同过去，饭桌上我对一个从四川过来已经达8年的小余有非常好的印象，当时她的热情和真诚打动了我，她说话的样子非常可爱，虽然个头不高，但对人真是发自内心的好，每句话都是从心底里发出的，你会感到非常地自然和舒服，让我一下子记住了她。

这次到和田，有一场安排在电力公司，我那时候也没有想到会遇到小余，当她出现在我住的宾馆时，我非常惊喜，原来要去她们公司进行座谈，我很开心，不到一个月我们就再相见，这是不容易的。在到她们公司的途中，她讲述她的母亲和刚刚2岁的儿子，他们都远离她，在四川的宜宾，每当说起母亲和她的儿子，她的眼泪就在眼眶里打转，真是不容易，一年也只能回去一趟看看家人，和田离四川太远了。她的真情实感让我动容，越加让我喜欢上她。

在电力公司的交流座谈是成功的，20多个年轻人都是从内地招聘过来的，可是他们的援疆是无期的，看着他们都是家里的独苗，一个人置身边疆，并与这里的职工打成一片，日益融入公司的文化之中，我感到无比的欣慰。我与他们每个人分享了在这里工作和生活上的感悟，也分享了他们学习十八大的体会，虽然他们平均年龄只有23岁左右，但相信他们这样的选择是明智的，将来一定不会后悔。

在交流中，我和他们谈了自己对成长的体会，一是历史感的重要性。一个青年没有历史感，就会显得轻飘和浮躁，没有历史感的人，就没有厚重感，不会将昨天、今天和明天联系起来，就难以做到知古而明今。二是扎实的理论功底。理论上的成熟会带来信念的坚定，没有高度的理论自觉，难以有持久不懈的动力源。三是坚忍不拔的意志力。没有毅力难以成就伟业，再好的理想也难以实现。四是科学有效的路径。成长过程简单，其结果不能持久，成长过程艰难，其结果必定顺达。目前有两条成功的路径，一个是基层乡镇潜艇深度熬游，一个是群团组织地毯平面式的狂游，前者是横，后者是纵，一横一纵便知社会水池的宽和深。五是身体顶呱呱，没有好的身体素质，难以担当更大的重任，难以抗衡来自方方面面的各种压力。最后一点是将个人的理想与祖国的命运、社会和人民的需要保持同向的问题，只有国家好了、民族好了，自己才会好。另外还谈到：要从历史的角度深刻认识到"不走封闭僵化的老路、也不走改旗移帜的邪路"的深刻背景和现实意义，要充满道路自信、理论自信和制度自信。每个青年要实干兴邦，加强学习，善于思考，以扎实的工作业绩做出应有的贡献。

## 在和田师专宣讲发挥到极致（12月16日）

第一次来到和田师专，心情还是比较复杂的，其一和田师专80%是少数民族学生，其二是面向全国招生，总体学生的素质还是非常好的。前一天晚上，一直在思考用怎样的方式让学生们听懂并领会，除了语速放慢之外，还需要借用其他办法，我在早上6点起来，开始修改课件，基本上重新制作，掌握的原则就是：简单化，记忆化，宏观化、实际化。一方面采取关键词解读，好记好懂；二是结合学生成长的迷茫和学习动力不足的问题，讲清动力源。考虑到学员们的汉语水平的局限，可能要调动文字语言、口头语言之外，还需要肢体语言的配合，我想到了谭晶唱的一首歌《美丽家园》，和我们解读十八大报告内容很贴切。

今天听讲的学生估计有600多人，怎么让学生能至始至终地投入，我采取互动的方式，令我吃惊的是学生们很给力，很多问题都能回应，包括事件的时间和地点都说得清楚，对每一个关键词，我要表达的内容也能延伸，师专学生的知识量不可小视，特别是少数民族学生勇敢发言也让我很感动。今天的宣讲是成功的，也是达到极致的，我很享受也很开心。

今天的宣讲所借用的舞蹈艺术也发挥了极大的作用，至少我的精神状态能给学生们传达一些内容和信息，我也尽力了，虽然很累，但累并快乐着，能带给同学们一点启示和帮助是我最大的欣慰。

青年工作需要不断创新和与时俱进，我们一定要以学生为本，帮助他们尽快成长，讲得内容是一方面，关键是以什么方式和态度讲，我们所讲的内容一定是发自内心的，一定是可以感动自己的，你才能感动他人，启发他人。常说：没有理论上的高度自觉，难以有坚定的信念。我们一定要在理论上有深厚的功底和高度的自觉，要有广泛的群众基础，鲜明的实践品格，才能把宣讲工作做到极致。

# 乡镇公务员访谈纪实

## 专访喀什疏勒县阿卜杜克热木江
## （新疆团校培训的第十批南疆四地州乡镇公务员）

### 第一部分：在岗情况描述

**一、上岗后你最初的感受是什么？遇到最棘手的问题是什么？**

答：我最初上岗的时候觉得没有工作能力。领导安排工作害怕做不成，过了一个月以后觉得很容易，跟同事之间的关系很难处理，第一次遇到的问题是，领导给我安排上报农业生产的数字，但我在养猪方面的数字一个也不知道，看材料也不懂，以后知道怎么上报数字，怎么样填表。

**二、对新岗位的特质和工作环境的基本描述（信息翔实）**

答：我最初上岗位的时候安排当农业生产办公室秘书，当秘书以后学怎么样写材料，填表。但最烦人的问题是，双休日期帮党建办，也没有双休日。就这样当了7个月农业生产办公室秘书，9月20日乡党委重新安排工作，把我调到财务室当报账员，对这个工作我一点也没有知识，但一个多月的刻苦学习还行，现在我的工作开展很顺利。

## 第二部分：岗前培训回顾

**三、回顾一下你在新疆团校接受培训期间，有哪些对于你的上岗有实质性帮助？有哪些留下遗憾？**

在团校参加培训期间学习双语知识对我来说很好，写作能力也挺好，很多干部羡慕我，这方面我也很满意。我觉得遗憾的地方是学校在安排培训的时候也安排课外活动，我没有参加过。

**四、回忆在培训期间令你感动的一件事，令你失望的一件事。**

答：在培训期间感动的事儿是，老师们讲课很好，到现在我想还听他们的课。没有遗憾的事儿。

**五、你认为岗前培训有哪些被忽视的问题应引起特别关注？**

答：岗前培训期间我们的学习环境很好，如果有实习就更好了。

## 第三部分：思考和建议

**六、在岗前培训时你是如何理解"公务员"的，现在的认识有什么变化？为什么？**

答：岗前培训期间我觉得公务员是一个很好的工作、但到了新岗位以后觉得不好。如下：第一，工资很晚给。第二，大部分分到基层，工资低，没有其他费用，我们一个月的工资70%交给了路费，第三，新分配干部什么都没有，如基层补贴、冬碳费等，我们上班也差不多一年（8个多月了）。我到岗位后觉得事业编制挺好的。

**七、你对国家在新疆地区开展这一特殊的政策是怎样理解的？你认为现在的南疆地区公务员的作用发挥得如何？为什么？**

答：我觉得国家的特殊政策很好，但执行得很不好。

**八、你对未来要到南疆四地州的学妹学弟有什么好的学习和成长建议?**

答:我向他们说,好好学习,珍惜培训期间的学习时间,尊敬老师,只要拼命努力就可以有好前途。

**九、你对公务局和新疆团校进一步做好南疆四地州乡镇公务员岗前培训有何建议?**

答:我没有建议。

**十、你对南疆未来发展前景有何预见?从现在起最急需做什么?**

答:现在急需要的是把工作搞好,努力,再努力!

# 专访莎车县阿热勒乡周新莎

## 第一部分：在岗情况描述

**一、上岗后你最初的感受是什么？遇到最棘手的问题是什么？**

答：农业生产知识缺乏，遇到农业生产上面的问题自己解决不了。

**二、对新岗位的特质和工作环境的基本描述（信息翔实）**

答：在莎车县阿热勒乡担任党建办人事干部，对各项工作不是太了解，在今后的工作中，自己加倍努力做好各项工作。

## 第二部分：岗前培训回顾

**三、回顾一下你在新疆团校接受培训期间，有哪些对于你的上岗有实质性帮助？有哪些留下遗憾？**

答：老师经常给我们讲解乡镇维语，让我们下基层能与农民交流。

**四、回忆在培训期间令你感动的一件事，令你失望的一件事。**

答：非常感动的是师生之间的友谊。

**五、你认为岗前培训有哪些被忽视的问题应引起特别关注？**

答：无

## 第三部分：思考和建议

**六、在岗前培训时你是如何理解"公务员"的，现在的认识有什么变化？为什么？**

答：下基层，为农民解决农业生产方面的困难，指导农民科学种田。

**七、你对国家在新疆地区开展这一特殊的政策是怎样理解的？你认为现在的南疆地区公务员的作用发挥的如何？为什么？**

答：党中央对新疆基层干部的关心，提高新疆基层干部工作的积极性。指导农民科学种田。

**八、你对未来要到南疆四地州的学妹学弟有什么好的学习和成长建议？**

答：希望到基层锻炼，了解南疆基层干部的工作。

**九、你对公务局和新疆团校进一步做好南疆四地州乡镇公务员岗前培训有何建议？**

答：加大双语培训力度，为下基层工作做铺垫。

**十、你对南疆未来发展前景有何预见？从现在起最急需做什么？**

答：引导农民科学种田，发展林果业、畜牧业，增加农民的第二收入。

# 专访和田地区皮山县木奎拉乡人民政府孙倩

## 第一部分：在岗情况描述

**一、上岗后你最初的感受是什么？遇到最棘手的问题是什么？**

上岗后最初感受是：乡镇条件很艰苦。

遇到最棘手的问题：上班半年多，工资一直批不下来，生活很困难。

**二、对新岗位的特质和工作环境的基本描述（信息翔实）**

在新岗位从事文秘工作，偶尔需要下大队，乡里条件艰苦，对于女人来说很不容易，但是既然选择乡镇公务员，就要扎根基层，努力工作。

## 第二部分：岗前培训回顾

**三、回顾一下你在新疆团校接受培训期间，有哪些对于你的上岗有实质性帮助？有哪些留下遗憾？**

在新疆团校接受培训，学习维语，对于我们现在在基层工作很有帮助，与乡里的农民交流起来也方便很多，受益匪浅。

**四、回忆在培训期间令你感动的一件事，令你失望的一件事。**

培训期间，认识了很多来自各地州的同仁，大家相互帮助，相互关心，亲如一家人，很让人感动。

# 专访喀什疏勒县阿拉甫乡人民政府邓平

## 第一部分：在岗情况描述

**一、上岗后你最初的感受是什么？遇到最棘手的问题是什么？**

**答：** 起初因为没有来过乡下，所以环境不是很适应，之后慢慢地适应了。最棘手的问题可能算是语言上的差别吧，在学校时培训的都是些基础语言，上岗后才知道要到农民群众中去，学习他们的语言以及与农民群众相处。

**二、对新岗位的特质和工作环境的基本描述（信息翔实）**

**答：** 新岗位虽然和我学的专业知识有冲突，但总的来说还是能接受的。毕竟知识是死的，人是活的，工作上的事，也许所学的知识用不上，这就需要我更加努力的学习，更快地融入到基层工作中。工作环境，总的来说还可以。南疆本来就是少数民族聚居的地方，要学会适应本地的风俗习惯，更重要的是他们的语言，这将是我们今后工作中最有利的助手。

## 第二部分：岗前培训回顾

**三、回顾一下你在新疆团校接受培训期间，有哪些对于你的上岗有实质性帮助？有哪些留下遗憾？**

**答：** 要说帮助莫过于我们班的大团结了，在培训期间，同学互帮互助，让我们感觉到集体的温暖。到了基层后更让我们感觉一个集体可以给我们莫大的帮助。其次，学习基础维语知识也是功不可没的，至少我们不再陌生。

在培训期间要是能够延长我们的学习时间就再好不过了。毕竟学习时间短，我们所学那些基础知识并不是很多，范围不是很广泛。

**四、回忆在培训期间令你感动的一件事，令你失望的一件事。**

答：最令我们感动的事是师生间的关爱，以及老师对我们教学的那种热情。

**五、你认为岗前培训有哪些被忽视的问题应引起特别关注？**

答：暂未想到。

## 第三部分：思考和建议

**六、在岗前培训时你是如何理解"公务员"的，现在的认识有什么变化？为什么？**

答：公务员嘛就是人民的公仆，为民福利、为民解忧咯。目前也是这么想的。

**七、你对国家在新疆地区开展这一特殊的政策是怎样理解的？你认为现在的南疆地区公务员的作用发挥的如何？为什么？**

答：暂未想到。

**八、你对未来要到南疆四地州的学妹学弟有什么好的学习和成长建议？**

答：艰苦奋斗，勇于创新。

**九、你对公务局和新疆团校进一步做好南疆四地州乡镇公务员岗前培训有何建议？**

答：没有。

**十、你对南疆未来发展前景有何预见？从现在起最急需做什么？**

答：及时更新自己的知识，跟上时代需求。

# 专访新疆巴楚县阿拉格尔乡人民政府吕红梅

## 第一部分：在岗情况描述

**一、上岗后你最初的感受是什么？遇到最棘手的问题是什么？**

答：上岗后最初的感受是要从头学起，遇到最棘手的问题就是写材料。

**二、对新岗位的特质和工作环境的基本描述（信息翔实）**

答：新岗位在农村，距离县城77公里，在路边等车，坐车大约1个半小时。工作环境：3人2台电脑，没有拉网线。办公室大约35平米，到指定地方上传材料。但乡里绿化特好，硬化面积达到100%。

## 第二部分：岗前培训回顾

**三、回顾一下你在新疆团校接受培训期间，有哪些对于你的上岗有实质性帮助？有哪些留下遗憾？**

答：在新疆团校接受培训期间，学维语对于我上岗有实质性帮助。留下遗憾的是与老师交流、沟通太少。

**四、回忆在培训期间令你感动的一件事，令你失望的一件事。**

答：回忆在培训期间令我感动的一件事是同学们很热情帮助他人，令我失望的一件事是与个别人有矛盾，团体活动少，没有好好了解乌市的风光。

**五、你认为岗前培训有哪些被忽视的问题应引起特别关注?**

答:我认为岗前培训被忽视的问题是理论联系实际太少。开设活动课就好了。

## 第三部分:思考和建议

**六、在岗前培训时你是如何理解"公务员"的,现在的认识有什么变化?为什么?**

答:在岗前培训时我是这样理解"公务员"的,公务员,是指在各级政府机关中,行使国家行政职权,执行国家公务的人员。是为人民服务的,服务的对像为人民,所做的一切事情要对人民负责。现在的认识没有多大变化。

**七、你对国家在新疆地区开展这一特殊的政策是怎样理解的?你认为现在的南疆地区公务员的作用发挥的如何?为什么?**

答:我对国家在新疆地区开展这一特殊的政策理解为让新疆地区快速发展起来,也能给高等学校毕业生带来就业的机会,还能有锻炼的机会。现在南疆地区公务员的作用发挥的比较好。

**八、你对未来要到南疆四地州的学妹学弟有什么好的学习和成长建议?**

答:未来要到南疆四地州的学妹学弟们好好学习安排的课程,对于你是有益而无害的,要有吃苦的准备,要有奉献的精神。

**九、你对公务局和新疆团校进一步做好南疆四地州乡镇公务员岗前培训有何建议?**

答:没有。

**十、你对南疆未来发展前景有何预见？从现在起最急需做什么？**

**答**：南疆未来的前景会越来越好，前途一片光明，最急需要做的就是转变农民旧的观念，端正他们的态度。

## 专访阿克苏地区温宿县古勒阿瓦提乡赵照

### 第一部分：在岗情况描述

**一、上岗后你最初的感受是什么？遇到最棘手的问题是什么？**

原来乡镇工作真的很忙，很辛苦。刚一上岗领导就安排写材料，刚开始什么都不会，感觉真的很棘手。

**二、对新岗位的特质和工作环境的基本描述（信息翔实）**

我在古勒阿瓦提乡党建办，负责全乡党建工作，包括基层组织建设、创先争优、党员管理等等。工作环境是一个少数民族占绝大多数的小乡镇，落后的设施，平穷的周边环境，没有什么娱乐，有的是无穷无尽的工作，经常加班到很晚，冬天很冷，很冷……

### 第二部分：岗前培训回顾

**三、回顾一下你在新疆团校接受培训期间，有哪些对于你的上岗有实质性帮助？有哪些留下遗憾？**

认识了很多同学，大家可以互相交流工作经验，遗憾是很多关系很好的同学各奔东西，有的在南疆艰苦的环境下继续奋斗，有的却因无法忍受落后的环境、沉重的工作压力、微薄的工资退出了公务员队伍。

**四、回忆在培训期间令你感动的一件事，令你失望的一件事。**

让人感动的是我们的两位维语老师，一位和蔼可亲，一位要求严格，但都对我们十分负责。让人失望的是公务员考试没有心理测试和素质测试,导致队伍良莠不齐,个别素质不高的人也走进了这个队伍,对队伍建设十分不利。

**五、你认为岗前培训有哪些被忽视的问题应引起特别关注?**

我觉得岗前培训应该把考录同一个地区的同学安排到一起培训。

## 第三部分:思考和建议

**六、在岗前培训时你是如何理解"公务员"的,现在的认识有什么变化?为什么?**

岗前培训时认为公务员是一个很光荣的身份,工作稳定,待遇良好,现在我才知道我错了,也许自治区或者地区公务员是这样的,但是基层公务员真不是,没有周末的概念,没有上班下班的概念,相对我们的工作环境和工作量来说,那点工资真的不多,基层公务员的待遇和条件还需要进一步提高。

**七、你对国家在新疆地区开展这一特殊的政策是怎样理解的?你认为现在的南疆地区公务员的作用发挥的如何?为什么?**

开展这一特殊政策的原因是为了新疆更好的发展,解决新疆的贫困问题、发展问题、人才问题,但是我认为仅仅依靠南疆地区公务员队伍是做不到的,现在的南疆地区公务员对新疆的发展起到了很大的作用,但也很有限,很多历史原因,甚至民族宗教问题不是仅仅依靠少量的公务员队伍就能解决的,还需要找到更多的可行的方案解决根本问题。

**八、你对未来要到南疆四地州的学妹学弟有什么好的学习和成长建议?**

考基层公务员要慎重啊,发展好的毕竟很少,弄不好要在农村呆一辈子。

### 九、你对公务局和新疆团校进一步做好南疆四地州乡镇公务员岗前培训有何建议?

在衣食住行等方面加大关心照顾的力度。

### 十、你对南疆未来发展前景有何预见?从现在起最急需做什么?

南疆的发展前景是好的,发展速度会很快,但是可能还是始终无法赶上内地城市,急需要做的是帮、扶、带,当然不是一味的扶贫,我觉得把扶贫政策全取消掉效果可能还好点,怎么说呢,有的维族农民居然以能拿扶贫补助为荣。

## 专访伽师公务员买合木提、秦晓柳

访谈时间：2011 年 11 月 11 日

问题：谈谈你刚上岗后的感觉？

除工作中学到的外，我在生活中还学会了架炉子，这是以前从没做过的。生活上，宿舍面积很小、对伙食还满意。工作中我与农民感情很好，工作还算顺利。难事在于收养老保险金，关系钱的事比较难做。我解决这个问题的方法是，多与群众交流沟通，与他们讲道理。刚上岗时，对农业知识不了解，不过这方面知识在工作中提高了。工作做错就要挨批评、罚款。我们的工资很低，支持不了家里，休息也少，主要是值班影响休息。我很希望能升职，但实际来说，力不从心，工作时间紧，对家庭比较有影响。

# 专访伽师公务员杨维和瓦哈普访谈

**访谈时间：2011 年 11 月 10 日**

问题一：你的工作现况，工作中存在的问题有哪些？

答：南疆工作主要是稳定和农业生产，现在实行一帮一扶贫，忙时休息时间很少，两天一次值班，不能睡觉。公务员刚上岗工资少也是一个问题。我的工作对象是农民，难处表现在民汉间交流问题。交通上也存在问题。人际交往比较好。

问题二：团校培训给你带来的帮助和遗憾

答：收获有，双语培训为我们打下了维语基础，学会双语在工作中增进了民汉关系，我们的自觉性、独立性也增强了。其次，参与了一些联谊活动，认识了很多朋友。缺憾是由于条件限制，学习的知识用不上，一些知识被遗忘。

问题三：领导干部怎样，公务员工作流程怎样

答：上级安排的工作实现效率很低，大多因为农民的不支持。

## 专访喀什公务员阿布都可力木

访谈时间：2011 年 11 月 8 日

问题一：到喀什一年以来，8 个月没发工资，从实际上看，你遇到的最棘手的问题是什么？最真实的感受是什么？

答：我到喀什后分到沃克纳木乡，离县城 53 公里，离喀什 33 公里，当了农办秘书，我的专业是生物技术，没有农业、工业上的基础。领导安排了工作，比如做些农业生产上的表格，我没经历过，也都不会，后来通过同事的帮助学会了这方面工作。而后我又被调到财务室当会计，因为对会计工作流程的不了解，写字，计算上有时会出错，差点为此辞去工作。我在工作同时也在不断的学习。当农办秘书时，办公室无电脑和打印机，需要到其他单位借用，有时会与其他单位科员发生冲突。现在，在工作中学会了很多，问题也解决了。

问题二：回忆在新疆团校的培训，现在给你的帮助大吗？

答：我在当农办秘书的同时也当翻译员，书记是汉族，常说成语，培训时学习成语，在翻译工作中得到很大帮助。培训时学习过写简报和工作报告，也在工作中有很大帮助。培训结束后的遗憾是，除了语言培训方面以外，没有学习工作上的程序和基本功，希望在培训中学到这些。

问题三：来到这以后，看不惯的是什么？

答：一些官员为了当官而做官，领导不为职员着想，不为百姓着想，厂长书记相互勾结，违反与农民签署的合同，侵犯农民的利益，违背为人民服务的原则。工资罚款严重，工资收入水平低，可生活消费较高。交通不便利，导致常常迟到而被罚款、批评。还有些政策的实施导致农作物的浪费。我认为政府的政策应该改进，管理水平要提高。干群关系紧张，政府安排的工作农民不接受，群众对政府政策行为不了解、干群关系需要缓和。掌握不了对未来的期望。买官，花钱请饭等坏影响。工作上有担忧,做财务的负担大,怕出错。领导花钱,不开发票,平帐问题难做。工作路程远,工作占用日常生活时间多。

## 专访喀什公务员艾买提江

**访谈时间：11月8日**

**问题一**：你在工作中遇到了哪些难题？

**答**：有表达方面的问题，语言上不好表达，交流不便，我做的是宗教方面的统计工作，与领导干部的语言沟通上存在问题，我克服的方法是与汉族朋友经常沟通交流。在宗教知识方面，同事互相帮助，没有太大困难。

**问题二**：回忆在新疆团校的培训，给你的帮助有哪些？

**答**：在团校培训中，我们学习了怎样当好公务员，尤其是语言培训对我的帮助很大。遗憾是培训时间短，我希望能够学到的更多。

**问题三**：来到这以后，看不惯的现象是什么？

**答**：看不惯的事很少，领导关心职员，工作中，一些老干部只会维语，有的会说不会写不会读，我们给他们的帮助比较大。干群关系方面有时有冲突，但矛盾不大，通过沟通交流能够解决。以后的发展期望是积极加入党组织，继续锻炼。待遇上，公务员工资上岗一年后才发，我靠家人供给，家里很支持，当公务员也很有荣誉感。青年信教情况相比以前少，信教青年主要是找不到工作的人，宗教稳定方面工作较复杂和严峻，要抓紧，要注重调和群众、政府、宗教人士关系，工作压力存在但不太大。对第十一批学员的寄语是"要抓紧汉语言方面的学习，学会表达沟通，按老师的要求做好做公务员的准备"。

## 专访喀什英吉沙公务员李超、阿布都瓦依提

访谈时间：2011 年 11 月 9 日

问题一：现在的工作环境怎样，有哪些困难？

答：工作上比较枯燥、单调，放假少，日常生活不丰富多彩，比较压抑。比较难的问题是，要处好各方面的人际关系，而领导间的关系决定下级干部间工作取向，棘手的问题还没遇到。

问题二：新疆团校的对你的帮助有哪些？你认为培训还存在什么缺点？

答：经过半年的统一培训，同学们相互交流沟通、了解认识，认识了更多的同仁。双语学习为我们打下了语言基础；培训中发现的缺点是，培训内容不丰富，比如社交礼节之类没有纳入学习内容，其次是班级同学间交流少。

问题三：县里对公务员的待遇好么？你对自身发展的看法？

答：政策落实不好，比如职位专职专用的调动问题产生的工作冲突，不同的领导安排不同，使工作繁杂冲突，加大工作压力。科员精神生活单调，领导由于事务繁忙，对下级关心不足，职员缺乏指导。公务员升职方面要经过三年考察，破格两年升副科，现实来说社会背景和经济基础影响升职条件。现在科员工资偏低、伙食不好、休息时间少。领导干部贪污腐败问题存在。我是外地来的公务员，生活不稳定，家属安置问题难解决。

# 实证篇

# 在疆完成研究成果集

## 新疆青年生存发展状况报告

新疆地区国家战略全局中具有特殊重要的地位和意义,"中国新疆青年生存发展状况"课题的研究也因此具有深远的战略价值和意义。本课题通过问卷、座谈和一对一访谈等形式对4000多名青年进行了调研。研究结果表明:绝大多数受访者对社会环境和公共事务的观点都是正面的。被访者的基本社会观、生活观都是比较正确的;他们对家庭、社会、学校等方面的预期和自我奋斗都有正确的理解。绝大多数受访者对自身的需求都有清醒的认识,基本需求集中于学习、收入、个人发展等方面。绝大多数青年对共青团组织是认可的,对团组织的活动是了解和认可的;但是,相当比例的青年不知道共青团组织的存在,五分之一强的青年认为共青团组织"无活动、无作用、好像不存在";与此同时,学生受到宗教团体的影响比例,大一3.0%、大二3.7%、大三4.1%,呈现出明显增长的趋势,职业培训学员比例高达8.2%,反映了新疆地区青年工作面临的挑战,争夺青年的"战争"值得引起重视。在个人发展需求方面,物质性需求比例明显过高,精神性需求较少被选择;22.3%的青年认为自己缺乏自信,45.8%的青年希望接受心理咨询和培训。这反映出新疆地区青年工作在加强思想、精神领域工作方面的重要性和紧迫性。

新疆的发展和稳定是与祖国的命运息息相关的。新疆要实现跨越式发展和长治久安战略目标,青年则是一支重要的主力军,青年强则新疆强,青年稳则新疆稳。正如胡锦涛总书记在中央新疆工作座谈会上指出的:新疆工作在党和国家工作全局中具有特殊重要的战略地位。新疆的发展和稳定关系全国改革发展稳定大局,关系祖国统一、民族团结、国家安全,关系中华民族伟大复兴。在这一重大的历史背景下,开展"中国新疆青年生存发展状况"课题,是具有深远的战略价值和意义。

青年发展是社会发展，也是新疆实现跨越式发展的一个重要指标。体现在三个方面，一是青年发展意味着青年主体的发展，衡量评价这种发展的主要尺度是青年的各种社会素质，即在生理、心理、道德意识、思维能力、文化水平、心理承受能力、行为合理性、个体自控性等诸因素的提高；二是青年发展是青年和社会关系的调整过程，衡量和评价这种调整的社会指标主要是看青年对社会改革、进步的认同程度；三是青年发展受制于各种进程中各种现实因素，衡量和评价这些因素作用的取值标准是青年在社会经济发展中获得多大的发展机会。

调研对象说明：本报告就是根据以上三个评价指标体系，在新疆团校、新疆师范大学青年政治学院范围内开展问卷调查，发放问卷1200份，收回有效问卷981份；并以座谈会、深度访谈等方式对南疆、北疆地区3000多名调查对象进行了调查。调研对象分四类群体。一是新疆师范大学青年政治学院的在校学生，其中大一学生298人，大二学生350人，大三学生76人，共724人；二是公务员岗前培训学员123人；三是职业技能中心美发和烹调专业培训学员134人；参加调研问卷总计981人，其中职业技能中心培训学员少数民族学生占88.0%，汉族只占11.9%，具体不同类群主要信息见附表1、2；四是南疆北疆两个地区共九个州县的座谈和深度访谈。

限于问卷发放和访谈联系渠道，被访者多数是与共青团组织有比较紧密联系的个人或群体，所以一定的片面性在所难免，资料也必然受到相应的局限，这会对本研究的客观性产生一定的影响。

## 附表1　职业身份和生活状况调查表

**第一部分　职业身份和生活状况**

| 职业身份 | 所在单位类型 | 住房现状 | 上月工作收入 | 去年捐赠数额 | 参加义务活动次数 |
|---|---|---|---|---|---|
| 在校学生<br>(87.0%) | 国有企业<br>(28.3%)<br>社会团体和民办非企业单位<br>(20.3%)<br>不知道<br>(45.4%) | 与父母合住<br>(45.2%)<br>其他 (51.0%) | 零收入<br>(84.7%)<br>1000元以下<br>(10.9%) | 0元 (30.8%)<br>1—50元<br>(49.0%) | 0次 (39.1%)<br>1—2次 (44.1%) |

## 第二部分 社会环境和公共事物

| 当您有困难时下列的人或机构帮助了您吗? | | | 您对社会各方面现状的评价 | | 展望十二五您本人最迫切希望的改善 | | | 改变个人社会地位的主要途径是什么? | | |
|---|---|---|---|---|---|---|---|---|---|---|
| 问题对象 | 同意 | 完全同意 | 社会现状 | 不好 | 迫切希望 | 完全符合 | 符合 | 途径 | 个人认为 | 他人 |
| 父母 | 45.3% | 28.4% | 党群关系 | 9.7% | 收入增长 | 14.4% | 37.4% | 精神追求 | 33.3% | 28.2% |
| 兄弟姐妹 | 46.4% | 19.6% | 政治民主 | 11.1% | 增加就业机会 | 17.1% | 40.0% | 真才实学 | 47.2% | 35.3% |
| 丈夫、妻子或恋人 | 36.9% | 13.1% | 党的领导 | 10.4% | 完善住房保障 | 17.6% | 37.9% | 人际关系 | 11.3% | 17.4% |
| 同伴、朋友、同学 | 45.4% | 11.3% | 干部廉政 | 24.1% | 降低医疗费用 | 20.7% | 38.3% | 不知道 | 46.8% | |
| 老师、领导师傅 | 42.9% | 10.1% | 政务信息 | 19.5% | 扩大医保覆盖 | 19.8% | 40.3% | | | |
| 网友、笔友 | 15.8% | 2.9% | 依法维权 | 17.4% | 稳定物价 | 21.9% | 36.1% | 知道 | 53.2% | |
| 党、团、工、妇组织 | 35.6% | 8.3% | 媒体导向 | 16.9% | 关注低人群体 | 21.4% | 36.2% | | | |
| 社区委员会等 | 36.8% | 6.1% | 理想信仰 | 10.8% | 加强未成年人教育 | 22.0% | 39.8% | 对十二五规划的了解情况 | | |
| | | | 社会和谐 | 12.3% | 关注留守儿童教育 | 21.6% | 38.9% | 完全不了解 | 35.3% | |
| 义工、志愿者 | 30.7% | 4.3% | 社会道德 | 20.2% | 农村养老保险 | 22.8% | 38.9% | | | |
| | | | 劳动就业 | 26.2% | 父母异地养老 | 22.8% | 37.5% | 有些了解 | 62.3% | |
| | | | 社会保障 | 18.7% | 改革户籍管理 | 18.5% | 39.4% | | | |
| 心理咨询老师 | 32.6% | 6.3% | 医疗收费 | 34.3% | 流动人口服务管理 | 16.9% | 38.9% | | | |
| | | | 教育公平 | 22.7% | | | | | | |
| | | | 家庭和谐 | 8.0% | | | | | | |
| 宗教团体 | 17.9% | 3.8% | 食品安全 | 33.8% | 依法行政 | 20.3% | 40.6% | | | |

## 第三部分 个人需求

| 满意度评价（%） | | | 关于维系婚姻 | | | 关于择偶条件（%） | | | 业余时间最常从事活动 | | 电脑使用情况 | | 手机上网情况 | |
|---|---|---|---|---|---|---|---|---|---|---|---|---|---|---|
| 问题对象 | 满意 | 不满意 | 最重要 | 同意 | 完全同意 | 很重要 | 同意 | 完全同意 | 活动 | 比率 | | | | |
| 公共事务 | 20.6% | 3.9% | | | | 价值观 | 7.2% | 37.6% | 学习 | 2150.0% | 未用 | 1240.0% | | |
| 社会公平 | 18.7% | 10.4% | | | | 外貌 | 17.9% | 4.5% | 阅读 | 2250.0% | 偶尔使用 | 36.0% | | |
| 个人发展 | 16.5% | 6.7% | | | | 性格 | 41.7% | 14.7% | 上网 | 1580.0% | | | | |
| 社会地位 | 16.4% | 8.7% | | | | 职业 | 33.7% | 10.0% | 电视 | 740.0% | 经常使用 | 44.3% | | |
| | | | 最重要 | 同意 | 完全同意 | 收入 | 31.9% | 9.8% | 体育 | 440.0% | 每天使用 | 11.2% | | |
| | | | 爱情 | 38.4% | 14.2% | 住房 | 36.2% | 10.3% | 公益 | 170.0% | | | 从未使用 | 9.7% |
| | | | 亲情 | 38.2% | 16.2% | 社会地位 | 27.4% | 8.4% | 棋牌 | 130.0% | | | | |
| | | | 理性 | 39.0% | 12.3% | 人品 | 32.6% | 34.5% | 蹦迪 | 230.0% | | | 偶尔 | 18.2% |
| | | | 性 | 29.6% | 8.5% | | | | 泡吧 | 100.0% | | | | |
| | | | | | | 身体健康 | 37.5% | 27.5% | 访友 | 340.0% | | | 经常 | 39.8% |
| | | | 孩子 | 32.3% | 8.4% | 心理健康 | 35.4% | 32.8% | 伴老 | 0.0% | | | | |
| | | | | | | | | | 逛街 | 1040.0% | | | 每天 | 32.2% |
| | | | | | | 性 | 31.5% | 11.9% | 家务 | 100.0% | | | | |
| | | | 钱财 | 23.4% | 5.3% | | | | 炒股 | 30.0% | | | | |
| | | | | | | | | | 兼职 | 700.0% | | | | |

| 上网使用最多 | | 参加培训的情况 | | 希望从事的行业 | | 目前最迫切的需要 | | 换过几次工作单位 | | | 影响闲暇生活主要原因 | |
| --- | --- | --- | --- | --- | --- | --- | --- | --- | --- | --- | --- | --- |
| 分项 | 比率 | 分项 | 有 | 行业 | 比率 | 分项 | 比率 | 次数 | 比率 | | 分项 | 比率 |
| 不上网 | 8.4% | 餐饮 | 25.7% | 农林等 | 7.0% | 增加收入 | 23.8% | 没有 | 8890.0% | | 娱乐场所 | 13.4% |
| | | 外语 | 37.4% | | | | | 1次 | 670.0% | | 娱乐方式 | 12.3% |
| QQ | 40.2% | 美发 | 11.3% | 软件业 | 7.0% | 合适工作 | 21.9% | 2次 | 340.0% | | 学习工作 | 23.1% |
| | | 汽修 | 6.9% | | | | | 3次以上 | 100.0% | | 家务负担 | 2.4% |
| 查资料 | 11.5% | 计算机 | 42.6% | 服务业 | 9.5% | | | 学习能力 | | 比率 | | |
| | | 金融 | 11.0% | | | | | 能力 | | | 兴趣爱好 | 18.3% |
| 写博客 | 6.6% | 销售 | 19.3% | 娱乐业 | 9.1% | 念书进修 | 30.5% | 很好 | | 16.6% | 经济条件 | 25.6% |
| | | 理想的文化程度 | | | | | | 好 | | 26.4% | | |
| | | 分项 | 比率 | | | | | | | | | |
| | | 大学 | 37.1% | | | | | | | | | |
| 听音乐 | 9.5% | 研究生 | 48.7% | 教育等 | 50.1% | | | 一般 | | 52.9% | 活动伙伴 | 4.8% |

## 第四部分 共青团和青年成长

| 你所在单位有共青团组织吗 | | 对共青团组织的评价 | |
|---|---|---|---|
| 有 | 82.0% | 无活动、无作用，好像不存在 | 20.1% |
| | | 是青年的先进模范组织 | 35.8% |
| 没有 | 6.8% | 组织文体活动多，经济活动、生产活动少 | 11.6% |
| | | 口号多、办事少 | 14.6% |
| 不知道 | 11.2% | 没有倾听青少年意见和呼声 | 3.7% |
| | | 为青少年办了不少实、好事 | 14.3% |

## 第五部分 个人基本情况

| 性别 | 年龄 | 民族 | 婚姻情况 | 是否有孩子 | 文化程度 | 政治面貌 | 户籍情况 |
|---|---|---|---|---|---|---|---|
| 男 (29.2%) | 31-34 (3.3%) | 汉族 (50.9%) | 未婚 (96.1%) | 没有 (95.5%) | 文盲或小学未毕业 (5.7%) | 一般群众 (17.4%) | 本省农村户籍 (34.2%) |
| 女 (70.8%) | 26-30 (3.9%) | 少数民族 (49.1%) | 已婚 (2.5%) | 一个 (2.1%) | 小学毕业 (1.6%) | 中共党员 (5.5%) | 本省城镇户籍 (38.9%) |
| | 21-25 (33.2%) | | 离婚或丧偶 (0.7%) | 两个 (1.0%) | 初中 (8.2%) | 共青团 (76.7%) | 外省农村户籍 (16.1%) |
| | 15-20 (59.6%) | | 其他 (0.6%) | 两个以上 (1.3%) | 高中、中专或技校、职校毕业 (7.2%) | 民主党派 (0.4%) | 外省城镇户籍 (10.7%) |
| | | | | | 大学或本科毕业 (76.8%) | | |
| | | | | | 研究生毕业 (0.5%) | | |

附表2 个人基本情况调查表

| 单位 | 人数 | 性别 | 年龄 | 民族 | 婚姻情况 | 是否有孩子 | 文化程度 | 政治面貌 | 户籍情况 |
|---|---|---|---|---|---|---|---|---|---|
| 大一 | 298人 | 男(22.5%)<br>女(77.5%) | 31-34岁(6.7%)<br>26-30岁(1.0%)<br>21-25岁(6.0%)<br>15-20岁(86.2%) | 汉族(52.3%)<br>少数民族(47.7%) | 未婚(96.6%)<br>已婚(2.0%)<br>离婚或丧偶(0.7%)<br>其他(0.7%) | 没有(93.6%)<br>一个(2.7%)<br>两个(2.3%)<br>两个以上(1.3%) | 文盲或小学未毕业(9.1%)<br>小学毕业(2.3%)<br>高中、中专或技校、职校毕业(8.4%)<br>大学或本科毕业(78.9%)<br>研究生毕业(1.3%) | 一般群众(12.4%)<br>中共党员(2.7%)<br>共青团员(84.9%) | 本省农村户籍(34.2%)<br>本省城镇户籍(38.9%)<br>外省农村户籍(16.1%)<br>外省城镇户籍(10.7%) |
| 大二 | 350 | 男(18.3%)<br>女(81.7%) | 31-34岁(2.0%)<br>26-30岁(0.9%)<br>21-25岁(26.0%)<br>15-20岁(71.1%) | 汉族(50.3%)<br>少数民族(49.7%) | 未婚(97.4%)<br>已婚(1.7%)<br>离婚或丧偶(0.3%)<br>其他(0.6%) | 没有(98.0%)<br>一个(0.6%)<br>两个(0.6%)<br>两个以上(0.9%) | 文盲或小学未毕业(1.7%)<br>小学毕业(1.1%)<br>初中毕业(0.3%)<br>高中、中专或技校、职校毕业(3.1%)<br>大学或本科毕业(93.7%) | 一般群众(5.4%)<br>中共党员(1.7%)<br>共青团员(92.9%) | 本省农村户籍(30.9%)<br>本省城镇户籍(44.0%)<br>外省农村户籍(9.1%)<br>外省城镇户籍(16.0%) |
| 大三 | 73人 | 男(15.1%)<br>女(84.9%) | 31-34岁(2.7%)<br>21-25岁(63.0%)<br>15-20岁(34.2%) | 汉族(76.7%)<br>少数民族(23.3%) | 未婚(98.6%)<br>已婚(1.4%) | 没有(94.5%)<br>一个(4.1%)<br>两个以上(1.4%) | 文盲或小学未毕业(2.7%)<br>小学毕业(1.4%)<br>初中毕业(11.0%)<br>高中、中专或技校、职校毕业(2.7%)<br>大学或本科毕业(80.8%)<br>研究生毕业(1.4%) | 一般群众(12.4%)<br>中共党员(2.7%)<br>共青团员(84.11%) | 本省农村户籍(37.0%)<br>本省城镇户籍(49.3%)<br>外省农村户籍(5.5%)<br>外省城镇户籍(8.2%) |

| 单位 | 人数 | 性别 | 年龄 | 民族 | 婚姻情况 | 是否有孩子 | 文化程度 | 政治面貌 | 户籍情况 |
|---|---|---|---|---|---|---|---|---|---|
| 公务员 | 123人 | 男 (56.9%) 女 (43.1%) | 26-30岁 (17.1%) 21-25岁 (78.0%) 15-20岁 (4.9%) | 汉族 (74.0%) 少数民族 (26.0%) | 未婚 (91.9%) 已婚 (7.3%) 离婚或丧偶 (0.8%) | 没有 (93.5%) 一个 (4.9%) 两个 (0.8%) 两个以上 (0.8%) | 文盲或小学未毕业 (4.1%) 小学毕业 (0.8%) 初中毕业 (1.6%) 高中、中专或技校、职校毕业 (3.3%) 大学或本科毕业 (90.2%) | 一般群众 (13.8%) 中共党员 (20.3%) 共青团员 (65.9%) | 本省农村户籍 (23.6%) 本省城镇户籍 (65.9%) 外省农村户籍 (5.7%) 外省城镇户籍 (4.9%) |
| 培训中心 | 134人 | 男 (56.0%) 女 (44.0%) | 31-34岁 (2.2%) 26-30岁 (8.2%) 21-25岁 (53.7%) 15-20岁 (35.8%) | 汉族 (11.9%) 少数民族 (88.1%) | 未婚 (94.0%) 已婚 (2.2%) 离婚或丧偶 (2.2%) 其他 (1.5%) | 没有 (95.5%) 一个 (1.5%) 两个以上 (3.0%) | 文盲或小学未毕业 (11.9%) 小学毕业 (2.2%) 初中毕业 (51.5%) 高中、中专或技校、职校毕业 (21.6%) 大学或本科毕业 (12.7%) | 一般群众 (65.7%) 中共党员 (9.0%) 共青团员 (22.4) 民主党派 (3.0%) | 本省农村户籍 (53.7%) 本省城镇户籍 (20.1%) 外省农村户籍 (19.4%) 外省城镇户籍 (6.7%) |

## 一、当前新疆青年生存发展的基本情况

### (一)关于社会环境和公共事务方面(详见附表3)

绝大多数受访者对社会环境和公共事务的观点都是正面的。被访者的基本社会观、生活观、都是比较正确的;其对家庭、社会、学校等方面的预期和自我奋斗都有正确的理解。

1. 在回答"为改变个人社会地位主要途径应该是什么"这一问题时,青年们普遍认同有"真才实学、勤奋工作"(47.2%),积极向上的"精神追求"(33.3%),"有良好的人际关系"(11.3%)这三方面。他们对生活的看法非常乐观,喜欢简单的人际关系。通过他们的回答,可以看出他们精神面貌良好,积极上进,乐观勤奋,追求通过自身的努力取得成绩。既有自己独立的一面,也懂得互相扶持。

公务员的回答是:有真才实学、勤奋工作(46.3%),积极向上的精神追求(26.0%),有良好的人际关系(14.6%),有钱财(6.5%),领导器重、提拔(4.1%)。即表明公务员们希望主要依靠真才实学、勤奋工作来改变社会地位,可见他们看重文化素质,能够踏实工作,而积极进取的良好态度对他们今后的发展是十分有利的;同时,他们对人际关系和领导的器重也很重视,但选择有钱财的比例高于选择领导重视的比例,可能他们认为钱财更容易改变一个人的社会地位。

大学生的回答更加集中于正向的选项:"有真才实学、勤奋工作"(51.7%),"积极向上的精神追求"(30.5%),"有良好的人际关系"(9.3%)。选择"有真才实学、勤奋工作"的超过一半,可见他们十分重视真才实学、勤奋工作,希望通过自身的努力达到自己所追求的社会地位,这也符合在校大学生的主流价值取向。同时,在精神方面,大学生也有较高的需求。对物质和精神双重满足的追求,充分体现了大学生的高素质。

职业技能培训学员的回答和大学生非常接近:有真才实学、勤奋工作(51.5%),积极向上的精神追求(31.3%),领导器重(7.5%),有钱财(5.2%)。表明他们的文化程度不高,十分珍惜来之不易的培训学习机会,渴望用自己的辛勤劳动创造出自己的理想成果。

## 附表3 "社会环境和公共事务"调查表

| 单位 | 人数 | 当您有困难时下列的人或机构帮助了您吗？ | | | | | 您对社会各方面现状的评价 | | | | 展望十二五您本人最迫切希望的改善 | | | | | 改变个人社会地位的主要途径是什么？ | | |
|---|---|---|---|---|---|---|---|---|---|---|---|---|---|---|---|---|---|---|
| | | 问题对象 | 完全不同意 | 说不准 | 同意 | 完全同意 | 社会现状 | 不好 | 一般 | 好 | 迫切希望 | 完全符合 | 符合 | 说不准 | 不符 | 完全不符 | 途径 | 个人认为 | 他人 |
| 大一 298人 | | 父母 | 12.4% | 4.4% | 16.1% | 43.3% | 23.8% | 党群关系 | 14.8% | 35.2% | 50.0% | 收入增长 | 17.8% | 39.9% | 30.9% | 9.4% | 2.0% | 精神追求 | 37.6% | 32.2% |
| | | 兄弟姐妹 | 15.4% | 5.7% | 19.8% | 44.0% | 15.1% | 政群民主 | 17.8% | 41.6% | 40.6% | 增加就业机会 | 23.5% | 39.6% | 28.5% | 5.7% | 2.7% | 真才实学 | 45.3% | 35.2% |
| | | 丈夫、妻子或恋人 | 18.5% | 8.7% | 31.5% | 34.2% | 7.0% | 党的领导 | 17.1% | 36.9% | 46.0% | 完善住房保障 | 22.5% | 41.6% | 26.8% | 7.4% | 1.7% | 人际关系 | 12.1% | 17.4% |
| | | 同伴、朋友、同学 | 15.4% | 7.4% | 25.2% | 41.7% | 10.1% | 干部廉政 | 28.9% | 46.3% | 24.8% | 降低医疗费用 | 25.5% | 39.6% | 27.9% | 5.0% | 2.0% | 领导器重 | 2.0% | 5.7% |
| | | 老师、领导师傅 | 15.4% | 6.4% | 26.2% | 41.9% | 10.1% | 政府信息 | 22.5% | 52.3% | 25.2% | 扩大医保覆盖 | 25.2% | 41.6% | 24.8% | 6.0% | 2.5% | 有钱财 | 1.3% | 4.0% |
| | | 网友、笔友 | 23.2% | 17.8% | 41.9% | 15.4% | 1.7% | 依法维权 | 20.8% | 51.0% | 28.2% | 稳定物价 | 27.2% | 37.9% | 23.8% | 9.4% | 1.7% | 有权势 | 1.7% | 5.4% |
| | | 党、团、工、妇组织 | 19.1% | 12.1% | 27.2% | 32.9% | 8.7% | 媒体导向 | 21.8% | 53.0% | 25.2% | 关注低收入群体 | 26.2% | 42.3% | 23.8% | 6.7% | 1.0% | 不知道 | 35.6% | |
| | | 社区委员会等 | 18.1% | 9.1% | 30.2% | 36.2% | 6.4% | 理想信仰 | 14.4% | 51.0% | 34.6% | 加强未成年人教育 | 28.3% | 43.3% | 20.8% | 6.7% | 1.0% | 知道 | 64.4% | |
| | | 义工、志愿者 | 19.5% | 8.1% | 36.6% | 31.2% | 4.7% | 社会和谐 | 18.1% | 54.0% | 27.5% | 关注留守儿童教育 | 26.2% | 41.6% | 24.2% | 7.0% | 1.0% | 对十二五规划的了解情况 | | |
| | | | | | | | | 社会道德 | 27.9% | 51.0% | 21.1% | 农村养老保险 | 27.9% | 43.0% | 23.2% | 4.4% | 1.7% | | | |
| | | | | | | | | 劳动就业 | 33.6% | 48.3% | 18.1% | 父母异地养老 | 27.5% | 42.3% | 22.5% | 6.0% | 1.7% | 完全不了解 | 33.6% | |
| | | 心理咨询老师 | 20.1% | 10.7% | 29.9% | 32.2% | 7.0% | 社会保障 | 24.8% | 49.3% | 25.8% | 改革异地户籍管理 | 27.4% | 39.9% | 29.9% | 6.0% | 1.0% | | | |
| | | | | | | | | 医疗收费 | 36.6% | 44.6% | 18.8% | 流动人口服务管理 | 23.2% | 41.6% | 29.5% | 7.0% | 0.7% | | | |
| | | | | | | | | 教育公平 | 28.5% | 46.0% | 25.5% | | | | | | | 有些了解 | 63.1% | |
| | | 宗教团体 | 31.2% | 22.8% | 25.5% | 17.4% | 3.0% | 家庭和谐 | 13.8% | 40.6% | 45.6% | 依法行政 | 26.5% | 44.3% | 24.5% | 4.0% | 0.7% | | | |
| | | | | | | | | 食品安全 | 38.3% | 47.2% | 14.4% | | | | | | | 完全了解 | 3.4% | |

| 单位 | 人数 | 当您有困难时下列的人或机构帮助了您吗? | | | | | | 您对社会各方面现状的评价 | | | | 展望十二五您本人最迫切希望的改善 | | | | | | 改变个人社会地位的主要途径是什么? | | |
|---|---|---|---|---|---|---|---|---|---|---|---|---|---|---|---|---|---|---|---|---|
| | | 问题对象 | 完全不同意 | 不同意 | 说不准 | 同意 | 完全同意 | 社会现状 | 不好 | 一般 | 好 | 迫切希望 | 完全符合 | 符合 | 说不准 | 不符 | 完全不符 | 途径 | 个人认为 | 他人 |
| 大二 | 350人 | 父母 | 7.7% | 2.3% | 12.3% | 44.9% | 32.9% | 党群关系 | 7.1% | 53.1% | 39.7% | 收入增长 | 10.6% | 38.9% | 42.9% | 6.0% | 1.7% | 精神追求 | 34.0% | 27.7% |
| | | 兄弟姐妹 | 7.7% | 3.7% | 19.4% | 44.6% | 24.6% | 政治民主 | 9.7% | 52.9% | 37.4% | 增加就业机会 | 14.0% | 41.1% | 36.6% | 6.3% | 2.0% | 真才实学 | 46.3% | 36.3% |
| | | 丈夫、妻子或恋人 | 12.0% | 4.6% | 34.6% | 34.3% | 14.6% | 党的领导 | 8.0% | 49.4% | 42.6% | 完善住房保障 | 16.6% | 38.3% | 34.6% | 9.4% | 1.1% | 人际关系 | 12.3% | 15.1% |
| | | 同伴、朋友、同学 | 6.0% | 3.1% | 32.6% | 45.4% | 12.9% | 干部廉政 | 24.0% | 51.7% | 24.3% | 降低医疗费用 | 21.4% | 39.4% | 30.0% | 6.9% | 2.3% | 领导器重 | 2.9% | 8.0% |
| | | 老师、领导师傅 | 7.1% | 5.7% | 32.3% | 44.3% | 10.6% | 政府信息 | 18.0% | 56.3% | 25.7% | 扩大医保覆盖 | 19.4% | 41.4% | 30.0% | 8.0% | 1.1% | 有钱财 | 3.4% | 7.1% |
| | | 网友、笔友 | 19.7% | 20.6% | 45.4% | 11.1% | 3.1% | 依法维权 | 15.4% | 55.4% | 29.1% | 稳定物价 | 18.6% | 38.6% | 32.9% | 8.3% | 1.7% | 有权势 | 1.1% | 5.7% |
| | | 党、团、工、妇组织 | 11.4% | 9.4% | 32.9% | 37.1% | 9.1% | 媒体导向 | 14.9% | 61.7% | 23.4% | 关注低收入群体 | 19.4% | 38.3% | 34.0% | 6.9% | 1.1% | 不知道 | 48.6% | |
| | | 社区委员会等 | 11.4% | 10.0% | 34.9% | 37.7% | 6.0% | 理想信仰 | 8.9% | 55.7% | 35.4% | 加强未成年人教育 | 19.7% | 42.3% | 32.9% | 4.0% | 1.4% | 对十二五规划的了解情况 | | |
| | | | | | | | | 社会和谐 | 9.7% | 64.0% | 26.3% | 关注留守儿童教育 | 20.9% | 40.6% | 31.1% | 5.1% | 2.3% | 知道 | 51.4% | |
| | | 义工、志愿者 | 10.9% | 12.0% | 40.6% | 31.4% | 5.1% | 社会道德 | 19.4% | 59.7% | 20.9% | 农村养老保险 | 22.6% | 40.3% | 32.9% | 3.7% | 1.4% | 完全不了解 | 37.4% | |
| | | | | | | | | 劳动就业 | 28.9% | 53.7% | 17.4% | 父母异地养老 | 21.4% | 38.6% | 34.3% | 6.0% | 1.1% | | | |
| | | 心理咨询老师 | 13.1% | 12.6% | 35.7% | 32.9% | 5.7% | 社会保障 | 16.9% | 60.3% | 22.9% | 改革户籍管理 | 16.3% | 43.1% | 35.7% | 5.1% | 1.1% | 有些了解 | 61.7% | |
| | | | | | | | | 医疗收费 | 38.0% | 46.6% | 15.4% | 流动人口服务管理 | 15.7% | 41.4% | 35.7% | 5.4% | 1.7% | | | |
| | | 宗教团体 | 28.9% | 24.3% | 31.4% | 11.7% | 3.7% | 教育公平 | 20.3% | 54.6% | 25.1% | 依法行政 | 18.0% | 42.3% | 33.1% | 4.9% | 1.7% | 完全不了解 | 0.9% | |
| | | | | | | | | 家庭和谐 | 5.4% | 40.6% | 54.0% | | | | | | | | | |
| | | | | | | | | 食品安全 | 33.7% | 54.0% | 12.3% | | | | | | | | | |

| 单位 | 人数 | 当您有困难时下列的人或机构帮助了您吗? | | | | | 您对社会各方面现状的评价 | | | | 展望十二五您本人最迫切希望的改善 | | | | | 改变个人社会地位的主要途径是什么? | | |
|---|---|---|---|---|---|---|---|---|---|---|---|---|---|---|---|---|---|---|
| | | 询问对象 | 完全不同意 | 不同意 | 说不准 | 同意 | 完全同意 | 社会现状 | 不好 | 一般 | 好 | 迫切希望 | 完全符合 | 符合 | 说不准 | 不符 | 完全不符 | 途径 | 个人认为 | 他人 |
| 大三 | 76人 | 父母 | 6.8% | 2.7% | 13.7% | 46.6% | 30.1% | 党群关系 | 2.7% | 63.0% | 34.2% | 收入增长 | 9.6% | 38.4% | 45.2% | 5.5% | 1.4% | 精神追求 | | 31.5% |
| | | 兄弟姐妹 | 9.6% | 5.5% | 20.5% | 42.5% | 21.9% | 政治民主 | 4.1% | 65.8% | 30.1% | 增加就业机会 | 8.2% | 46.6% | 38.4% | 5.5% | 1.4% | 真才实学 | | 52.1% |
| | | 丈夫、妻子或恋人 | 12.3% | 5.5% | 27.4% | 38.4% | 16.4% | 党的领导 | 5.5% | 58.9% | 35.6% | 完善住房保障 | 8.2% | 42.5% | 41.1% | 6.8% | 1.4% | 人际关系 | | 9.6% |
| | | 同伴、朋友、同学 | 9.6% | 4.1% | 21.9% | 52.1% | 12.3% | 干部廉政 | 19.2% | 63.0% | 17.8% | 降低医疗费用 | 8.2% | 45.2% | 32.9% | 11.0% | 2.7% | 领导器重 | | 2.7% |
| | | 老师、领导师傅 | 8.2% | 9.6% | 31.5% | 45.2% | 5.5% | 政府信息 | 20.5% | 60.3% | 19.2% | 扩大医保覆盖 | 8.2% | 47.9% | 32.9% | 5.5% | 5.5% | 有钱财 | | 1.4% |
| | | 网友、笔友 | 13.7% | 24.7% | 39.7% | 19.2% | 2.7% | 依法维权 | 11.0% | 69.9% | 19.2% | 稳定物价 | 15.1% | 37.0% | 37.0% | 6.8% | 4.1% | 有权势 | | 2.7% |
| | | 党、团、工、妇组织 | 13.7% | 19.2% | 30.1% | 31.5% | 5.5% | 媒体导向 | 5.5% | 65.8% | 21.9% | 关注低收入人群 | 13.7% | 35.6% | 35.6% | 8.2% | 4.1% | 不知道 | | 52.1% |
| | | 社区委员会等 | 13.7% | 11.0% | 32.9% | 39.7% | 2.7% | 理想信仰 | 5.5% | 65.8% | 28.8% | 加强未成年人教育 | 12.3% | 42.5% | 35.6% | 2.7% | 5.5% | 对十二五规划的了解情况 | | |
| | | | | | | | | 社会和谐 | 4.1% | 72.6% | 23.3% | 关注留守儿童教育 | 12.3% | 43.8% | 37.0% | 2.7% | 5.5% | | | |
| | | 义工、志愿者 | 12.3% | 11.0% | 46.6% | 27.4% | 2.7% | 社会道德 | 11.0% | 72.6% | 16.4% | 农村养老保险 | 12.3% | 41.1% | 34.2% | 4.1% | 5.5% | 知道 | | 47.9% |
| | | | | | | | | 劳动就业 | 17.8% | 65.8% | 16.4% | 父母异地养老 | 15.1% | 41.1% | 34.2% | 6.8% | 2.7% | | | |
| | | 心理咨询老师 | 12.3% | 13.7% | 35.6% | 32.9% | 5.5% | 社会保障 | 13.7% | 71.2% | 15.1% | 改革户籍管理 | 12.3% | 41.1% | 35.6% | 6.8% | 4.1% | 完全不了解 | | 26.0% |
| | | | | | | | | 医疗收费 | 31.5% | 56.2% | 12.3% | 流动人口服务管理 | 11.0% | 38.4% | 39.7% | 5.5% | 5.5% | | | |
| | | | | | | | | 教育公平 | 19.2% | 57.5% | 23.3% | | | | | | | 有些了解 | | 74.0% |
| | | 宗教团体 | 24.7% | 16.4% | 34.2% | 20.5% | 4.1% | 家庭和谐 | 5.5% | 50.7% | 43.8% | 依法行政 | 12.3% | 45.2% | 32.9% | 5.5% | 4.1% | | | |
| | | | | | | | | 食品安全 | 34.2% | 53.4% | 12.3% | | | | | | | 完全了解 | | 0.0% |

| 单位 | 人数 | 当您有困难时下列的人或机构帮助了您吗？ | | | | | | 您对社会各方面现状的评价 | | | | 展望十二五您本人最迫切希望的改善 | | | | | | 改变个人社会地位的主要途径是什么？ | | |
|---|---|---|---|---|---|---|---|---|---|---|---|---|---|---|---|---|---|---|---|---|
| | | 问题对象 | 完全不同意 | 不同意 | 说不准 | 同意 | 完全同意 | 社会现状 | 不好 | 一般 | 好 | 迫切希望 | 完全符合 | 符合 | 说不准 | 不符 | 完全不符 | 途径 | 个人认为 | 他人 |
| 公务员 | 126人 | 父母 | 6.5% | 1.6% | 14.6% | 48.8% | 28.8% | 党群关系 | 11.4% | 58.5% | 30.1% | 收入增长 | 8.9% | 37.4% | 33.3% | 6.3% | 4.1% | 精神追求 | | 26.0% |
| | | 兄弟姐妹 | 4.1% | 1.6% | 22.8% | 56.9% | 14.6% | 政治民主 | 10.6% | 58.5% | 30.9% | 增加就业机会 | 9.8% | 43.9% | 30.1% | 4.6% | 1.6% | 真才实学 | | 46.3% |
| | | 丈夫、妻子或恋人 | 8.9% | 1.6% | 22.8% | 52.8% | 13.8% | 党的领导 | 6.5% | 52.8% | 40.7% | 完善住房保障 | 13.8% | 34.1% | 29.3% | 18.7% | 4.1% | 人际关系 | | 14.6% |
| | | 同伴、朋友、同学 | 4.9% | 2.4% | 35.8% | 48.0% | 8.9% | 干部廉政 | 27.6% | 59.3% | 13.0% | 降低医疗费用 | 17.1% | 39.0% | 26.8% | 13.0% | 4.1% | 领导器重 | | 4.1% |
| | | 老师、领导师傅 | 4.9% | 2.4% | 43.9% | 43.1% | 5.7% | 政府信息 | 22.8% | 64.2% | 13.0% | 扩大医保覆盖 | 16.3% | 39.8% | 29.3% | 11.4% | 3.3% | 有钱财 | | 6.5% |
| | | 网友、笔友 | 17.9% | 25.2% | 46.3% | 9.8% | 0.8% | 依法维权 | 25.2% | 58.8% | 16.3% | 稳定物价 | 18.7% | 38.2% | 24.4% | 16.3% | 8.4% | 有权势 | | 2.4% |
| | | 党、团、工、妇组织 | 14.6% | 12.2% | 43.2% | 27.6% | 2.4% | 媒体导向 | 19.5% | 63.4% | 17.1% | 关注低收入人群体 | 17.9% | 35.8% | 26.0% | 18.7% | 1.6% | 不知道 | | 27.6% |
| | | | | | | | | 理想信仰 | 1.0% | 66.7% | 22.0% | 加强未成年人教育 | 16.3% | 39.9% | 22.8% | 17.9% | 3.3% | 知道 | | 72.4% |
| | | 社区委员会等 | 17.1% | 13.8% | 42.3% | 25.2% | 1.6% | 社会和谐 | 12.2% | 66.7% | 21.1% | 关注留守儿童教育 | 17.9% | 37.4% | 25.2% | 15.4% | 4.1% | 对十二五规划的了解情况 | | |
| | | | | | | | | 社会道德 | 22.8% | 62.6% | 10.6% | 农村养老保险 | 21.1% | 40.7% | 23.6% | 12.2% | 2.4% | 完全不了解 | | 17.1% |
| | | 义工、志愿者 | 15.4% | 15.4% | 48.0% | 19.5% | 1.7% | 劳动就业 | 22.8% | 61.8% | 15.4% | 父母异地养老 | 19.5% | 33.3% | 23.0% | 17.1% | 6.5% | | | |
| | | | | | | | | 社会保障 | 22.8% | 59.3% | 17.9% | 改革户籍管理 | 13.0% | 39.0% | 28.5% | 17.1% | 2.4% | | | |
| | | 心理咨询老师 | 12.2% | 14.6% | 44.3% | 24.4% | 4.1% | 医疗收费 | 41.5% | 38.2% | 20.3% | 流动人口服务管理 | 9.8% | 40.7% | 26.0% | 21.0% | 2.4% | 有些了解 | | 80.5% |
| | | | | | | | | 教育公平 | 29.3% | 55.3% | 15.4% | 依法行政 | 15.4% | 38.2% | 28.5% | 17.1% | 0.8% | | | |
| | | 宗教团体 | 22.8% | 23.6% | 35.8% | 17.0% | 0.8% | 家庭和谐 | 3.3% | 61.0% | 35.8% | | | | | | | 完全了解 | | 2.4% |
| | | | | | | | | 食品安全 | 42.3% | 51.0% | 6.5% | | | | | | | | | |

| 单位 | 人数 | 当您有困难时下列的人或机构帮助了您吗？ | | | | | 您对社会各方面现状的评价 | | | | 展望十二五您本人最迫切希望的改善 | | | | | 改变个人社会地位的主要途径是什么？ | | |
|---|---|---|---|---|---|---|---|---|---|---|---|---|---|---|---|---|---|---|
| | | 问题对象 | 完全不同意 | 说不准 | 同意 | 完全同意 | 社会现状 | 不好 | 一般 | 好 | 迫切希望 | 完全符合 | 符合 | 说不准 | 不符 | 完全不符 | 途径 | 个人认为 | 他人 |
| 培训中心 | 134人 | 父母 | 10.4% | 12.7% | 45.5% | 26.9% | 党群关系 | 7.5% | 52.2% | 40.3% | 收入增长 | 24.6% | 28.4% | 28.4% | 8.2% | 10.4% | 精神追求 | 31.3% | |
| | | 兄弟姐妹 | 9.7% | 18.7% | 47.8% | 20.1% | 政治民主 | 4.5% | 59.0% | 36.6% | 增加就业机会 | 23.1% | 29.9% | 29.1% | 6.7% | 11.2% | 真才实学 | 51.5% | |
| | | 丈夫、妻子或恋人 | 15.7% | 19.4% | 33.6% | 20.1% | 党的领导 | 8.2% | 50.0% | 41.8% | 完善住房保障 | 19.4% | 28.4% | 33.6% | 8.2% | 10.4% | 人际关系 | 3.7% | |
| | | 同伴、朋友、同学 | 9.7% | 22.4% | 46.3% | 11.9% | 干部廉政 | 12.7% | 64.2% | 23.1% | 降低医疗费用 | 19.4% | 29.4% | 29.1% | 9.7% | 13.4% | 领导器重 | 7.5% | |
| | | 老师、领导师傅 | 9.7% | 24.6% | 39.6% | 15.7% | 政府信息 | 11.9% | 67.2% | 20.9% | 扩大医保覆盖 | 19.4% | 29.9% | 30.6% | 6.7% | 13.4% | 有钱财 | 5.2% | |
| | | 网友、笔友 | 14.2% | 36.6% | 32.1% | 6.7% | 依法维权 | 11.9% | 53.7% | 34.3% | 稳定物价 | 26.9% | 22.4% | 29.9% | 11.9% | 9.0% | 有权势 | 0.7% | |
| | | 党、团、工、妇组织 | 9.7% | 23.1% | 46.3% | 11.2% | 媒体导向 | 11.9% | 64.9% | 23.1% | 关注低收入群体 | 25.4% | 17.2% | 34.3% | 11.9% | 11.9% | 不知道 | 82.1% | |
| | | 社区委员会等 | 10.4% | 29.1% | 44.0% | 11.9% | 理想信仰 | 10.4% | 63.4% | 26.1% | 加强未成年人教育 | 24.6% | 23.9% | 29.1% | 8.2% | 14.2% | 知道 | 17.9% | |
| | | | | | | | 社会和谐 | 11.2% | 55.2% | 33.6% | 关注留守儿童教育 | 23.1% | 26.9% | 29.1% | 7.5% | 13.4% | | | |
| | | 义工、志愿者 | 11.2% | 32.1% | 40.3% | 3.7% | 社会道德 | 8.2% | 66.4% | 25.4% | 农村养老保险 | 20.9% | 23.9% | 29.9% | 13.4% | 11.9% | 对十二五规划的了解情况 | | |
| | | | | | | | 劳动就业 | 10.4% | 59.7% | 29.9% | | | | | | | 完全不了解 | 55.2% | |
| | | 心理咨询老师 | 9.7% | 30.6% | 40.3% | 9.0% | 社会保障 | 9.0% | 62.7% | 28.4% | 父母异地养老 | 24.6% | 25.4% | 28.4% | 11.9% | 9.7% | | | |
| | | | | | | | 医疗收费 | 14.9% | 54.5% | 30.6% | 改革户籍管理 | 23.1% | 26.9% | 28.4% | 9.0% | 12.7% | 有些了解 | 38.8% | |
| | | | | | | | 教育公平 | 12.7% | 53.7% | 33.6% | 流动人口服务管理 | 19.4% | 24.6% | 32.1% | 11.9% | 11.9% | | | |
| | | 宗教团体 | 12.7% | 33.6% | 35.1% | 8.2% | 家庭和谐 | 7.5% | 42.5% | 50.0% | 依法行政 | 22.4% | 26.9% | 26.1% | 11.9% | 12.7% | 完全了解 | 6.0% | |
| | | | | | | | 食品安全 | 16.4% | 53.7% | 29.9% | | | | | | | | | |

三类人相比较来看，都崇尚通过自身努力和拥有积极的精神追求来实现自身价值，改变社会地位。同时也考虑到社会的现实情况，认同人际关系、钱财和领导的重视这些因素对自身发展的促进作用。但职业技能培训学员比公务员更看重领导器重、提拔这一情况值得深思。

2. 在回答"周围的人靠什么途径改变社会地位"这一问题时，被访者仍普遍认同有真才实学、勤奋工作（35.3%），积极向上的精神追求（28.2%），有良好的人际关系（17.4%）这三方面。由此可见，在提升社会地位这方面，大多数新疆青年都有正确的价值观做导向，心态良好；在社会竞争中处良性发展趋势。他们有较强的平等意识，希望生活在公平公正的和谐社会里。

公务员主要的回答有良好的人际关系（28.5%），真才实学、勤奋工作（24.4%），积极向上的精神追求（17.1%），领导器重、提拔（11.4%），有权势（9.8%），有钱财（8.9%）等这六方面。可以看出，他们根据自己的实际情况做出了回答。他们认为"良好的人际关系"对改变社会关系是最重要的，他人社会地位的提高不仅是自身的努力的结果，还依赖于领导的赏识、权势和钱财。因此，他们今后的发展也可能会受到经济、权势、人际关系等因素的制约。

大学生的回答集中在有真才实学、勤奋工作（52.1%），积极向上的精神追求（31.5%），有良好的人际关系（9.6%）这三方面。他们的回答与公务员差别很大，反应出了在校学生这一人群的真实心态及特点。这点与走入社会的人有着较大的区别，学生气息很明显。同时也表明了他们保持着积极乐观的心态，希望生活在公平公正的社会里。

职业技能培训学员的回答有真才实学、勤奋工作（41.0%），积极向上的精神追求（35.1%），有良好的人际关系（11.2%），领导器重、提拔（9.0%）等这四方面。表明他们认同周围的人主要依靠真才实学、勤奋工作而改变了自身的社会地位（这点与其职业较为相符），人们在依靠自己不断提升实力的同时，一定程度上也需要良好的人脉和领导们（师傅、老师）的关心和培养，才能获得改变自己命运的机会。周围相对良好的工作环境和良性循环的竞争氛围，能够对这部分青年起到激励和促进作用，多靠自己本事吃饭，少投机取巧，有利于他们在以服务性行业为主的领域中更好地发挥才智，做出成绩。

3. 在回答"当你有困难时，下列的人或机构帮助了您"这一问题时，很多人认为父母亲（28.4%）、兄弟姐妹（19.6%）、丈夫或恋人

（13.1%）、同事朋友（11.3%）等人给予自己在生活方面的帮助较大，而党团工会妇联（8.3%）、学生会等机构组织（6.1%）也不同程度的给与了他们帮助。将前三组数据进行综合分析，可以得出有61.1%的人重视来自家庭方面的帮助，比例非常高。表明在遇到困难时，家庭会给与其最多的帮助，是个人获取帮助的最主要方面。青年对家庭的依赖远远超过对其他方面的依赖。因此必须要注视家庭因素的影响，这可能也与中国偏爱区分亲疏远近关系的传统有关。同时，从回答的结果来看，绝大多数人在有困难的时候都能受到帮助和支持，表明大家生活在互帮互助、团结友爱的和谐氛围中，各民族同胞们共同享受着在社会主义大家庭里暖暖的温情。

值得注意的是：数据显示有3.8%的人会得到来自宗教团体的帮助，虽然考虑到新疆的宗教信仰问题，但仍需要引起重视。尤其是大学生，受到宗教团体的帮助，从大一到大三（3.0%、3.7%、4.1%）呈现出增长的趋势，表明随着年级增加，大学生对宗教团体的依靠程度也在增加，这种情况的出现需要进行重点关注。对于职业培训学员来说，选择宗教团体的比例为8.2%，远高于公务员和大学生，一方面因为大部分学员是少数民族学生，另一方面也说明宗教对于学历层次低的学生的影响力更大。

此外，网络、传媒的作用也不能忽视，这点从2.9%的人得到网友、笔友的帮助中可以看出。大众传媒正在发挥作用，并有可能会成为最主要的沟通方式之一。

对于公务员来说，得到帮助最高的三个选项分别为：父母亲（28.8%）、兄弟姐妹（14.6%）、丈夫或恋人（13.8%），即来自家庭方面的帮助占了很大的部分，可见他们首先想到的是父母亲给予自己莫大的关心和支持，同时，自己也很重视家庭给予的帮助。同伴、朋友（8.9%）、党团工会妇联（8.4%、2.4%）、社区居委会、村委会、学生会等机构组织（6.6%、1.6%）所占比例虽然比不上家庭方面，但仍然是其获得帮助的重要来源，不能忽视。能够及时解决自身在生活中遇到的困难和麻烦。这有利于他们更好地干好行政工作，更好地为人民服务。

从大学生的选择来看，父母亲：75.8%（同意：45.7%，完全同意：30.1%）；兄弟姐妹：60.6%（同意：40.5%，完全同意：20.1%）；丈夫或恋人：55.9%（同意：36.4%，完全同意：19.5%），可以看出，来自家庭方面的帮助同样占了非常大的比例。可能由于地区、文化、传统差异，在校学生结婚组建家庭的较多，情况较为特殊。在校生活的大学生还不能完全的独立，仍要依靠来自家庭（父母、兄弟姐妹、妻子丈夫）的支持和帮助，这一比例反映了在校大学生的普遍情况。同时，大学生对朋友、同学：60%（同意：51.6%，完全同意：8.4%）也非常依赖。党团工会妇联（6.5%）、心理咨询老师（11.6%）、社区居委会、村委会、学生会等机构组织（3.4%）也对大学生有一定的帮助。其中，心理咨询老师及时解决了在生活中遇到的困难和烦恼，对于在校大学生，心理咨询老师有着较为重要的作用，应该多设立类似的组织解决学生的实际困难。

对于职业技能培训学员来说，他们主要的选择了父母亲（26.9%）、兄弟姐妹（20.1%）、丈夫或恋人（20.1%）。虽然比例明显低于大学生群体，但从数据中可以看出，仍然是家庭帮助的比例最高。老师（15.7%）、同事朋友（11.9%）等人给予他们在生活、学习等方面的帮助也占了较大的比例。相比较大学生和公务员，这部分人对家庭的依赖程度大于公务员，与大学生基本一致。他们对丈夫和恋人的依赖程度很高，比父母仅低六个百分点，可以看出，他们较为偏向于自己的小家庭。社区居委会、村委会、学生会等机构组织（11.9%）、党团工会妇联（11.2%）、心理咨询老师（9.0%）的比例也高于上述两类人群。宗教团体（8.2%）占有很高的比例，远高于公务员和大学生。因接受培训的学员中大部分是少数民族学生，宗教团体给予了他们较多的关怀。

4. 在回答"您对社会各方面的现状评价怎样中的十六个小问题"问题时，主要针对其中的医疗收费（34.4%）、食品安全（33.8%）、劳动就业（26.2%）、干部廉政（24.1%）、教育公平（22.7%）、社会道德（20.2%）等问题十分关注，普遍回答"不好"。他们所关心的问题关系到他们的切身利益和自身的顺利成长。可以看出青年对社会重点问题的关注，尤其是近年来的突出问题，例如食品安全、就业、医疗等，与整个社会所重视的热点问题较为一致。表明青年的发展并没有与社会脱节，而是受到媒体特别是网络媒体的较大影响。但是如此高的不合格率，也反映出了政府和国家在这方面抓的力度还是不够，要引起有关部门的重视。同时，这些社会各方面的现状的改善有利于社会的和谐稳定与发展。

公务员来对党的领导（40.7%）、家庭和谐（35.8%）、政治民主（30.9%）、党群关系（30.1%）、理想信仰（22.0%）等问题选择了"好"选项。可见他们比较认可党的建设、党群关系、干群关系。但是作为公务员这一相对较为特殊的群体，即和国家政府部门联系非常紧密的这一部分人，选择党的领导、政治民主、党群关系三个选项"不好"的比例分别为：6.5%、10.6%、11.4%。比例已经相当高，再考虑到新疆地区的特殊情况，这必须要引起重视。从数据上看，公务员对食品安全的评价与总体上的评价相差较大，选"好"的人只有6.5%。在三类人中对食品安全最不满意。

大学生们对家庭和谐（43.8%）、党的领导（35.6%）、党群关系（34.2%）、政治民主（30.1%）、理想信仰（28.8%）等问题选择了"好"的选项，其中家庭和谐所占的比例最高。反映了大学生的特殊生活状况决定，即对家庭较为依赖。大学生不仅重视家庭的和谐，对我国的政治的相关问题也十分重视，希望这些社会现状得以改善。但特殊的情况是，随着年级提高、知识的增长、个人水平的提高，大一到大三，对党的领导、党群关系、政治民主的满意程度（46.0%、50.0% 、40.6%；42.6%、39.7% 、37.4%；35.6% 、34.2%、30.1%）呈现出递减的趋势，原因值得深思。同时，对于医疗收费和食品安全分别有32.5%和35.2%的大学生认为"不好"，在十六个问题中被选比例最高，说明大学生虽然在学校生活，但他们关注和重视部分社会问题。

对职业技能培训学员来说，主要对家庭和谐（50.0%）、党的领导（41.8%）、党群关系（40.3%）、政治民主（36.6%）、教育公平（33.6%）、医疗收费（30.6%）、食品安全（29.9%）等问题选择了"好"，家庭的和谐仍然是他们最认可的。

5. 在回答"您是否知道我国十二五发展规划已经颁布"这一问题时，一半以上的人回答"知道"（53.2%），但同时也有近五成的人"不知道"（46.8%）。表明青年们虽然拥有爱国热情，但对国家大事并不是非常关注。可见，他们社会责任感不是很强。

公务员们回答知道的72.4%，在三类人中比例最高。表明他们关心国家的规划与发展问题，并有一定的渠道获知这方面的信息。这和他们的职业有一定关系。

大学生有超过一半的人回答"不知道"（51.9%），职业技能培训学员们回答不知道的高达82.1%，非常之高的比例这一情况出乎调查者的意料。作为在校学习的学生，正处在接受知识的阶段，无论是从学校老师还是从各个媒体，其获得消息的来源多种多样，造成这一现象让人惊讶。如此多的在校大学生对国家大事不甚关心，是值得深思和检讨的。

6. 在回答"您对十二五发展规划的内容是否了解"这一问题时，青年们普遍回答"有一些了解"（62.3%），选择"完全不了解"有35.3%。如此高的比例，表明青年们不太关注方针政策，他们积极参与到国家时事中去。

公务员回答"有一些了解"的占 80.5%，"完全了解"的只有 2.4%，虽然选择有了解的公务员有：82.9%，人数非常多。但考虑到公务员群体工作、生活环境的特殊性，这一比例仍然不高，选择"完全了解"的只有 2.4%，这个比例是非常低的。

大学生回答"有些了解"有 64.7%，"完全了解"的 10%，"完全不了解"25.3%，完全不了解的高出 15 个百分点。这一方面说明在校学生对国家大事是很关注的，学校对他们的教育也下很大功夫。但是有四分之一的学生"完全不了解"，人数较多，作为新时期的大学生不应该出现这种情况，需要引起重视。职业技能培训学员 55.2% 的人回答完全不了解，只有 33.8% 的人选择"有一些了解"说明这个群体的主要目标集中于如何挣钱过好日子，大多数人忽略了对国家大事的关注。

7. 在回答"展望'十二五'您本人的想法与下列最迫切希望改善的表述是否符合"这一问题时，青年们回答最迫切希望实现（这里用的数据是"完全符合"）的排序是：农村养老保险制度全覆盖（22.8%）、父母异地养老（22.8%）、加强未成年人的思想道德教育（22.0%）、稳定物价（21.9%）、关注低收入群体（21.4%）、降低医疗费用（20.7%）、依法行政（20.3%）、扩大医保覆盖面（19.8%）。从中可以看出青年们关注着教育改革和医疗保障，民生问题与法制建设，希望我们的社会更加和谐。表明他们有较强的公民意识、法律意识，希望我国的各项制度更加健全与完善。"父母异地养老"这一新的情况开始出现在青年的考虑范围之内，并影响着青年的人生选择。这可能与青年希望外出闯荡，不愿意留在家乡的想法有关。

同时，收入增长、增加就业机会这本应该是青年最关注，也是和青年自身最贴近的方面却排名基本垫底（分别为 14.1% 和 17.1%），说明青年的关注点可能已经转移到社会和民生层面。

公务员选择最迫切希望实现的项目排序为：农村养老保险制度全覆盖为 61.8%（完全符合 21.1%、"符合"40.7%）、父母异地养老（完全符合 19.5%）、稳定物价（完全符合 18.7%）、关注低收入群体（完全符合 17.9%）、降低医疗费用（完全符合 17.1%）、扩大医保覆盖面（完全符合 16.3%）、加强未成年人的思想道德教育（完全符合 16.3%）、依法行政（完全符合 15.4%），也是集中在医疗问题等民生问题上，对我国当前的一些现实问题格外重视。同时，选择增加就业机会、流动人口管理的比例分别为 43.9% 和 40.7%，比例很高。表明公务员更加关注社会问题和社会管理。

对大学生来说，他们最迫切希望解决的问题是：年迈父母异地养老（14.1%）、稳定物价（14.1%）、加强未成年人的思想道德教育（13.7%）、关注低收入群体（13.3%）、改革户籍管理（12.3%）（以上为选择"完全符合"的数据）等问题。可以看出，学生关注的都是与其学习、生活息息相关的方面，希望对自身有利的政策能够尽快施行或者完善。略有差异的是：大一学生最关注的是加强未成年人教育（28.2%），大二学生是父母异地养老（21.4%）和降低医疗费用（21.4%），大三学生则是父母异地养老（15.1%）和稳定物价（15.1%）。三个年级人群的关注点各不相同。从中可以明显地看出他们也比较关注民生问题，尤其是与自己和其家庭生活密切相关的问题。随着年龄的增长，对家庭的关心越来越明显。

职业技能培训学员最迫切希望解决的问题排序是：稳定物价（26.9%）、收入增长和经济发展同步（24.6%）、增加就业机会（23.1%）、关注城乡低收入群体（25.4%）、解决年迈父母异地养老（24.6%）等问题，可见他们的关注点更倾向于改善自身家庭条件、生活状况、工作环境等方面，表明对他们来说更紧迫的问题是生存发展条件和环境的改善。

（二）个人的需求（见附表4）

绝大多数受访者对自身的需求都有清醒的认识，基本需求集中于学习、收入、个人发展等方面。物质性需求比例明显过高，精神性需求较少被选择。

1. 在回答"您目前最迫切的需要是什么"这一问题时，主要选择是继续念书、进修（30.5%）、增加收入（23.8%）、有合适的工作（21.9%）等，大部分青年以学业为重，认为有了一个高学历会使自己拥有更好的发展机遇和空间。"增加收入"的比例略高于"有合适的工作"的比例，说明一部分青年比较安于现状，不愿意转变工作，但对工资的要求提高了。

公务员们的回答是增加收入（48.8%）、进修（11.4%）、婚姻美满、婚姻幸福（10.6%）等，因他们工作已稳定，有固定的收入来源，但仍然希望今后能有更多的收入，家庭更和谐幸福。而选择职务问题为2.4%，选养老安排的只有0.8%，公表明他们更加注重眼前，并不十分看重未来。

## 附表4 "个人需求"调查表

| 单位 | 人数 | 问题对象 | 满意度评价(%) |  |  |  |  | | 完全不同意 | 不同意 | 说不准 | 同意 | 完全同意 | 业余时间最常从事活动 | | 上网使用最多 | | 参加培训的情况 | | 希望从事的行业 | | 目前最迫切的需求 | | 换过几次工作单位 | | 影响闲暇生活主要原因 | | 电脑使用情况 | |
|---|---|---|---|---|---|---|---|---|---|---|---|---|---|---|---|---|---|---|---|---|---|---|---|---|---|---|---|---|---|
| | | | 满意 | 比较满意 | 基本满意 | 一般 | 不满意 | 很重要/最重要 | | | | | | 活动 | 比率 | 分项 | 比率 | 有 | 没有 | 行业 | 比率 | 分项 | 比率 | 次数 | 比率 | 分项 | 比率 | 分项 | |
| 大一 | 298人 | 公共事务 | 25.8 | 22.5 | 33.2 | 16.1 | 2.3 | | | | | | | 学习 | 21.5 | 不上网 | 12.8 | 17.1 | 82.9 | 农林等 | 12.8 | 曾加收入 | 21.1 | 没有 | 88.9 | 娱乐场所 | 15.1 | 从未使用 | 12.4 |
| | | 社会公平 | 23.5 | 16.7 | 28.5 | 24.5 | 7.0 | | | | | | | 阅读 | 22.5 | 游戏 | 3.4 | 35.9 | 64.1 | 建筑业 | 4.7 | 加大医保 | 2.3 | 1次 | 6.7 | 娱乐方式 | 16.8 | 偶尔使用 | 30.5 |
| | | 个人发展 | 23.8 | 18.1 | 27.0 | 24.5 | 5.7 | | | | | | | 上网 | 15.8 | 微博 | 3.4 | 9.7 | 90.3 | 供应业 | 0.0 | 婚姻幸福 | 3.7 | 2次 | 3.4 | 学习工作 | 19.1 | 经常使用 | 49.3 |
| | | 社会地位 | 23.8 | 17.8 | 23.2 | 28.2 | 7.0 | | | | | | | 电视 | 7.4 | QQ | 46.6 | 6.0 | 90.9 | 邮政业 | 1.7 | 人际和谐 | 2.0 | 2次以上 | 1.0 | | | | |
| | | 价值观 | | | | | | 20.8 | 14.1 | 28.2 | 31.2 | 5.7 | | 体育 | 4.4 | 交友 | 1.7 | 34.9 | 65.1 | 软件业 | 4.7 | 职务同题 | 1.7 | 学习能力 | | 家务负担 | 1.0 | 每天使用 | 7.7 |
| | | 外貌 | | | | | | 21.5 | 29.2 | 34.6 | 12.4 | 2.3 | | 公益 | 1.3 | 发邮件 | 7.7 | 10.1 | 89.9 | 服务业 | 2.7 | 合适工作 | 15.1 | 很好 | 19.5 | | | 手机上网情况 | |
| | | 性格 | | | | | | 16.4 | 8.7 | 25.2 | 37.2 | 12.4 | | 棋牌 | 2.3 | 查资料 | 4.4 | | | 房地产业 | 9.1 | 念书进修 | 43.6 | 好 | 22.8 | 兴趣爱好 | 17.8 | 从未使用 | 13.8 |
| | | 职业 | | | | | | 18.5 | 12.8 | 33.2 | 29.5 | 6.0 | | 蹦迪 | 1.0 | 看新闻 | 4.4 | | | 科学研究 | 3.7 | 精神追求 | 2.7 | 一般 | 54.0 | | | 偶尔使用 | 12.1 |
| | | 收入 | | | | | | 19.8 | 10.4 | 30.2 | 27.9 | 6.4 | | 泡吧 | 3.4 | 写博客 | 9.1 | | | 娱乐业 | 14.1 | 出国学习 | 5.4 | 差 | 3.4 | 经济条件 | 26.2 | 经常使用 | 39.9 |
| | | 住房 | | | | | | 19.8 | 15.8 | 30.2 | 32.2 | 1.0 | | 访友 | 0.0 | 看博客 | 3 | 理想的文化程度 | | 教育等 | 46.6 | 自己住房 | 1.7 | 很差 | 0.3 | | | 每天使用 | 34.2 |
| | | 社会地位 | | | | | | 17.8 | 18.1 | 38.3 | 21.8 | 4.0 | | 侍老 | 0.0 | | | 分项 | 比率 | | | 养老安排 | 0.7 | | | 活动伙伴 | 4.0 | | |
| | | 人品 | | | | | | 16.1 | 7.7 | 12.8 | 29.5 | 33.9 | | 逛街 | 10.4 | 炒股 | 0.7 | 小学 | 9.7 | | | 无所谓 | 6.7 | | | | | | |
| | | 身体健康 | | | | | | 17.4 | 6.4 | 18.8 | 37.6 | 19.8 | | 家务 | 1.0 | | | 中学 | 2.3 | | | | | | | | | | |
| | | 心理健康 | | | | | | 18.1 | 5.4 | 15.4 | 33.2 | 27.9 | | 炒股 | 0.3 | 听音乐 | 6.7 | 大学 | 34.6 | | | | | | | | | | |
| | | 性 | | | | | | 18.8 | 18.3 | 32.6 | 26.2 | 8.7 | | 兼职 | 7.0 | | | 研究生 | 51.0 | | | | | | | | | | |
| | | 爱情 | | | | | | 16.4 | 8.4 | 28.9 | 35.2 | 11.1 | | | | | | 无所谓 | 2.3 | | | | | | | | | | |
| | | 亲情 | | | | | | 16.4 | 6.7 | 29.2 | 34.9 | 12.8 | | | | | | | | | | | | | | | | | |
| | | 理性 | | | | | | 17.1 | 7.4 | 29.5 | 36.2 | 9.7 | | | | | | | | | | | | | | | | | |
| | | 性 | | | | | | 17.4 | 18.6 | 34.6 | 24.5 | 5.4 | | | | | | | | | | | | | | | | | |
| | | 孩子 | | | | | | 13.8 | 15.8 | 33.9 | 28.5 | 6.0 | | | | | | | | | | | | | | | | | |
| | | 钱财 | | | | | | 18.5 | 23.2 | 35.9 | 19.5 | 3.0 | | | | | | | | | | | | | | | | | |

续表

| 单位 | 人数 | 问题对象 | 满意度评价（%） | | | | 关于择偶条件（%） | | | | | 业余时间最常从事活动 | | 上网使用最多 | | 参加培训的情况 | | 希望从事的行业 | | 目前最迫切的需求 | | 换过几次工作单位 | | 影响闲暇生活主要原因 | | 电脑使用情况 | |
|---|---|---|---|---|---|---|---|---|---|---|---|---|---|---|---|---|---|---|---|---|---|---|---|---|---|---|---|
| | | | 完全不满意 | 比较满意 | 基本满意 | 一般 | 不满意 | | 很重要 | 完全不同意 | 不同意 | 说不准 | 同意 | 完全同意 | 活动 | 比率 | 分项 | 比率 | 分项 | 比率 | 行业 | 比率 | 分项 | 比率 | 次数 | 比率 | 分项 | 比率 | 分项 | 比率 |
| 大二 350人 | | 公共事务 | 10.3 | 7.4 | 30.6 | 25.7 | 5.1 | 价值观 | 14.0 | 8.3 | 33.7 | 37.4 | 6.6 | 学习 | 14.6 | 不上网 | 4.9 | 餐饮 | 79.7 | 有 | 20.3 | 农林等 | 4.3 | 曾加收入 | 16.6 | 没有 | 92.3 | 娱乐场所 | 13.1 | 从未使用 | 12.4 |
| | | 社会公平 | 0.1 | 9.4 | 30.9 | 34.9 | 14.3 | 外貌 | 11.7 | 25.7 | 47.1 | 11.4 | 4.0 | 阅读 | 18.0 | 游戏 | 5.4 | 外语 | 59.7 | | 40.3 | 建筑业 | 1.1 | 加大医保 | 2.3 | 1次 | 4.0 | 娱乐方式 | 10.9 | 偶尔使用 | 34.9 |
| | | 个人发展 | 9.7 | 10.3 | 30.6 | 35.1 | 14.6 | 性格 | 10.6 | 6.0 | 26.3 | 41.7 | 15.4 | 上网 | 24.9 | 微博 | 4.0 | 美发 | 93.7 | | 6.3 | 供应业 | 1.4 | 婚姻幸福 | 2.0 | 2次 | 2.3 | 学习工作 | 24.3 | 经常使用 | 45.4 |
| | | 社会地位 | 13.7 | 17.0 | 26.3 | 33.7 | 12.3 | 职业 | 10.9 | 11.4 | 33.7 | 32.3 | 11.7 | 电视 | 11.1 | QQ | 45.7 | 汽车 | 93.4 | | 4.0 | 邮政业 | 0.0 | 人际和谐 | 1.7 | 3次以上 | 1.4 | 家务负担 | 2.6 | 每天使用 | 14.3 |
| | | 关于维系婚姻 | 完全不同意 | 不同意 | 说不准 | 同意 | 完全同意 | 收入 | 8.9 | 11.4 | 37.4 | 30.0 | 12.3 | 体育 | 4.0 | 交友 | 0.3 | 计算机 | 46.9 | | 53.1 | 软件业 | 0.0 | 职务问题 | 4.0 | 学习能力 | | | | | |
| | | 爱情 | 10.3 | 17.7 | 30.6 | 34.0 | 17.7 | 住房 | 8.9 | 10.0 | 31.4 | 36.6 | 13.1 | 公益 | 2.0 | 发邮件 | 1.7 | 金融 | 90.9 | | 9.1 | 服务业 | 7.7 | 合适工作 | 26.0 | 能力 | 比率 | 手机上网 | | | |
| | | 亲情 | 9.4 | 10.3 | 35.1 | 36.6 | 14.6 | 社会地位 | 9.7 | 17.7 | 38.6 | 24.9 | 9.1 | 棋牌 | 0.9 | 查资料 | 11.7 | 销售 | 81.4 | | 18.6 | 房地产业 | 6.3 | 念书进修 | 36.0 | 很好 | 15.1 | | | | |
| | | 理性 | 10.0 | 14.6 | 38.0 | 26.6 | 10.9 | 人品 | 8.6 | 5.1 | 19.4 | 29.1 | 37.7 | 蹦迪 | 0.9 | 看新闻 | 6.6 | 理想的文化程度 | | 分项 | 比率 | 科学研究 | 7.7 | 精神追求 | 2.6 | 好 | 24.6 | 从未使用 | 5.4 | | |
| | | 性 | 8.0 | 17.1 | 38.7 | 27.4 | 9.4 | 身体健康 | 7.7 | 6.9 | 19.1 | 34.9 | 31.4 | 泡吧 | 1.7 | 写博客 | 6.0 | 小学 | | 3.7 | 娱乐业 | 5.4 | 出国学习 | 6.0 | 一般 | 56.6 | 兴趣爱好 | 18.3 | 偶尔使用 | 13.4 |
| | | 孩子 | 11.4 | 38.0 | 27.4 | 26.6 | 9.4 | 心理健康 | 9.1 | 4.0 | 18.3 | 32.3 | 36.3 | 访友伴老 | 1.4 0.3 | 看博客 | 2.6 | 中学 | | 1.4 | 娱乐业 | 18.9 | 自己住房 | 2.6 | 差 | 2.9 | 经济条件 | 28.3 | 经常使用 | 45.7 |
| | | 钱财 | 11.4 | 25.4 | 39.4 | 18.3 | 5.4 | 性 | 12.6 | 10.9 | 36.0 | 28.1 | 11.7 | 逛街 家务 炒股 兼职 | 9.7 2.6 1.4 6.6 | 听音乐 | 9.7 | 大学 研究生 无所谓 | | 38.0 52.9 4.0 | 教育等 | 57.1 | 养老安排 | 0.3 | 很差 | 0.9 | 活动伙伴 | 2.6 | 每天使用 | 35.4 |

续表

| 人数单位 | 问题对象 | 满意度评价(%) | | | | | 关于维系婚姻最重要 | | | | | | 关于择偶条件(%) 很重要 | | | | | | 业余时间最常从事活动 | | 上网使用最多 | | 参加培训的情况 | | | 希望从事的行业 | | 目前最迫切的需要 | | 换过几次工作单位 | | 影响闲暇生活主要原因 | | 电脑使用情况 | 手机上网情况 |
|---|---|---|---|---|---|---|---|---|---|---|---|---|---|---|---|---|---|---|---|---|---|---|---|---|---|---|---|---|---|---|---|---|---|---|
| | | 满意 | 比较满意 | 基本满意 | 一般 | 不满意 | | 完全不同意 | 不同意 | 说不准 | 同意 | 完全同意 | | 完全不 | 不同意 | 说不准 | 同意 | 完全同意 | 活动 | 比率 | 分项 | 比率 | 分项 | 没有 | 有 | 行业 | 比率 | 分项 | 比率 | 次数 | 比率 | 分项 | 比率 | | |
| 大三 76人 | 公共事务 | 16.4 | 20.5 | 37.0 | 24.7 | 1.4 | 爱情 | 6.8 | 15.1 | 27.4 | 42.5 | 8.2 | 价值观 | 9.6 | 15.1 | 27.4 | 41.1 | 6.8 | 学习 | 20.5 | 不上网 | 2.7 | 餐饮 | 61.6 | 38.4 | 农林等 | 2.7 | 曾加收入 | 30.1 | 没有 | 68.5 | 娱乐场所 | 13.7 | 从未使用 12.4 | 从未使用 4.1 |
| | 社会公平 | 16.4 | 15.1 | 31.5 | 28.8 | 8.2 | 亲情 | 5.5 | 11.0 | 28.8 | 41.1 | 13.7 | 外貌 | 12.3 | 24.7 | 39.7 | 20.5 | 2.7 | 阅读 | 20.5 | 游戏 | 1.4 | 外语 | 61.6 | 38.4 | 建筑业 | 5.5 | 加大医保 | 2.7 | 3次 | 13.7 | 娱乐方式 | 17.8 | 偶尔 43.8 | 偶尔 26.0 |
| | 个人发展 | 12.3 | 19.2 | 32.9 | 32.9 | 2.7 | 理性 | 6.8 | 12.3 | 35.6 | 37.0 | 8.2 | 性格 | 8.2 | 12.3 | 16.4 | 49.3 | 13.7 | 上网 | 24.7 | 微博 | 5.5 | 美发 | 83.6 | 16.4 | 供应业 | 0.0 | 婚姻幸福 | 1.4 | 4次 | 13.7 | 学习工作 | 19.2 | 经常 37.0 | 经常 34.2 |
| | 社会地位 | 13.7 | 15.1 | 32.9 | 35.6 | 2.7 | 性 | 9.6 | 19.2 | 32.9 | 34.2 | 4.1 | 职业 | 8.2 | 11.0 | 35.6 | 34.2 | 11.0 | 电视 | 8.2 | QQ | 41.1 | 汽修 | 89.0 | 11.0 | 邮政业 | 0.0 | 人际和谐 | 2.7 | 4次以上 | 4.1 | 家务负担 | 2.7 | 每天使用 16.4 | 每天使用 35.6 |
| | | | | | | | 孩子 | 6.8 | 19.2 | 34.2 | 32.9 | 6.8 | 收入 | 8.2 | 13.7 | 34.2 | 34.2 | 9.6 | 体育 | 2.7 | 交友 | 1.4 | 计算机 | 50.7 | 49.3 | 软件业 | 8.2 | 职务问题 | 6.8 | 学习能力 | | | | | |
| | | | | | | | 钱财 | 9.6 | 24.7 | 34.2 | 24.7 | 6.8 | 住房 | 8.2 | 13.7 | 27.4 | 42.5 | 8.2 | 公益 | 1.4 | 发邮件 | 2.7 | 金融 | 83.6 | 16.4 | 服务业 | 9.6 | 合适工作 | 26.0 | 能力 | 比率 | 兴趣爱好 | 23.3 | | |
| | | | | | | | | | | | | | 社会地位 | 8.2 | 13.7 | 38.4 | 32.9 | 6.8 | 棋牌 | 2.7 | 查资料 | 13.7 | 销售 | 67.1 | 32.9 | 房地产业 | 2.7 | 念书进修 | 21.9 | | | | | | |
| | | | | | | | | | | | | | 人品 | 8.2 | 8.2 | 35.6 | 27.4 | | 喝酒 | 1.4 | 看新闻 | 5.5 | 理想的文化程度 | | | 科学研究 | 4.1 | 精神追求 | 1.4 | 很好 | 19.2 | | | | |
| | | | | | | | | | | | | | 身体健康 | 8.2 | 8.2 | 19.2 | 41.1 | 23.3 | 泡吧 | 1.4 | 写博客 | 6.8 | 分项 | 比率 | | | | 出国学习 | 2.7 | 好 | 28.8 | | | | |
| | | | | | | | | | | | | | 心理健康 | 6.8 | 5.5 | 17.8 | 41.1 | 28.8 | 访友 | 1.4 | 看博客 | 1.4 | 小学 | 2.7 | | 娱乐业 | 8.2 | 自己住房 | 2.7 | 一般 | 50.7 | 经济条件 | 15.1 | | |
| | | | | | | | | | | | | | 性 | 9.6 | 16.4 | 34.2 | 31.5 | 8.2 | 伴老 | 4.1 | | | 中学 | 2.7 | | | | | | 差 | 1.4 | | | | |
| | | | | | | | | | | | | | | | | | | | 逛街 | 4.1 | | | 大学 | 46.6 | | 教育等 | 58.9 | 养老安排 | 1.4 | | | | | |
| | | | | | | | | | | | | | | | | | | | 家务 | 1.4 | 炒股 | 1.4 | 研究生 | 41.1 | | | | | | 很差 | 0.0 | 活动伙伴 | 8.2 | | |
| | | | | | | | | | | | | | | | | | | | 炒股 | 5.5 | 听音乐 | 16.4 | 无所谓 | 6.8 | | | | | | | | | | |
| | | | | | | | | | | | | | | | | | | | 兼职 | | | | | | | | | | | | | | | |

续表

| 单位 | 人数 | 问题对象 | 满意度评价（%） | | | | 最重要 | 关于维系婚姻 | | | | 很重要 | 关于择偶条件（%） | | | | 业余时间最常从事活动 | | 上网使用最多 | | 参加培训的情况 | | | 希望从事的行业 | | 目前最迫切的需要 | | 换过几次工作单位 | | 影响闲暇生活主要原因 | | 电脑使用情况 | | 手机上网情况 |
|---|---|---|---|---|---|---|---|---|---|---|---|---|---|---|---|---|---|---|---|---|---|---|---|---|---|---|---|---|---|---|---|---|---|---|---|
| | | | 满意 | 比较满意 | 基本满意 | 一般 | 不满意 | | 完全不同意 | 不同意 | 说不准 | 同意 | 完全同意 | | 完全不 | 不同意 | 说不准 | 同意 | 完全同意 | 活动 | 比率 | 分项 | 比率 | 分项 | 没有 | 有 | 行业 | 比率 | 分项 | 比率 | 次数 | 比率 | 分项 | 比率 | | |
| 公务员 | 351人 | 公共事务 | 11.4 | 17.1 | 35.8 | 20.3 | 6.5 | 爱情 | 6.5 | 8.1 | 30.1 | 40.7 | 14.6 | 价值观 | 10.6 | 11.4 | 26.0 | 43.9 | 8.1 | 学习 | 11.4 | 不上网 | 3.3 | 餐饮 | 74.0 | 26.0 | 农林等 | 4.1 | 曾加收入 | 48.8 | 没有 | 36.6 | 娱乐场所 | 8.9 | 从未使用 | 12.4 |
| | | 社会公平 | 9.8 | 13.8 | 23.6 | 39.8 | 13.0 | 亲情 | 6.5 | 8.1 | 27.6 | 37.4 | 20.8 | 外貌 | 8.1 | 29.3 | 31.7 | 25.2 | 5.7 | 阅读 | 14.6 | 游戏 | 6.5 | 外语 | 47.2 | 52.8 | 建筑业 | 4.9 | 加大医保 | 4.1 | 3次 | 35.0 | 娱乐方式 | 8.1 | 偶尔使用 | 28.5 |
| | | 个人发展 | 5.7 | 11.4 | 35.0 | 40.7 | 2.3 | 理性 | 8.1 | 8.9 | 32.5 | 41.5 | 8.4 | 性格 | 4.9 | 14.6 | 18.7 | 44.2 | 7.1 | 上网 | 34.1 | 微博 | 2.4 | 美发 | 87.0 | 13.0 | 供应业 | 0.8 | 婚姻幸福 | 10.6 | 4次 | 17.1 | 学习工作 | 27.6 | 经常使用 | 54.5 |
| | | 社会地位 | 6.5 | 12.2 | 25.2 | 49.6 | 6.5 | 职业 | 6.5 | 17.1 | 36.6 | 35.8 | 4.1 | 收入 | 4.1 | 26.0 | 28.5 | 31.7 | 9.8 | 电视 | 4.9 | QQ | 25.2 | 汽修 | 89.4 | 8.9 | 邮政业 | 0.8 | 人际和谐 | 0.0 | 4次以上 | 11.4 | | | 每天使用 | 13.8 |
| | | | | | | | | 孩子 | 6.5 | 17.1 | 32.5 | 35.0 | 8.9 | 住房 | 5.7 | 22.8 | 30.9 | 33.3 | 7.3 | 体育 | 7.3 | 交友 | 0.8 | 计算机 | 46.3 | 53.7 | 软件业 | 7.3 | 职务问题 | 2.4 | 学习能力 | | 家务负担 | 2.4 | 从未使用 | 4.1 |
| | | | | | | | | | | | | | | 社会地位 | 5.7 | 17.1 | 30.9 | 38.2 | 8.1 | 公益 | 0.8 | 发邮件 | 0.8 | 金融 | 82.9 | 17.1 | 服务业 | 4.1 | 合适工作 | 2.3 | 能力 | 比率 | | | 偶尔使用 | 15.4 |
| | | | | | | | | 钱财 | 2.3 | 30.9 | 30.1 | 29.3 | 2.4 | 人品 | 6.5 | 24.4 | 30.1 | 34.1 | 38.2 | 棋牌 | 2.4 | 查资料 | 17.1 | 销售 | 78.0 | 22.0 | 房地产业 | 8.9 | 念书进修 | 11.4 | 很好 | 13.0 | 兴趣爱好 | 11.4 | 经常使用 | 43.9 |
| | | | | | | | | | | | | | | 身体健康 | 6.5 | 8.9 | 12.2 | 34.1 | 30.9 | 蹦迪 | 3.3 | 看新闻 | 27.6 | 理想的文化程度 | | 比率 | 科学研究 | 6.5 | 精神追求 | 3.3 | 好 | 31.7 | | | 每天使用 | 36.6 |
| | | | | | | | | | | | | | | | | | | | | 泡吧 | 0.0 | 写博客 | 6.5 | 小学 | | 2.4 | 娱乐业 | 3.3 | 出国学习 | 2.4 | 一般 | 31.2 | | | | |
| | | | | | | | | | | | | | | 心理健康 | 4.9 | 7.3 | 15.4 | 35.8 | 36.6 | 访友 | 3.3 | 看博客 | 3.3 | 中学 | | 1.6 | | | 自己住房 | 8.9 | 差 | 4.1 | 经济条件 | 36.6 | | |
| | | | | | | | | | | | | | | | | | | | | 伴老 | 1.6 | | | 大学 | | 33.3 | 教育等 | 59.3 | 养老安排 | 0.8 | 很差 | 0.0 | 活动伙伴 | 4.9 | | |
| | | | | | | | | | | | | | | 性 | 5.7 | 8.1 | 39.0 | 33.3 | 13.8 | 逛街 | 9.8 | 炒股 | 25.2 | 研究生 | | 57.7 | | | | | | | | | | |
| | | | | | | | | | | | | | | | | | | | | 家务 | 3.3 | | | 无所谓 | | 4.9 | | | | | | | | | | |
| | | | | | | | | | | | | | | | | | | | | 炒股 | 1.6 | 听音乐 | 6.5 | | | | | | | | | | | | | |
| | | | | | | | | | | | | | | | | | | | | 兼职 | 1.6 | | | | | | | | | | | | | | |

续表

**单位：培训中心 134人**

### 满意度评价（%）

| 问题对象 | 满意 | 比较满意 | 基本满意 | 一般 | 不满意 |
|---|---|---|---|---|---|
| 公共事务 | 36.6 | 20.1 | 14.2 | 26.1 | 3.0 |
| 社会公平 | 32.8 | 16.4 | 18.7 | 26.1 | 6.0 |
| 个人发展 | 19.4 | 19.4 | 17.9 | 37.3 | 6.0 |
| 社会地位 | 18.7 | 11.2 | 16.4 | 45.5 | 8.2 |

### 关于择偶条件（%）

| 很重要 | 完全不同意 | 不同意 | 说不准 | 同意 | 完全同意 |
|---|---|---|---|---|---|
| 价值观 | 15.7 | 9.0 | 18.7 | 44.8 | 11.9 |
| 外貌 | 11.2 | 14.9 | 23.9 | 39.6 | 10.4 |
| 性格 | 9.0 | 11.2 | 19.4 | 44.8 | 15.7 |
| 职业 | 8.2 | 9.7 | 19.4 | 48.5 | 14.2 |
| 收入 | 7.5 | 11.2 | 24.6 | 43.3 | 13.4 |
| 住房 | 8.2 | 17.2 | 22.4 | 39.6 | 12.7 |
| 社会地位 | 7.5 | 11.9 | 21.6 | 41.8 | 17.2 |
| 人品 | 5.2 | 6.0 | 16.4 | 45.5 | 26.9 |
| 身体健康 | 4.5 | 5.2 | 13.4 | 43.3 | 33.6 |
| 心理健康 | 5.2 | 3.0 | 14.2 | 44.0 | 33.6 |
| 性 | 6.7 | 6.0 | 19.4 | 47.8 | 20.1 |

### 关于维系婚姻

| 最重要 | 完全不同意 | 不同意 | 说不准 | 同意 | 完全同意 |
|---|---|---|---|---|---|
| 爱情 | 5.2 | 10.4 | 16.4 | 53.0 | 14.9 |
| 亲情 | 4.5 | 4.5 | 17.9 | 52.2 | 20.9 |
| 理性 | 4.5 | 3.0 | 20.1 | 54.5 | 17.9 |
| 性 | 5.2 | 9.7 | 27.6 | 41.8 | 15.7 |
| 孩子 | 4.5 | 7.5 | 25.4 | 51.5 | 11.2 |
| 钱财 | 3.7 | 14.9 | 29.1 | 40.3 | 11.9 |

### 业余时间最常从事活动

| 活动 | 比率 |
|---|---|
| 学习 | 23.1 |
| 阅读 | 10.4 |
| 上网 | 26.1 |
| 电视 | 6.0 |
| 体育 | 6.7 |
| 公益 | 2.2 |
| 棋牌 | 3.2 |
| 赌酒吧 | 3.7 |
| 泡吧 | 0.0 |
| 访友 | 3.7 |
| 伴老 | 2.2 |
| 逛街 | 6.7 |
| 家务 | 6.0 |
| 炒股 | 0.0 |
| 兼职 | 3.0 |

### 上网使用最多

| 分项 | 比率 |
|---|---|
| 不上网 | 14.9 |
| 游戏 | 12.7 |
| 微博 | 1.5 |
| QQ | 26.1 |
| 交友 | 1.5 |
| 发邮件 | 2.2 |
| 查资料 | 11.2 |
| 看新闻 | 9.0 |
| 写博客 | 3.0 |
| 看博客 | 3.0 |
| 炒股 | 0.7 |
| 听音乐 | 14.2 |

### 参加培训的情况

| 分项 | 没有 | 有 |
|---|---|---|
| 餐饮 | 49.3 | 50.7 |
| 外语 | 82.1 | 17.9 |
| 美发 | 76.1 | 23.9 |
| 汽修 | 76.1 | 13.4 |
| 计算机 | 85.8 | 19.4 |
| 金融 | 80.6 | 9.7 |
| 销售 | 81.4 | 18.6 |

### 希望从事的行业

| 行业 | 比率 |
|---|---|
| 农林等 | 6.7 |
| 建筑业 | 3.0 |
| 供应业 | 1.5 |
| 邮政业 | 6.0 |
| 软件业 | 9.7 |
| 服务业 | 38.8 |
| 房地产业 | 1.5 |
| 科学研究 | 4.5 |
| 娱乐业 | 3.0 |
| 教育等 | 25.4 |

### 理想的文化程度

| 分项 | 比率 |
|---|---|
| 小学 | 3.7 |
| 中学 | 21.6 |
| 大学 | 38.1 |
| 研究生 | 29.9 |
| 无所谓 | 6.7 |

### 目前最迫切的需要

| 分项 | 比率 |
|---|---|
| 曾加大收入 | 23.1 |
| 加大医保 | 3.7 |
| 婚姻幸福 | 9.7 |
| 人际和谐 | 4.5 |
| 职务同等 | 2.2 |
| 合适工作 | 37.3 |
| 念书进修 | 9.0 |
| 精神追求 | 0.0 |
| 出国学习 | 6.7 |
| 自己住房 | 3.0 |
| 养老安排 | 0.7 |

### 换过几次工作单位

| 次数 | 比率 |
|---|---|
| 没有 | 16.4 |
| 5次 | 7.5 |
| 6次 | 14.2 |
| 5次以上 | 17.2 |

### 学习能力

| 能力 | 比率 |
|---|---|
| 很好 | 16.4 |
| 好 | 31.3 |
| 一般 | 44.8 |
| 差 | 3.0 |
| 很差 | 4.5 |

### 影响休闲生活主要原因

| 分项 | 比率 |
|---|---|
| 娱乐场所 | 61.2 |
| 娱乐方式 | 7.5 |
| 学习工作 | 14.2 |
| 家务负担 | 5.2 |
| 兴趣爱好 | 23.1 |
| 经济条件 | 13.4 |
| 活动伙伴 | 10.4 |

### 电脑使用情况

| 分项 | 比率 |
|---|---|
| 从未使用 | 12.4 |
| 偶尔使用 | 53.7 |
| 经常使用 | 24.6 |
| 每天使用 | 6.0 |

### 手机上网情况

| 分项 | 比率 |
|---|---|
| 从未使用 | 20.1 |
| 偶尔使用 | 41.8 |
| 经常使用 | 22.4 |
| 每天使用 | 15.7 |

大学生们的回答排名前三的是：增加收入（30.1%）、有合适的工作（26.0%）、继续念书、进修（21.9%）。也是最看重收入；但他们开始考虑今后的工作问题、自身如何更好地发展问题，这与他们学生身份相吻合，也的确是大学生需要考虑的现实问题。分年级来看，大一、大二学生最关注念书进修（比例是43.6%和36.0%），但是大三学生开始转向关注增加收入（30.1%）。说明随着年龄、知识、社会阅历的增长，大学生的思想和行为也更加倾向于做一个社会人。

而对于"精神追求"，三个年级的比例都很低，并且随年级的提高呈现出递减的趋势，大一2.7%，大二2.6%，大三1.4%。可见，精神追求不是大学生最迫切的需要，造成这一情况的原因值得深入研究。

职业技能培训学员的选择更加实际：有合适的工作（37.3%）、增加收入（23.1%）、婚姻美满、家庭幸福（9.7%），他们回答问题很现实，希望有个好工作和有个温暖的家，专业的职业技能培训正是符合他们所迫切需要的方面。但值得关注的是，他们对于"精神追求"竟然是0.00%。

2. 在回答"请对下列方面做出满意度评价"这一问题时，回答"参与公共事务"（20.6%）和"社会公平公正"（18.7%）等满意度较高，回答"个人发展机会"（16.5%）和"社会地位"（16.4%）的满意度相对较低。同时对"社会公平公正"的不满意度（10.4%）是最高的，表明青年在这个方面有着自身的诉求。说明虽然有着各种情况的出现，但我们的社会总体是比较和谐的，个人的发展与国家和社会的关注和支持是密切相关的。在个人发展机会和社会地位中存在着不公平、机会缺失的现象，需要国家加大力度予以关注和改善。

公务员们对参与公共事务满意度较高64.3%，（其中满意11.4%，比较满意17.1%，基本满意35.8%），对社会公平公正（47.2%，包括满意：9.8%，比较满意：13.8%，基本满意：23.6%）也有较高的满意度。矛盾的是：社会地位、待遇、生活水平较高的公务员，其对社会公平的不满意度也是最高的，达13.0%，这看似矛盾的数据说明，他们中一方面有部分人对社会公平正义有更高的理解和要求，另一方面部分人看到更多的问题和不足。

大学生回答是：参与公共事务（16.4%）、社会公平公正（16.4%）、社会地位（13.7%）、个人发展机会（12.3%）（数据为"满意"）等，他们对社会现实有了一些了解，希望自己有光明的前途，并努力使自己向社会靠拢。对社会公平的矛盾选择同样在大学生中有所体现，不满意率最高的都集中在社会公平方面，大一7.0%，大二14.3%，大三8.2%。说明尽管是学校里的学生，也不可避免地会感受到不公平的待遇，这的确已经成为一个社会性的问题，需要予以重视并解决。

职业技能培训学员的选择是：参与公共事务70.9%，（包括满意：36.6%、比较满意20.1%、基本满意：14.2%。）、社会公平公正67.9%，（包括满意：32.8%、比较满意：16.4%、基本满意：18.7%）、个人发展机会满意19.4%）、社会地位满意18.7%。他们对社会公平的满意度高于公务员和大学生，表明的确从中得到了实惠，符合了其真实需要，也说明国家、政府在这方面做出了卓有成效的努力。

3. 在回答"您觉得自己有怎样的文化程度才更理想"这一问题时，37.1%的青年回答自己要成为大学生和48.7%的青年回答自己要成为研究生。结果表明青年们希望通过提高学历层次使自己的生活更美好，也意识到文化程度对自身发展的重要性，促使自己努力学习知识，提高自身素质，这一情况与社会整体追求高学历的情况相符。

公务员主要回答研究生（57.7%）、大学生（33.3%）。他们自参加工作以来，深切感受到文化程度对他们的发展的重要性，文化程度越高越有利于其发展。当然，也必须认识到能够成为公务员的人大多数都具有较高的学历水平。值得注意的是，有2.4%的人认为小学，1.6%的人认为初中，甚至有4.95%的人觉得学历无所谓，这个答案与其公务员的身份不太相符。

大学生们主要回答是：大学生（46.6%）、研究生（41.1%）。他们正处在求学阶段，逐渐意识到文化程度对今后的发展起到至关重要的作用，同时也有接近一半的学生认为大学生的学历就足够应对其日后的生活和工作。这或许代表了理想与现实的差距。大三学生选择研究生的比例（41.1%）要低于大一（51.0%）、大二（52.9%）的学生，其原因可能是临近毕业对社会认识提高，竞争的残酷导致学习的兴趣度降低造成。

职业技能培训学员主要回答大学生（38.1%）、研究生（29.9%），选择比例明显低于大学生和公务员，其中选择"中学生"的人数达到21.6%。表明他们很清楚自己的文化程度和社会定位，现在所进行的职业学习对其的影响也是造成比例较低的原因之一（职业学习不需要太高的学历就可以工作）。

4. 在回答"您最希望从事的职业是哪个"这一问题时，50.1%青年最希望从事教育、卫生、社会保障、公共管理、社会组织等行业；9.5%

青年希望从事批发、零售、租赁、商务服务、居民服务等服务行业；9.1%的青年希望从事文化、体育、娱乐业；7%的青年希望从事计算机管理、信息传输、软件业等行业；同样有7%的青年希望从事农林牧渔业。从中可看出青年通过自己已掌握的能力和正在学习的有关知识技能将从事自己最希望从事的职业与当前自身的现实和美好的理想有机结合，从自主择业、自我设计、自我调整、自我创新与自我发展来规划自己的人生，从而积极投身到所热爱的各行各业中去。总的来说，他们所选择的职业的不同也意味着自己的人生定位和价值系统的不同，也进一步反映出他们的价值观的不同。当然，希望从事教育业的青年占大多数，可能与教育工作的稳定和社会地位较高有关。同时作为能够有"钱途"的行业也备受青年喜欢，例如服务业和娱乐业。

59.3%的公务员最希望从事教育、卫生、社会保障、公共管理、社会组织等行业，8.9%的公务员最希望从事金融业、房地产业，7.3%的公务员希望从事计算机管理、信息传输、软件业等行业；4.1%的公务员希望从事批发、零售、租赁、商务服务、居民服务等服务行业。选择供应业和邮政业的比例最低，都为0.8%。

58.9%的大学生最希望从事教育、卫生、社会保障、公共管理、社会组织等行业，9.6%的大学生希望从事批发、零售、租赁、商务服务、居民服务等服务行业，8.2%的大学生希望从事软件业和娱乐等行业。需要注意的是，供应业和邮政业选择人数比例都很少，甚至出现无人选择的情况。大一供应业：0.00%，大二邮政业：0.00%，大三供应业和邮政业：0.00%。考上大学，进过大学的教育，学生对自己的地位也会变高，一些职业自然不能满足其需求，这究竟是地区差别还是价值观方面的差别，尚有待研究。

25.4%的培训学员最希望从事教育、卫生、社会保障、公共管理、社会组织等行业，而38.8%的培训学员希望从事批发、零售、租赁、商务服务、居民服务等服务行业，9.7%的培训学员希望从事计算机管理、信息传输、软件业等行业，6.7%的培训学员农林牧渔业。其中比例最高的是服务业。他们根据自己的所学技能为发展契机，比较清楚自己的定位，能客观真实的选择出自己最适合所从事的职业，对从事的工作并不十分挑剔，体现了很强的适应性。同时在选择职业中，倾向于较为容易的，能够快速赚钱的职业。

5. 在回答"您是否同意对择偶的以下说法"这一问题时，他们回答完全同意的排序:"价值观很重要"(37.6%)、"人品很重要"(34.5%)、"心理健康很重要"(32.8%)、"身体健康很重要"(27.5%),也同意"脾气性格很重要"(14.7%)、"住房很重要"(10.3%)、"职业很重要"(10.0%)、"收入很重要"(9.8%)。表明青年们憧憬幸福的生活,自己的择偶标准趋于理性化和现实化,既考虑到配偶的个人素质,也考虑到其经济条件,综合多方面来考虑,对择偶不盲目,符合主流价值观。从数据中看,青年对配偶的外貌(完全同意的只有4.5%)要求不高,表明美貌已经不是青年所主要关注的方面。

公务员们主要同意"人品":72.3%(包括同意:34.1%,完全同意:38.2%),"心理健康"72.4%(包括同意:35.8%,完全同意:36.6%),"相近的价值观很重要"52%(包括同意43.9%,完全同意:8.1%)等说法,可见他们主要从对方的人品即品性、是否有良好心态,双方能否和得来(价值观)等现实因素来择偶。相对来讲不是很关注职业、收入、住房等社会性的硬性条件,而是二者更深层次的切合,即重精神不重经济。

大学生主要同意"人品很重要"27.4%、"心理健康"28.8%、"身体健康"23.3%等说法。处于大学生活中的他们,很真诚地回答了择偶观,符合他们自身的年龄段的相关情况,即对社会了解不多,接触人群多是身边的同学,所以更倾向于对他人内在美的欣赏。但是,从数据中可以看出,青年大学生对性也有着一定的要求(8.2%),反映了当代大学生的新状况。

职业技能培训学员来说,他们主要同意"身体健康、心理健康同等重要"(33.6%)、"人品很重要"(26.9%)、"性很重要"(20.1%)、"收入很重要"(13.4%)、"住房很重要"(12.7%)、"职业很重要"(14.2%)等说法,可以看出,他们的择偶观也很理性,非常重视对象的心理健康、身体健康。作为这一部分年轻人,虽然学历、社会地位不高,收入低,生活状况不理想,但他们仍有自己生理和心理的追求,已经形成了自己的价值观。既没有脱离自身的实际,也没有对配偶的条件提出过高的要求。同时,从数据中看出,他们对性的要求比其他两类人群也要高。

6. 在回答"您是否同意对维系婚姻的以下说法"这一问题时,他们完全同意"亲情最重要"(16.2%),也同意"爱情最重要"(14.2%)"理性最重要"(12.3%)。表明他们十分重视亲情,希望用亲情来维系婚姻的长久幸福。青年婚姻的幸福便意味着家庭的幸福,从而提高了他们生活的幸福指数。同时他们也不会被爱情冲昏头脑,会用理性的眼光去看待,去思考,认真对待婚姻。双方的感情是青年们最重视的因素,可以说是婚姻的基础。这正是青年对婚姻应有的态度。

公务员主要同意"亲情最重要"58.2%(包括同意37.4%、完全同意20.8%)、"爱情最重要"55.3%(包括同意40.7%、完全同意14.6%)、"理性最重要"49.9%(包括同意41.5%、完全同意8.4%)等说法,他们对该问题在充满感性思考的同时也能够进行理性的判断。他们重视亲情和爱情对家庭的作用,但并不将其看做唯一的标准。同时,他们认为"孩子也是家庭中的重要因素"(43.9%),是联结婚姻的纽带,有着重要的作用。

大学生同意"亲情最重要"54.8%(包括同意41.1%、完全同意13.7%)、"爱情最重要"50.7%(包括同意42.5%、完全同意8.2%)"理性最重要"(45.2%)、"性最重要"(37.1%)等说法,他们认为亲情和爱情对维系婚姻非常重要,希望夫妻双方的关系和谐。对于性他们也有着自己的追求。尽管还在是在校的学生,但是从他们的选择中能够看出对婚姻有一个较清晰的概念,并有着自己的观点和追求。

职业技能培训学员主要同意"亲情最重要"(73.1%)、"理性最重要"(72.4%)、"爱情最重要"(67.9%)、"性最重要"(57.5%)、"钱财最重要"(52.2%)、"孩子最重要"(51.5%)等说法,他们从现实的角度考虑到维系婚姻这一问题,考虑到自身条件、能力和状况,尤其是根据社会发展的规律和社会基本的状况来回答自身的婚姻观。从数据中可以看出,对待这六个方面他们的回答较为平均,也都超过了一半。即在他们心中,关于婚姻的一切都很重要,各个因素都能对其婚姻产生重要的影响。有一个美好的婚姻是他们的期望,家庭幸福了才能有精力去追求更高层次的享受。

7. 在回答"您觉得影响自己闲暇的最主要原因是什么"这一问题时,25.6%的青年认为经济条件对他们的影响较大,23.1%的青年认为学习或工作任务对他们的影响较大,18.3%的青年认为个人兴趣爱好对他们的影响较大。从中可看出经济、学习和工作因素是制约青年们的闲暇生活最主要方面,当然,个人的兴趣爱好也他们自己的生活有一定的影响。同时,青年积极健康的良好心态有助于他们合理的安排闲暇生活。家务负担(2.4%)也是青年的选择之一。这种情况可能出现在家庭环境相对较差的青年中,解决家务负担极大地占用了他们的闲暇时间。所以政府和社会需要加大力度改善其家庭条件、减轻他们负担。

公务员选择了经济条件(36.6%)、学习或工作任务(27.6%)、兴趣爱好（11.4%）等方面。拥有一份好的工作，但他们的闲暇生活也主要受到经济条件的制约，这一点体现的很明显。只有当具备一定的经济基础和完成学习工作任务后，他们才能开始丰富自己的闲暇生活。家务负担虽然也是制约因素，但相对较轻只占2.4%。

大学生主要选择了个人兴趣爱好（23.3%）、学习或工作任务（19.2%）、合适的娱乐场所（17.8%）等原因。他们更多地从自身的兴趣爱好角度，来合理的安排自己的闲暇生活，并且学习和工作任务的多少也是重要的制约因素，这些正体现了大学生学习和生活特点。大一：（26.2%），大二：（28.3%），两个年级都是受到经济条件的影响最大，大三则是兴趣爱好。随着年级的提高、知识的积累、阅历的增加，对闲暇生活的最主要制约因素也产生了变化：经济因素被兴趣爱好所取代。

职业技能培训学员主要选择了学习或工作任务（26.1%）、个人兴趣爱好（23.1%）等原因，他们正处在学习技能的阶段，为了能够学习一技之长，改变自己的生活状况，其主要精力要投入学习，所以学习或工作任务是主要影响到他们安排闲暇生活的主要原因，但兴趣爱好也不能忽视。此外，他们受娱乐场所（14.2%）、经济条件（13.4%）的影响也较大。从"游乐场所"可以看出，在这方面的硬件设施的确相当匮乏。有意思的是，他们受经济条件的影响要明显小于公务员和大学生，这一反常情况值得思考，说明他们承担的家庭责任和帮助义务要小，也说明他们在娱乐性消费方面的观念有自己的特点。

8. 在回答"您业余时间最常从事哪项业余活动"这一问题时，阅读（22.5%）、学习（21.5%）、上网（15.8%）。据中可以看出，青年人的业余活动仍然以学习为主，提高自身素质和知识水平是他们一贯的追求。对于网络，青年们也趋之若鹜。网络已经存在于日常生活的方方面面，上网已经成为青年人生活的一部分。但作为文化传播最主要渠道之一的网络是一柄双刃剑，在运用时，必须要注意方式。同时"做公益事业"（17%）和"家务"（10%）的比例较低，表现出了青年人在这方面的欠缺。不关注公益，不爱做家务的现象普遍存在于年轻人当中，需要引导他们改变这一现状。所有选项中需要引起特别注意的是，"伴老"竟然是0.00%。青年人没有陪伴老年人（尤其是对自己的父母）的习惯，常以自己为中心，亲情观念的缺失较为严重。这可以说是现代青年的通病，必须要给予重视并解决，否则会对社会的发展和价值观念的形成产生不利影响。

公务员的业余时间主要从事上网（34.1%）、阅读（14.6%）、学习文化技术（11.4%）、逛街购物（9.8%）等活动，他们在自己的业余时间中有着比较丰富的活动，劳逸相结合有利于他们以更好的精神状态和心情投入工作。上网是公务员最主要的业余活动，通过网络可以更快的了解国家大事、社会民情，有助于他们工作的进行。

大学生在他们业余时间里，主要从事上网（24.7%）、阅读（20.5%）、学习文化技术（20.5%）、兼职（8.2%）和逛街购物（4.1%）等活动，他们的业余时间安排地比较多样化。虽然大学生也将上网作为其主要的业余活动，但是其比例与阅读和学习的比例相差不大。说明大多数学生在休息的同时并没有迷恋于网络，懂得节制，仍以学业为重。三个年级相比较，上网、学习、阅读在各年级的比例也是最高，可见这是大学生的普遍选择。同时，炒股现象出现了随年级的增长而增长的趋势，大一（0.3%），大二（1.4%），而大三更是达到了（5.5%），这甚至已经超过了有固定工资、稳定工作和一定存款的公务员（1.6%），是其三倍还多。大学生没有多少额外的收入，却有一部分人热衷于炒股，这值得深思。

职业技能培训学员在业余时间里，主要从事上网（26.1%）、学习文化技术（23.1%）、阅读（10.4%）等活动。从数据中可以看出，上网同样是他们的主要的业余活动，网络成为他们生活不可或缺的部分。虽然他们学习技能的任务比较繁重（这在很大程度上会影响到他们业余活动的安排），但是其学习热情依然很高涨。利用业余时间弥补知识水平的不足，并将其当作一种休闲方式，这一现象已经成为职业技能培训学员的常态。这一部分人对于炒股没有兴趣（0.00%），可能是因为资金不够造成的。

9. 在回答"您使用手机上网的情况"这一问题时，回答"经常使用"（39.8%）和"每天使用"（32.3%）的人数较高，而"从未使用"的人只有9.7%。表明手机已经成为这一代青年的生活方式，对他们的生活影响较大，青年人能够充分运用现有的现代化信息资源提高生活质量，了解丰富的信息资源。同时手机上网更加方便、快捷，消费也较低，加上信息、科学技术的发展，手机功能越发强大，很多以前只能通过电脑完成的事情现在使用手机也可以办到，所以更容易受到年轻人的青睐。

公务员回答为经常使用（43.9%）、每天使用（36.6%）、偶尔使用（18.4%）。虽然他们已开始工作，电脑使用更加频繁，但是上网时间主要集中于单位，并且是为了办公的需要，所以方便地使用手机上网成为他们的主要选择之一。同时，通过手机上网也可以较为方便地了解相关信息和利用一些资源。

大学生回答"每天使用"、"经常使用"、"偶尔使用"的比例分别为：35.6%、34.2%、26.0%。使用手机上网成为他们日常生活中不可缺少的一部分，能够充分利用手机中的现有资源做自己喜欢做的事也是当代大学生能力表现的一个方面。但是也会出现牵扯学习精力，不认真听课的现象，许多老师都对此种情况表达了不满。纵向比较，大一（74.1%）和大三（69.8%）用手机上网的比例较为接近，大二（81.1%）为最高。

职业技能培训学员答"偶尔使用"、"经常使用"、"从未使用"的比例分别为：41.8%、22.4%、22.1%。表明职业技能培训学员使用手机上网的现象相对较少，其用手机上网的具体情况直接受到经济条件的制约，同时学习任务的繁重也会影响到他们手机上网的使用频率。相比较大学生和公务员，他们的负担更重，因此对待手机上网明显没有前两者热心。

10. 在回答"您上网时用的最多的是哪一项"这一问题时，他们主要回答用"QQ/MSN/ICQ 聊天"（40.2%），一部分青年回答"查资料"（11.5%）、"听音乐"（9.5%）、"写自己的博客"（6.6%）。相关数据调查表明青年们没有很好的利用现有的网络资源，他们的想法趋于多元化、个性化，自我意识较强。更多人使用网络只是为了交际，而不是学习。网络作为新兴的事物，它对青年的影响是巨大的，但需要对青年进行正确地引导，使他们能够合理地运用网络资源，发挥它真正的作用。

对公务员而言，他们上网主要从事"看新闻"（27.6%）、"QQ/MSN/ICQ 聊天"（25.2%）、"炒股"（25.2%）、"查资料"（17.1%）等活动，他们充分利用现有的网络资源做一些比较有意义、有价值的活动，当然聊天是必不可少的环节。关于网上炒股这一活动，高达四分之一的人会运用网络来增加他们的收入。但是这一选择与"您业余时间最常从事哪项业余活动"问题中，公务员只有1.6%的炒股的出入较大，发生这一情况的原因是什么，值得思考。

对大学生而言，他们上网主要从事"QQ/MSN/ICQ 聊天"（41.1%）、"听音乐"（16.4%）、"查资料"（13.5%）、"写自己的博客"（6.8%）、"看新闻"（5.5%）等活动，他们根据自己的需要和喜好来利用网络资源。三个年级的学生都选择了从事 QQ/MSN/ICQ 聊天作为其上网的主要活动，但是不上网的学生同样存在（尽管人数不多），呈现出递减的趋势。大一（12.8%）、大二（4.9%）、大三（2.7%）。可能是一开始由于经济问题或者不懂如何使用而不接触网络，随着知识的增加和对网络的熟悉，上网逐渐成为大学生普遍的活动。

对职业技能培训学员而言,他们上网主要从事"QQ/MSN/ICQ 聊天"(26.1%)、"听音乐"(14.2%)、"游戏"(12.7%)、"查资料"(11.2%)、"看新闻"(9.0%)等活动,可以看出,他们上网的内容较多,同样以聊天为最重要的活动。但玩游戏的人数量较多远高于前两类人群。同时不上网(14.9%)的比例也高于公务员和大学生。他们根据自己的生活状况和个人喜好从事上网活动。

(三)共青团和青年成长(见附表5)

绝大多数青年对共青团组织是认可的,对团组织的活动是了解和认可的;但是,超过十分之一的青年不知道共青团组织的存在,五分之一强的青年认为共青团组织"无活动、无作用、好像不存在",说明不了解、不认可也占了相当的比例。表明新疆共青团工作有加强、改善和创新的较大空间;也反映了新疆地区青年工作面临的挑战和争夺青年的"战争"值得引起重视。

1. 在回答"您所在单位有共青团组织吗"这一问题时,82.0%的青年回答"有",表明共青团组织的普遍存在于单位之中,成为单位中不可或缺的组成部分,并影响着青年的发展与成长。但是还有11.62%的人不知道单位是否有共青团组织。这可能是因为一部分青年不关心、不注意团组织的存在和活动造成,也有可能是因为单位团组织没有进行的宣传、没有做出什么有成绩实事导致。无论是哪种,都要对个人或者组织进行工作上的改进。当然也存在没有团组织的现象(6.8%),尽管比例很低,但也需要引起注意。

83.7%的公务员回答"有"、16%的公务员回答"不知道",他们大多数认可共青团组织,并对其有一定的了解。但是也有一部分人不关注共青团组织,缺少团组织概念。作为公务员这一特殊群体出现这种情况是不应该的,需要加强学习。

83.6%的大学生回答"有",9.7%的大学生回答"不知道",6.7%的人回答"没有"。从中可以看出,团组织在大学中广泛存在,并对大学生有着深刻的影响。绝大多数学生很重视共青团组织,对其很关注,并有相当程度的了解。当然也存在着校园里没有共青团组织的现象,同时也有着接近百分之十的学生对共青团组织漠不关心,比例较高。其中原因可能是所在学校的共青团组织活动较少、影响力较小导致,使得学生对其不甚了解。但是,三个年级中不知道有团组织的人数呈现出增长的趋势。大一

## 附表5 "共青团和青年成长"调查表

| 单位 | 人数 | 你所在单位有共青团组织吗? | | 对共青团组织的评价 | |
|---|---|---|---|---|---|
| 大一 | 298人 | 有 | 85.6% | 无活动、无作用,好像不存在 | 18.8% |
| | | | | 是青年的先进模范组织 | 43.0% |
| | | 没有 | 6.4% | 组织文体活动多,经济活动、生产活动少 | 12.1% |
| | | | | 口号多,办事少 | 11.7% |
| | | 不知道 | 8.1% | 没有倾听青少年意见和呼声 | 3.4% |
| | | | | 为青少年办了不少事实,好事 | 11.1% |
| 大二 | 350人 | 有 | 85.7% | 无活动、无作用,好像不存在 | 19.4% |
| | | | | 是青年的先进模范组织 | 38.6% |
| | | 没有 | 4.0% | 组织文体活动多,经济活动、生产活动少 | 9.1% |
| | | | | 口号多,办事少 | 13.1% |
| | | 不知道 | 10.3% | 没有倾听青少年意见和呼声 | 4.3% |
| | | | | 为青少年办了不少事实、好事 | 15.4% |
| 大三 | 76人 | 有 | 79.5% | 无活动、无作用,好像不存在 | 20.5% |
| | | | | 是青年的先进模范组织 | 35.6% |
| | | 没有 | 6.8% | 组织文体活动多,经济活动、生产活动少 | 12.3% |
| | | | | 口号多,办事少 | 9.6% |
| | | 不知道 | 13.7% | 没有倾听青少年意见和呼声 | 2.7% |
| | | | | 为青少年办了不少事实、好事 | 19.2% |

续表

| 单位 | 人数 | 你所在单位有共青团组织吗? | | 对共青团组织的评价 | |
| --- | --- | --- | --- | --- | --- |
| 公务员 | 123人 | 有 | 83.7% | 无活动、无作用,好像不存在 | 17.1% |
| | | | | 是青年的先进模范组织 | 26.8% |
| | | 没有 | 5.7% | 组织文体活动多,经济活动、生产活动少 | 12.2% |
| | | | | 口号多、办事少 | 30.9% |
| | | 不知道 | 10.6% | 没有倾听青少年意见和呼声 | 4.9% |
| | | | | 为青少年办了不少实事、好事 | 8.1% |
| 培训中心 | 134人 | 有 | 64.2% | 无活动、无作用,好像不存在 | 26.9% |
| | | | | 是青年的先进模范组织 | 20.9% |
| | | 没有 | 16.4% | 组织文体活动多,经济活动、生产活动少 | 16.4% |
| | | | | 口号多、办事少 | 13.4% |
| | | 不知道 | 19.4% | 没有倾听青少年意见和呼声 | 1.3% |
| | | | | 为青少年办了不少实事、好事 | 20.9% |

8.1%、大二 10.3%、大三 13.7%。年级越高，人数越多，且增长幅度较大。在校时间越长，对团组织就越不了解，这本身就是一种不正常的现象，需要深究其原因。

64.2% 的职业技能培训学员回答"有"，19.4% 的职业技能培训学员回答"不知道"，16.4% 的职业技能培训学员回答"没有"，比例较前两者都较高。造成这样情况的原因可能是由于他们对共青团组织的认识程度较低，甚至不知道共青团是什么。所以一部分人认为他们所在单位没有共青团组织。

2. 在回答"您对共青团组织的评价怎样"这一问题时，35.8% 的青年回答"共青团组织是青年的先进模范组织"，20.1% 的青年回答共青团组织"无活动、无作用、好像不存在"，14.6% 的青年认为共青团组织"口号多、办事少"，14.3% 的青年回答共青团组织"为青年办了不少实事好事"。通过这些数据表明青年对共青团组织的评价很客观，以事实为依据，具有批判精神。总体上来说对共青团组织所作的工作是给予肯定的，但也指出了其工作的失误与不足，可以使团组织的工作进行有针对性的改进，促进其完善和发展。青年们实事求是的回答也表明他们希望共青团组织有一个更美好的明天。

30.9% 的公务员回答共青团组织"口号多，办事少"，17.1% 的公务员回答共青团组织"无活动，无作用"，12.2% 的公务员回答共青团组织"文体活动多，经济活动生产活动少"；26.8% 的公务员回答共青团组织是"先进模范组织"。即对共青团活动提出批评的人有 60.2%，这是一个相当高的比例，说明共青团组织在工作中的确存在这样或者那样的问题。青年公务员们客观地对共青团组织作出评价，必须予以重视并积极解决。

39.1% 的大学生回答共青团组织是青年模范组织，19.6% 的大学生回答共青团组织"无活动，无作用"，15.1% 的大学生回答共青团组织为青年办了不少实事好事，11.5% 的大学生回答共青团组织"文体活动多"，11.2% 的大学生回答共青团组织"口号多，办事少"，由于校园内普遍存在共青团组织，学生们对其真实情况比较了解，同时在校园里，共青团组织的活动也相对较多，影响力也相对较大。但仍有 30.8% 的学生对其提出了批评和不满。对比三个年级，学生们选择比例最高的两项都集中在"共青团组织是青年模范组织"和"无活动，无作用"。并且，随年级的提高，选择"无活动，无作用"的比例呈增长趋势。大一 18.8%，大二 19.4%，大三 20.5%。说明学生对团组织的不满意度在增加，尽管增长幅度不大，但也要引起重视。而选择"共青团组织是青年模范组织"的呈减少趋势，且幅度较大。大一43.0%，大二38.6%，大三35.6%。说明学生对团组织的认同感在降低。以上两个方面，一增一减，长此以往，对共青团的发展将会十分不利。在校园里的共青团组织迫切需要改进自己的工作，更加贴近学生生活的方方面面，增强自己的影响力。

26.9%的职业技能培训学员回答共青团组织"无活动，无作用"，13.4%的职业技能培训学员回答共青团组织"口号多，办事少"；20.9%的职业技能培训学员回答"共青团组织是先进模范组织"，20.9%的职业技能培训学员回答"共青团组织为青年办了不少实事好事"，将数据进行综合分析，可以得出：好评（41.8%）和批评"（40.3%）的比例接近。出现这种情况可能由于他们的生活实际往往受到共青团组织间接的影响，对其实际情况不太了解。共青团组织对职业技能培训学员的影响力不是很大，工作做得不是很到位。

总的来看，当前新疆青年拥护党的民族区域自治政策，认同并支持参与和谐新疆建设，对于新疆跨越式发展，75.5%的青年表示充满信心。新疆青年有爱疆情结，怀揣着梦想，希望积极投身到建设和谐新疆的队伍中去。从总体来看，新疆青年生存发展的状况整体上是和谐的，呈良好发展态势；而局部或某些因素存在着一些问题，有待于不断改善或解决。虽然他们的族别大不相同，可是民族团结之观念深入人心，他们的政治观、经济观上的现实性与理性化有助于自身自我价值与社会价值的实现的统一。他们的生活方式走向自助和多元，追求社会公众与生活秩序也成为他们现实性的政治参与的价值目标。在经济领域内，求得自我实现并保证自身的经济利益为主和个性化行为选择的价值观念。主体价值选择上把自我实现与服务社会结合起来，随着经济全球化所带来的竞争与流动的社会结构，新疆跨越式发展的新情况新变化，他们也将会对自己的人生作进一步的思考和对社会发展的趋势进行深入了解，从而使得他们考虑问题更为实际，他们中的大多数人将会做出合理的选择。他们给我们新疆的发展注入了新的活力。但他们在成长的过程中存在着一些问题。

## 二、新疆青年发展状况中的突出问题

进入21世纪以来，新疆青年的物质条件日益改善、成长空间日渐宽广，尤其是新疆的跨越式发展给青年们带来更多的机遇，这使得新疆青年形成了积极进取、敢闯敢干、追求和谐的主流特点。但经济全球化、市场经济快速发展的浪潮中,青年的生活发展状况中出现了一些矛盾和问题,比如80后青年和90后青年的思想和行为之间的差异、90后青年的非主流价值观的导向等问题。在接受调查的新疆青年中表现比较突出,青年的现实状况和发展预测存在着一些差距,对目前新疆的发展状况满意度不高,一部分青年对人生定位和未来发展迷茫、困惑。他们在生存发展中还存在着一些突出的问题。

(一)语言、行为个性化、时尚化是新疆青年反映最多的问题

在物质生活条件不断提高时,新疆青年生活的比较安逸,对时尚生活的追求日益强烈。他们过分崇尚个性化,习惯用网络用语,时尚的服饰,新潮的发型等,诸多行为不符合过去的价值观评判标准。这也使得他们与长辈、师长之间存在着代沟问题,出现了一些过激行为,从而产生了不必要的麻烦,长期以往不但影响到学校的和谐氛围、家庭的和谐氛围甚至影响到社会的和谐。青年文化生活多以上网、玩手机等"私人性"娱乐活动为主,而常忽视大众性的娱乐活动。他们的消费观念尚未成熟,有一味的追求新鲜刺激的倾向,长期以往,会影响到他们的健康状况,甚至可能会成为一些社会的负面现象。一方面,积极健康的主流、价值引导缺失、影响乏力,信仰弱化、趋利思想较重。抽样调查中,55.6%的青年追求时尚生活,35.2%的青年不赞成传统的方式生活。另一方面,新疆青年的物质需求、情感需要得不到满足,拜金主义、游戏人生等思想乘虚而入侵蚀着他们。

(二)不能很好自我接纳是新疆青年成长发展的一大障碍

虽然从整体上新疆青年的文化程度在不断提高,但他们的自我判断力尚未成熟。尤其是他们在自我接纳上存在着障碍,不满意自己的学习状况,甚至也不满意自己的健康、性格、相貌,他们觉得自卑,感情体验也是孤独的。抽样调查中,22.3%的青年认为自己缺乏自信,45.8%的青年希望接受心理咨询和培训。在学校,他们往往把过多的精力放在学习科学文化知识上,忽视了心理健康问题,在一定程度上影响到他们今后的发展。然而,他们中的一些人没有形成正确的价值观或受到一些不协调的因素的影响,曲解了爱情观和婚姻问题,也会影响到他们的健康发展。

(三)在创造性和独立性方面的不足是新疆青年生存发展的一大瓶颈

当前,新疆青年生活比较舒适,他们反而在创造性、独立性方面没有多少激情,勤劳节俭方面也存在着一些问题,有些甚至过分地依旧让父母

操心，极少部分才帮助家里干活。接受调查的青年中，39.6%的青年认为自己生活和学习的问题仍需要依赖父母和他人的帮助得以解决。在求学阶段的青年中，一部分青年没有养成创新的观念。另外，一些青年在具体的工作和学习环节中，不能很好地独立完成有关任务。他们独立自主创新的能力有待于培养和提高。

（四）学习的积极性不高是新疆青年发展的一大阻力

近年来，新疆青年受到社会的一些不良风气的影响。67.8%的青年自制力较强，抵御住了读书无用论的影响；而20.2%的青年受他人蛊惑，自我辨别能力不强致使求知欲望较低，将学习看成是压力甚至是阻力，在家庭中表现逆反情绪、在学校里体现厌学行为，这些情况不仅影响到心理健康，也不利于将来自身的发展，更何谈树立起终身学习的观念。由于少部分青年过早地放弃学业，不仅影响着他们今后的发展，而且可能会影响到其他青年的发展。青年文化程度的提高不仅需要他们自身的努力，而且需要社会的广泛的关注。

## 三、促进新疆青年发展的对策建议

当代新疆青年具有开阔的眼界和积极进取的态度，能够更快地掌握所学的科学文化知识与计算机技能、职业培训技能，是促进我们新疆跨越式发展的一支新的有生力量。只有新疆青年的能力和素质的不断的提高，从他们自身的发展角度出发，才能使得新疆的青年生存与发展中的不良状况得以大幅度的提高和改善。全社会都应该关注新疆青年的成长和发展，切实改善他们的学习、工作、生活环境，注重从政策、资金和组织等方面给予帮助，引导、培养和促进新疆青年的健康成长和发展。总之，我们应该用新眼光来看待他们的生活，用客观的新视角去审视他们的新世界。有时，他们的一些好的行为，新的观念又值得我们学习。然而，事实上在他们身上也确实存在着需要正确引导的现实问题。

（一）积极引导青少年树立正确的价值观为重点提高新疆青年的综合素质

事实上，他们也会做一些慈善事业、公益事业，有爱心，为社会做些力所能及的事，学历和文化水平的高低并不代表他们精神道德水平的高低，有时，从事职业技能培训的学员反而更富有同情心。针对他们这些良好的思想和行为，家庭、学校、社会应该及时给予鼓励，激励他们坚持下去，引导新疆青年树立正确的价值观、人生观和社会观。将全面提高新疆青年的综合素质纳入学校公共服务的基本范畴，政府加大对新疆青年思想文化建设的政策扶持力度，营造全社会关注新疆青年的综合素质的提高的成长氛围。不断发展新疆青年的思想文化素质，鼓励新疆青年弘扬中华传统文化，传播现代文明。建立起家庭、学校和社会多方面的沟通体系，通过各种形式，把正确的价值导向对他们加以引导，及时解决生活学习工作中的小问题、小麻烦。他们对爱情观问题、婚姻问题逐步趋于理性化，非常重视亲情，有益于家庭的和谐与社会的和谐，他们理性认识的成长值得肯定。有关人士及时给予新疆青年如何树立正确的价值观方面的引导，通过耐心沟通、真诚交流等渠道及时疏导新疆青年解决成长中的困惑和烦恼。有28.6%的被调查者反应心理咨询老师在他们成长的过程中给予了帮助，有56%的青年认为心理咨询老师的作用"比较大"。因此，心理咨询老师可以通过心理知识宣传、心理健康辅导来全面提高新疆青年的心理健康水平。从而为新疆青年树立正确的价值观奠定坚实的基础。

（二）加强教育宣传力度，以技能培训相结合为重点，服务于新疆青年

当然，经济基础决定上层建筑，正因为他们中的一部分人受到经济条件的制约，影响到了他们人生价值的更好的实现，他们更加珍惜学习机会、努力学习知识。家庭、学校和社会应鼓励和支持他们顺利完成学业，为今后的成长奠定坚实的文化基础。多数人对教育的需求和欲望越来越高，有些希望成为大学生，有些希望成为研究生，政府、社会、学校和家庭应尽力满足他们继续求学的愿望，特别是给予他们资金上的援助。针对他们学习能力的不同，支持和鼓励他们选择继续学习技能培训，同样达到服务于新疆建设的目的。对小部分厌学弃学的青年来说，家庭、社会和政府应给予他们广泛的关注和正确的引导，为他们今后的人生发展道路送上无尽的光明。在教育的过程中，教育要坚持主体价值、主流价值和主导价值的统一，尤其是符合转型期的新疆青年发展的整体特征，同时又考虑到青年们的实际情况针对性地给予帮助和引导；在宣传教育时，承认物质的价值，引导精神追求，价值观教育应紧密联系我们当前的生活和符合实际。

(三) 以培养创新精神和提高独立性相结合为重点，促进新疆青年的健康发展

创新是新疆青年发展的灵魂，独立是新疆青年发展的动力。新疆青年大多数从小生活在新疆，成长于新疆，局限于小块地域范围创造性的思维和能力较为欠缺，他们这方面的能力需要逐步提高，为学习和工作提供较好的发展契机。为新疆青年营造创新性社会氛围，培养和发展新疆青年科学研究团体、建设和发展关于创造发明的组织机构，建立健全科技创新的服务体系，引导鼓励新疆青年树立创新理念、传播创新文化；通过各种有效的形式，把科技创新的相关发展状况和创新理论的有关研究成果及时广泛地宣传，满足新疆青年多层次、多方面的创新文化的需求；积极组织送书、送影片、送科学创新知识到新疆青年的队伍中，促进新疆青年崇尚科学、大胆创新、提高能力，全面提高新疆青年的创新理念、创新思维和创新能力。据调查，有68.9%的青年在对共青团组织的客观评价中反映出他们敢讲真话，有自己的评判标准，有一定的独立意识。对此，学校和家庭应加以正确引导。在他们学习、工作和生活中鼓励他们培养独立的人格意识和独立的处事能力，为他们创造更多的以独立性理念为主的发展机会，不断促进他们独立思考、独立判断和独立辨别的能力的提升。在实际生活中，把培养创新精神和提高独立性相结合，帮助他们健康的成长。

(四) 不同问题，不同分析，以针对性地解决为重点提升新疆青年的发展水平

目前，对参加培训的公务员自身的问题，鼓励他们自己主动解决，不断加强思想道德修养和能力等方面的综合素质的提高。57.7%的公务员希望成为研究生，他们认为提高了学历层次，更有利于他们今后的发展，尤其是自身社会地位的提升问题。31.2%的公务员认为自己对新知识和技能的学习能力一般，应该鼓励他们自己找到适合他们提高学习效率的方法。青年政治学院的学生由于族别、年龄段、知识层面、自身能力等方面的因素导致他们表现的行为、思维方式都有所不同，解决他们的问题和烦恼需要细致入微、思虑长远，综合考虑到他们今后健康成长的有关因素。52.3%的学生是汉族，47.7%的学生是少数民族。面对这类情况，师生之间、学生之间因特别关注民族团结问题，各民族学生互帮互助、友好相处，积极营造校园的学习和生活的和谐氛围。针对各年级学生的有关情

况，采取不同的引导和管理方式。面对参加职业技能培训的学员，需根据不同的族别和不同的生活情况，考虑到来自不同的地区，家庭和经济条件等因素，对他们加以引导，积极为社会主义事业添砖加瓦。58.5%的学员考虑在毕业后要打算自主创业，针对这一类群的学员应积极鼓励，给予他们创业方面的专业指导、跟踪服务。特别是重点关注他们的资金来源、资金的多少、创业项目等方面的具体情况，政府、社会、学校应大力鼓励和支持他们自主创业。41.5%的学员打算根据自己所学的专业选择烹饪、理发等服务性行业，针对这一类群的学员，老师应重点培养他们的专业技能水平，提高他们的服务态度和服务质量，教会他们的为人处事的技巧和方法等。总之，一切从青年的发展角度出发，具体的青年的相关情况采取不同方法和措施解决、改善。切实做好青年的引导工作，为青年营造一个和谐发展的空间。新疆的跨越式发展也会极大地改变青年成长的社会条件，更会为青年的发展带来许多的社会机遇。引导新疆青年把握机遇，灵活运用所学的相关专业和技能从事所喜爱的职业，这不但能促进他们自身的发展，也更有利于和谐新疆的构建。

**参考文献：**

1. 西北师范大学；国家社科基金项目：新疆南疆地区青少年民族认同与国家认同研究，http://www.nwnu.edu.cn/Article.do_id=6577.html。

2. 朱峰 刘永萍；新疆与中亚地区青年国际交流状况研究；中国社会科学网，http://www.cssn.cn/news/409489.htm。

3. 王歆；新疆兵团青少年社会认同状况研究——以新疆兵团农八师为例，石河子大学学报：2010年第2期。

4. 汤和伟；对话青年对外交流——访共青团中央国际联络部部长倪健[J]对外传播，2008（3）。

5. 赵茜；新疆生产建设兵团青年就业问题及对策[J]；中央民族大学；2006年硕士论文。

6. 新疆农村青少年犯罪问题调查；调研世界；2006年02期。

7. 管向梅；中国青少年犯罪预防与矫治社会服务体系的构建[D]；南京理工大学；2004年。

8. 贾德梅；李洪玉；沈德立新疆青少年心理健康素质现状及特点；《中国心理卫生杂志》2011年01期。

9. 龚小平；当代我国大学生政治社会化及其教育对策问题研究［D］；合肥工业大学；2005年。

10. 袁才保；程建村；熊荣植；；青年价值主体视角的变化［J］；青年研究；1988年05期。

11. 史镜；亚文化对青年传统观念的冲击［J］；青年研究；1985年06期。

# 南疆地区调研报告提纲

持续近20天左右的调研对我既是一次身体的挑战,也是人生阅历的丰富,我倍感珍惜。来疆后一直有一个的计划,三年要集中在南疆、北疆和中疆进行实地调研,没曾想到这么快就进入了南疆调研工作,当然,这只是一次预调研,尽管时间和精力的局限,我们还是做到了每一次访谈都很深入,并且尽可能地走村窜户,和青年朋友面对面促膝交流,他们的纯朴善良,打破了我来之前萦绕在头脑里的所有顾虑,除了语言上的障碍,没有什么可以影响我们与青年群众的交流。这让我很兴奋也很满足,更加坚定了我一个想法:问题不是在办公室想出来,而是在基层中碰出来的。不碰就永远停滞于想象,想象只会带来疑虑和烦恼。

一路走来,虽然很辛苦,但痛并快乐着。同时也感到组织的力量和伟大,没有组织,个人的能力再大也无法实现预定的目标,特别是在中国特色社会主义体制下,很多事情只有依靠组织、依靠当地的群众才能办成,也只有充分地发挥基层干部和群众的智慧和活力,才能谈得上夯实基层、稳定大局。那些从最底层走出来的干部,无论到了那个层级,他们的自信度和从容度都要比其他干部强一些,这已经成了一条无可争议的真理。每到一个村里,我都要和村干部聊聊,到乡镇,和乡长或乡党委书记交流,到县里就对县长、县委书记,特别是要和政法委及民宗委干部做个专访,这既是一个人学习提升的过程,更是全方面对基层实际存在的问题了解掌握的过程。

每到一处,都有一些深刻的感触:一是党和政府的惠民政策已深入南疆百姓的点滴生活中,虽然还存在着落实不很到位的问题,但是从他们生活改善的状况,从他们充满感激的话语和眼神里我们感觉到了百姓对党的恩情,村干部的形象和威望在百姓中日趋向好。二是南疆地理位置和人文环境的特殊性,让我们深深感到,维稳的压力和成本非常之大,那里的基层干部很难睡上一个安稳的觉,政治敏锐性和快速行动力超强。他们的付出是我们内地干部很难想象的,无论对他们进行怎样的补偿都不为过,问题是:很多时候这种补偿还远远不够,但他们无怨无悔,默默地守候着祖国的安全防线。三是南疆青年整体受教育水平还很低下,不乐观的讲,初中文化程度的青年趋于主体,这既有家庭父母对孩子的影响因素,也有国家教育资源在农村特别是边缘地区分配上的局限,带来的严重后果是:就业困难,实现社会化技能偏低,在城市务工技术含量处于末端,极易造成心理落差和失衡,稍有诱导就会情绪激动、行为极端。同时这些青年在务农时也有些问题,农村普遍耕地少,各乡耕地数量也不均匀,多数去他乡承包，比如摘棉花等低质劳动，空闲时间较多，极易受到非法宗教活动分子的洗脑，如果这个时候我们的组织没有及时关注和贴近这些青年，把他们组织起来搞活动做事情，对他们进行新疆三史和法制教育，就有可能失去他们，给社会稳定带来不必要的隐患。从这个意义上讲，教育是解决青年问题的根本，而青年就业的问题既是发展之本，也是稳定之本。现将20天的调研工作情况从调研信息概况、访谈内容描述、初步分析认识和思考及建议等四个部分进行汇报。

## 第一部分：调研信息概况

### 一、调研地区的基本现状

我们调研的第一个县是阿克苏地区库车县。库车县是一个极为特殊的大县，总人口47.5万人，有8镇、6乡、5个国营农牧场，219个行政村，宗教场所609处（含一处基督教教堂），其中主麻清真寺187处，宗教人士957人（其中：伊玛目哈提普150人、伊玛目442人、助理伊玛目338人、专职哈提普27人）。另外，库车是维稳工作非常繁重的重县，当前青少年违法犯罪的情况和影响库车社会稳定和民族团结的主要隐患还存在。库车县14—35岁青少年人口总数为99613人，占全县总人口21.75%，外出务工青少年27488人，占全县青少年总人口的27.6%，违法犯罪青少年160人，占违法犯罪总人数的24.5%。各类重点人员1082名，其中：刑释解教人员862名，占总数的80.6%；公安机关列管人员110名（不包括刑释解教人员）占总数的9.4%；"7·5"涉案解脱人员69名，占总数的5.9%；失足青少年41名，占总数的3.8%；刑释解教人员中的危安人员234名，占重点人员总数的21.6%，全县危安人员子女共有313人。

调研的第二个县是和田地区的皮山县。皮山县位于新疆地区最南端，南部与印控克什米尔交界，23.83万人，总面积4.17万平方公里，具有12个民族（其中维吾尔族占98.5%）聚居的边境县。皮山县16个乡镇，169个行政村分布在大小54块绿洲上。耕地面积45万多亩，2011年人均纯收入3380元。皮山县特殊的地理环境和人文因素，造成皮山县历来就是宗教相对狂热、民族分裂分子活动频繁、维护稳定任务相对繁重的地方。90年代以来，受宗教极端思想和世界性伊斯兰教复兴运动的影响，皮山县民族分裂活动进一步活跃，民族分裂组织团伙急剧增多、暴力恐怖案件、非法宗教活动屡禁不止。

第三个县是喀什地区的叶城县，这个县有 26 个乡镇（含场区），约 50 万人，叶城在西北边陲，西南部，汉族占 6%，维族占 93%，其他少数民族占 1%。团组织有 46 个基层团委，37 个团总支，793 个团支部，青年数是 73486 人。叶城爱国宗教人士 1106 名，960 个清真寺，青年 40 岁以下占 20%—15%。另外县公安局的干部讲到：近两年青少年犯罪的特点是，人数呈下降态势，2010 年 105 人，2011 年 84 人，作案地点随时变化，拐卖儿童情况严重，叶城是重灾区。

在 20 天的调研工作中，我们直接走访了库车县齐满镇大博子村、伊西哈拉镇 8 村和阿拉哈格镇博子村八组；皮山县科克铁热克乡、藏桂乡；叶城县百西热克乡 6 村、夏合甫乡 16 村；喀什乃则尔巴格镇 1 村等（基本情况见附表 1 和 2）。

## 二、调研对象的基本信息

参与或主谈的对象有 61 人。其中，青年群体 31 人，其中大学生村官 12 人、经商人员 3 人、外出务工 1 人、在家务农 10 人、两后生（初中毕业没有工作的人员）2 人、青年民兵 3 人。特殊群体 30 人，其中基层党政领导干部 21 人、爱国宗教人士 3 人、重点管教人员 6 人。要说明的是：接受我们访谈的基层党政领导有县委书记、县长、县政法办、公安局、民宗办、县人力资源与社会劳动保障局等主要领导干部、乡镇党委书记、乡长、乡镇派出所、村党委书记（村长）、村治保主任等领导干部。其具体内容和主要观点见附表 3。

除此以外，我们还随机访谈了各县陪同我们一起调研的公务员（留疆战士）、区县乡镇村团干部，还有街头村头的小青年们，有时候和他们在一起聊聊天，不经意间也会得到一些有价值的信息。

这次调研有一个比较大的遗憾就是没能对危安犯青年和危安犯子女进行访谈，来回 8 个小时的奔波，冒着风雪来到喀什监狱，仅仅和监狱政治部主任等同志座谈了 1 个小时，但让我们收获的是：了解到这里的危安犯人数这几年呈上升趋势，涉及乌鲁木齐"7·5"事件的人员近 100 多人，其管理方式也与其他犯人有很大的不同，包括所用的一切物品都有严格的规定，自然对他们的接触也是极难的一件事了。

## 第二部分：访谈结构内容描述

### 一、关于四个认同方面的描述

关于对伟大祖国认同方面，我们访谈的青年普通群体和特殊群体，大家基本都会唱国歌。看到国旗升起的时候，都有一种由衷的自豪感，认为她就是代表着国家。当问到：我们国家和土耳其国家比赛足球时，希望哪个国家赢？他们会答道：既使我们国家实力比不上其他国家，也希望我们国家赢。具体的描述，不同乡镇村被访谈对象回答又不完全相同。

我们2月2日进到齐满镇代尔瓦扎铁热克村，与村里26名青年交流，通过一个下午的访谈和走村串户，有了一些基本的感受，这里的青年非常纯朴，从他们的眼神中透着一种纯粹，当问起你会唱国歌吗？他们就会用维语自然哼唱出来，没有太多的扭捏。在谈到最近几年库车发生的恐怖暴力事件，他们知道2008年的"8·10"事件，多半人痛恨谴责这样的事，认为严重干扰了他们的正常生活，比如外出会遭遇冷眼、手续办理繁琐，汉族朋友对他们产生戒备隔阂等等，也有少数人表情麻木淡然。问起事件发生的原因，他们说不清楚。头脑还是比较简单的，但对事件性质的说法基本准确，认为是分裂祖国的阴谋活动，对伟大祖国的认同是发自内心的。同时也让我感觉到，在这样贫穷单纯的群体中，思想渗透的空间还是非常大，教育不是一件难事，因为纯朴善良，就会被坏人利用，因为贫困荒凉就会给坏人可乘之机。

2月10日上午我们下到皮山县比较复杂的三个乡之一的科克铁热克乡（另两个乡是藏桂乡、木桂拉乡），中午我们又访谈了四位青年，两名在家务农，一名大学生村官，一名和田教育学校毕业生，准备考公务员，我们按照访谈提纲四部分向他们发问，总体感觉她们的状态不很积极，没有太多的想法，显得比较拘谨，不敢大胆说出自己的真实心态，看来由乡政府安排的访谈对象有些问题。问对目前的生活是否满意？她们普遍答：满意，只是需要经济上再得到一些改善。对未来的打算，两名务农青年需要找一份工作，只要能干就可以，没有太高的要求，大学生村官想回归自己的专业——初等教育，当一名初中老师，而那个和田教育学校的毕业生就想当公务员。问参加最近一次的升国旗时感受怎样？两名务农青年回答：

没有什么感受。请他们谈谈对民汉通婚的看法时，他们的态度不是太绝对，认为自己愿意，双方关系好就可以。问到对新疆、和田、皮山事件的看法时，他们认为：这是破坏民族团结分裂新疆的做法，连累无辜的群众，严重影响人们正常的生活，并且告诉我们：事件的参与者多为学历低、能力差、法制淡漠、容易相信谣言的人。

2月11日中午在组织藏桂乡青年做活动的空档，我们对乡长所提到的涉嫌乌鲁木齐"7·5"事件的两名重点管控人员进行了专访。两名青年分别是21岁和23岁，都因经济状况未能上高中，他们于2007—2009年期间都在乌鲁木齐打工，住在该事件发生的重灾区——赛马场，事件第二天被抓获。他们在乌鲁木齐被关押5天后转移至皮山县管教所，又被关半年，在这期间，他们学习了相关条例，随时接受询问，同室的犯人说政府要枪毙他们，他们非常害怕。有失望和痛苦，也哭过。尤其关押的犯人偷窃犯和政治犯（参加非法宗教人员30人）这些人有几次进来的状态无所谓，而且这些犯人随时在变更。在这期间，他们与父母和家人失去联系。问及"7·5"给他们生活带来的影响时，他们说：与过去的好朋友联系中断，和以前的朋友关系没有以前那么好了，有些朋友结婚了，没有时间一起玩。在乌鲁木齐掌握的技能现在没了。当问到通过学习对"7·5"事件的性质怎样理解的，他们答道是民族分裂的目的。一些青年不知道真相，参与进去，喜欢凑热闹。他们都会唱国歌，其中一个还会用中文唱。问及他们对目前生活满意吗？他们都答道：基本满意，但是想改善生活。比如房子盖好了，但是家里缺少家电、汽车、拖拉机等。需要增加一些先进的东西，比如农机，先进浇灌设备。问到：你喜欢什么样的村干部？答道：一是农民遇到困难可以解决；二是能够提供科技方面的服务支持；三是能为村里建桥修路修渠。通过对他们的访谈，有两点感受，一是他们还是有很强烈的改善生活的愿望，从精神状态上看他们很阳光。特别是21岁的青年，自始至终，保持一种平和的微笑。没有丝毫的紧张和拘谨。二是他们不承认参与"7·5"事件，当我们和乡长确定他们参与的内容时，乡长回答：一定不是他们所说的那样。具体情况只有公安局掌握，他们不掌握。

关于对中华民族的认同方面。我们2月18日在访谈喀什乃则尔巴格镇党委副书记时，他谈到了民族团结的问题，他说："70年代是民族团结做好的时期，那时候物质生活什么也没有，现在生活好了可是民族团结倒不如以前，我一直也在思考这个问题，我认为主要是体制和机制的问题，主要是好的政策没有落实好、社会的负面影响、公益性事业的滞后、群众的诉求得不到解决等问题。比如我就是一个实例，现在到民族家里没有过去的亲切感了，不大能融合进去。乌鲁木齐"7·5"事件只是一个集中显现，它是以往矛盾问题的积累，从1987年以来，很多事件都与相关政策的落实程度有关，改革开放，好的和坏年的都进来了，以后民族团结要搞好，党的民族政策非常关键"。

关于对中华民族文化的认同方面，无论在我们访谈的青年还是老人中，他们普遍关注双语教育，认为语言的障碍是影响他们就业挣钱的主要因素，他们比较欣赏和崇拜有知识、有教养的汉族人，认为这些汉族人文明，不会像维族人喝酒闹事，老人们比较后悔没有让他们的子女享受到好的教育，如果赶上现在好的政策，无论如何不会像过去一样。现在他们就想送自己的孙子到双语幼儿园。

对于民汉通婚之事，他们的态度是比较开明的，他们认为有几种阻碍，一是民族传统的习俗；二是语言的不同；三是受教育程度的不同等等，但是如果双方感情基础好，通婚也不反对。我们发现外出务工、大学生等群体中有接触和了解其他民族朋友的机会，务农青年这种机会几乎为零。另外维族男可以找汉族女，但不大接受维族女找汉族男。

关于对中国特色社会主义道路的认同方面，普遍对自己的生活有焦虑感。从他们话语中，你会感到他们的生活环境相对恶劣，还处于勉强维持生计的底线，日子过得紧张而单调，有诉求的强烈愿望，但是他们对未来有想法，非常向往外面的世界，想干点实实在在的工作改变自己的命运。我们3日去的是齐满镇大博孜村，有近300多户农户，那里的村民非常纯朴，一旦建立感情，没有什么不能交流的，他们的需求不是很高，比如就是有几亩属于自己的耕田，能种些棉花或者大枣什么的，如果外出务工，能干点泥瓦工、美发或者食品类的活能养活自己就可以了，让我奇怪的是：在这样不太富裕的村，如果村民遇上什么难事，他们第一时间还是想去找组织帮助，而不是把所有期望寄托于宗教信仰什么的，尽管他们都信教，也会去附近的清真寺做礼拜。在我们访谈所有青年中，他们心中还是能说出自己所崇拜的共产党员，多数是村党支部书记或其他村干部，对基层干部的不满意程度不是太突出，仅仅认为他们对村民的关注聚焦强势群体，相对忽视弱势群体，特别是对弱势群体的需要没有给与及时的帮助和解困。

2月19日上午我们最后在喀什乃则尔巴格镇值班室访谈了三位青年民兵，这个群体也比较特殊，他们谈到了宗教人士的两派问题，改革派和保守派力量对比的问题；心目中的优秀共产党员是自己的父亲；不能接受清真寺挂国旗。特别在问及：你的生活是否得到改善？你知道党和政府的惠民政策吗？他们的回答很特别，比如说过去我们家5口人只能吃一个包谷面馕，现在是一个人可以吃到5个用白面做的馕。知道党和政府的惠民政策，如低保、安居房、医疗保险，还有减免7项支出等等。最后我们问道：你最崇拜的人是谁？他们回答是：带领中国人民大刀阔斧解放全中国的毛泽东。问：你对"新疆自古以来都是祖国领土不可分割的一部分"怎么看？他们则用前一天我们给他们搞的团日活动中的游戏加以说明，这个游戏的名称叫"团结一心"，大家左手牵着另一个人的右手并一起蹲下，如果要想站起来，一个人用劲是不行的，必须一起用劲才能站起来。意思是新疆就是这个祖国大家庭的一员，不能分割出去。他们相信：随着党的好政策落实，人们忙于生计挣钱，接受更高的教育，祖国的向心力会增强。

## 二、关于对宗教态度方面的描述

齐满镇大博孜村的村民普遍会哼唱国歌，但不会唱团歌，团的意识比较淡漠，他们对于党员团员不能信教的规定知道一些，但部分团员还是要一周去清真寺一趟的，在做礼拜的过程中他们体会到一种精神上的快乐和安宁，这已成为他们生活中不可缺少的内容。有些大学生因为学习的缘故在校期间不能做礼拜，他们毕业后还是要去的。这个村的基层干部告诉我们：还有部分党员，虽然知道规定不容许进清真寺，但他们有一个比较强烈的愿望，就是死后能请阿訇为他们念经，或者能在清真寺由宗教人士主持他们的葬礼。

2月9日和皮山县县委书记交流，他说：全民信教是皮山县的特点，在我们完成一天的访谈任务后，我更加理解了这一特点，做乃玛子已成为每一个生活中一个重要组成部分，无论什么地点、什么时间、正在干什么，都会放下手里的活，或者从公交车等交通工具下来自觉自愿在路边或者别的什么地方进行，田间棉花地等都可以进行，地点的选择是很随意的，但时间是相对固定的，特别是下午3点半这个时间做乃玛子的人非常多。

2月11日上午我们专访了藏桂乡乡长。他告诉我们，该乡清真寺有30个，爱国宗教人士有32人，正式解经人员有12人，其中两人是正规伊斯兰教学院出来的，10人是自学成才。这个乡的主要特点是：每年出去打工经商或者劳务输出的人有3000人左右，每年回来的人也是3000人左右。

该乡存在的主要问题就是与反动组织和事件相关的人从这里离开，又回到这个地方。主要问题群体有四类，第一类是思想表现好的；第二类是十几年来构成犯罪坐牢和出牢的；第三类是宗教色彩浓厚的人（特征：不高兴，不友善，年龄在40岁以下，留短胡须的人）；第四类是重点管控群体和监控对象，分别有五种对象。一是过去曾参加过反动团伙刑满释放的；二是跟随反动团伙，没有达到目的的；三是参与新疆"7·5"事件的；四是过去参加过非法宗教活动，现已处理过的；五是户口转移其他地区（通常管控较松）或临近乡和外县（墨玉、和田），人还没有离开。

另外要说明的是：新疆"7·5"事件的75人，判死刑的1人，判5年以上的有5人，有69人被分流回来，其中一部分转化过来的人像普通人一样对待，只是定期管理教育，有15人年龄小不懂事，不构成犯罪的情况。还有第一重点监控对象11人，有表现好的2人，可以从重点监控人员中解脱出来，还有一些人与过去相关的人保持联系，年龄在40—30岁之间，村里什么活动也不参加，态度恶劣，什么问话也不答，现时表现经常变化，令人难以掌控。还有2人曾参加过纠集反革命团伙，两次进监狱，屡教不改。其中一名女性，参加"伊扎布特"反动组织，初中文化程度，家庭背景十分复杂，非法宗教色彩非常浓厚，极力煽动杀异教徒，极端排汉思想，声称要为圣战付出一切。

我们2月12日从皮山县行程一个小时赶到叶城，稍作休息和安排后，就参加由县里组织的相关部门干部座谈会。座谈会上综治办政法委副书记讲到，乌鲁木齐"7·5"事件中参与人群多为18到35岁的青年人，现在这里有10万学生，对青年的思想教育和解决就业的工作任务非常严峻，要把党的方针政策及时地传达给青年，各学校要法制副校长要配好，发挥好他们的作用，让青年知道一些法律知识，情况就会好些；教育部门干部谈到：叶城最大的问题就是高中不够，现在正在筹建中，容纳学生十分有限；民宗局干部讲到：叶城爱国宗教人士1106名，960个清真寺，青年40岁以下占20%—15%，青年因为思想不稳定，在清真寺做礼拜很容易被利用；公安局干部讲到：近两年青少年犯罪的特点是，人数呈下降态势，2000年105人，2011年84人，作案地点随时变化，拐卖儿童情况严重，叶城是重灾区。其主要原因是家庭问题，一是父母不了解孩子，特别是孩子的思想状况，二是监护人责任不到位，三是男的长期在外打工，女的管不了自己的孩子。现在学校教育、家庭教育还有社区教育要同步进行，要四进，进社区、进学校、进家庭、进宿舍等；统战部副部长讲到：每一季度我们都要进行调研工作，问孩子一个问题，你爸爸在清真寺念经，你妈妈在家里念经，你在干什么？孩子回答：不学经。这位干部说：不可能。孩子不上学，一定去念经，叶城的宗教氛围还是比较浓厚的。

座谈会后我们对公安局副局长和统战部副部长进行了专访，公安局副局长说到：在解放前东突头目没有地方住，就在叶城呆上一个月，留着根（清真寺），有3000名学生，在1980年—1990年学经渗透全疆，1990年一些爱国宗教人士被暗杀，还有国家领导、汉族干部、村书记等也遭到杀害。发展到2000年，破坏不断，同时开始培养年轻人，特别是在百西热克乡，有专门的培训基地，100到200成年人受到培植，现头目在境外逃窜。非法宗教活动一直持续不断，1990—2000年社会稳定是打出来的，2000年后的社会稳定是管出来的。问到乌鲁木齐"7·5"事件前后危安人员数据的变化时，他们回答：呈下降趋势，2010年破获地下讲经点7到8起，2011年10多起。1990到2000年，有100多起。这些讲经的地方经常是在裁缝店、打工处和农民的房子。当问及学经人数时，统战部干部答道：15万人，5岁开始学经，学阿拉伯语。那时5岁开始学经的人就是今天的80后和90后了，要关注这批人的情况。当问及地下讲经点查获的物品有哪些？他说主要是古兰经、点读机、手抄本，其中大体内容是伊扎布特组织，阿富汗战争，本拉登讲话，消灭异教徒等相关内容。当问及什么因素导致青年危安行为发生？回答一是家庭因素，在古兰经上有对父母义务方面的规定。孩子7、8岁时，父母有责任教孩子学经，12岁孩子就可以做乃玛子了。另外男孩在7到9岁，冬天被割礼，这样做礼拜会干净些，胡大会接受的。二是社会环境的复杂，非法宗教印刷品、宣传品对青少年的精神污染严重，媒体电视网络手机内存反动思想等各种信息的传播。三是各种国外事件的报道，对青少年的鼓动和激励。四是正规宣传教育的缺失和方式方法的有效性不足，放松会导致非法宗教蔓延。总之，危安分子的主要特征是非法宗教意识浓厚，学经，无家庭收入来源，初中小学文化水平，要从根上斩断这一群体，必须从教育、就业等方面抓起。

2月12日晚上，我们与阿依努尔书记专门和叶城县的政法委副书记进行了专门的交流，他的介绍比较客观和全面。访谈的第一部分内容是：叶城县青少年参加乌鲁木齐"7·5"事件的原因分析。他答道：第一是青少年法制教育比较弱，青少年思想不稳定，法制观念淡漠，专门设置的法制副校长的作用没有发挥到位，既不正规，也不系统，建议学校设置法制课，结果会好些。第二是南疆地区教育严重滞后，叶城初中到高中不到

20%，全城只有民族高中一个中学，大多数不愿意上，是农民，但毕业后不务农，成为闲散人员，传染一些毛病，务农不会种地，结婚后没有生活来源，外出打工到乌鲁木齐不愿意回来，没有技术，看到其他人收入高，心里不平衡，但是自己水平低，就业难，无固定住宿。第三是汉族与维族的观念有很大差距。一是农村边缘地区没有汉族人；二是生活习惯不同，经常不来往，有一些隔阂，彼此不相信，看起来温和，实际心理有一道屏障；三是语言环境不同，汉语不好，就业不了，认为没有汉族人就好就业，心理有问题，将原因推到汉族人身上。双语教育非常重要，农民已深刻感受到它的重要性，愿意把孩子送到双语幼儿园，此工作进行得比较好。另外孩子恋爱，我们需要引导，我都是如此，何况农民呢？青年分不清真相，大多数人水平低，识别能力弱。第二部分内容是：影响青少年危安行为的主要根源和因素。问非法教经点在叶城突出吗？他答道：这几年破获的地下讲经点每年有10多起，涉及108个孩子，学生占50%，最小的4到5岁，最大的35岁左右，寄宿讲经点特征，一是封闭隐秘，比如墙上挂毯背后是密室；二是条件设施非常差。调查人员曾发现有的家里人口不多，却经常买一大堆菜和馕，屋顶一人站岗放哨，一有情况，屋内的人便不吭声了，跟踪查清这个讲经点是一个开酒吧的女人开的，请地下阿訇来讲经。学经的人有来自喀什、皮山县等等。有些孩子不想念经，父母送孩子过来，但有的孩子学经不想回去，2—3个月被洗脑，没有户口没有上过学，还有部分辍学孩子，多数是初中学生。这些孩子很容易被反动势力利用，学习搞人体炸弹、产生排汉意识。如果是单纯学经是没有问题的，父母说：我们是穆斯林，让孩子学经，就是为了以后给我们念经祈祷。但一旦孩子被利用，后果是可怕的。

2月13日我们来到百西热克乡，访谈了一位爱国宗教人士依玛姆和哈提甫，从事宗教工作已经16年，是目前是乡镇伊斯兰教协会会长，他告诉我们这个乡学经人数的变化趋势，1996年是个分水岭，之前学经的人多，之后学经的人数少了，原因是1996年这里开始实施义务教育，认识到学习知识的重要性。

下午我们专访了当地的派出所所长，他的精神状态特别好，非常配合我们的调研工作。近两年他们用自己的努力，给村民办了不少的好事，改变了他们在村民中的不好印象，这一点在我们下村调研时已经感受到了。这次访谈中有几个收获，了解了阿麦克苏木和他弟子的一些情况。上世纪80年代开始至2008年，这个乡一直不太稳定，1991年，新疆唯一的恐怖组织训练基地在他们乡被发现了,是阿·麦克苏木父子训练的。他当时是政协委员、伊斯兰教协会的副会长,在叶城县公开办宗教学校,很多人都跑来跟他学宗教。在他培训第二批弟子时发现不对劲了,随后政府派车将所有弟子遣送回去了。阿·麦克苏木是皮山人,他在那边有群众基础,在佰西热克乡有土地,自然渐渐有了群众基础。他的宗教学识渊博,很快赢得了大家的尊重和信服。学习宗教的人里面,那些有薄弱之处的人被坏人利用,灌输极端宗教思想和圣战思想,不是说你跟别人说两句话就立马出去杀人,而是先洗脑,至于能洗到什么程度,那就要看洗脑的那个人学问有多厉害。在这个乡,之所以比较复杂,主要是这里有重点管控人员250个,其中有27类人〔重点人员、"7·5"人员、两牢人员(政嫌、刑嫌)、爆炸案件、阿·麦克苏木弟子、2000年以来参与恐怖案件但没有处理的人员、伊吉拉特/伊扎布特组织、懂爆炸技术人员、爆炸培训、存非法内容的介质或观看非法内容的人员、外地作案、不放心人员、野阿訇、非法讲经、非法学经、极端思想、80后、90后、恐怖训练〕。他特别谈到了涉案"7·5"事件的人,学历低,素质差,还有文盲半文盲的人,有学生,行业领域的人,比如烤馕的人、修汽车的人、开饭馆的人,有一位烤馕店的老板叫阿布莱江,在当地非常有名,开了好几家分店,很多打工人员都来自他的家乡,没事就在一起聊天,这些打工人短期打工计划的多,老板也不怎么关心这些人,在交流中会产生很多念头,往往素质低的人与突发事件性有关联,一夜之间,一念之差,就会采取行动,极为冲动,不计后果。这些念头往往来自对社会的抱怨、极端的宗教思想以及朋友的煽动。常言说:三个学历高的人在一起会研究出深的东西;三个酒鬼在一起就会去打架。年青人想得到东西太多了,想要摩托车的,想白吃白喝的,想出去看看的等等,想走捷径的人就会去偷,或者去骗头脑简单的农民。如果这个时候我们的民警不注意方式方法,就会给他们提供宣泄的机会,矛盾就会激化。

2月14日我们在当地片警的帮助下进入情况复杂的百西热克村六村,为了安全考虑,我们请六村的治保主任带我们到涉及伊扎布特组织的重点管控人员家里。重点监控人员买买提拖合提·玉素甫有三个孩子,两个女孩,一个男孩,3岁—10岁不等,家里一年的收入2700元,共3亩地,以前种麦子,现在种核桃,从去年开始,每公斤核桃卖15元,刚刚把家里的羊卖掉(一支羊600—800元),又买了几头牛。未来想赚些钱买个桑塔纳。他一天要做5次乃玛子,一天五次做乃玛子的时间分别是早8:40、下午3：30、6、8：40、9：40，最后一次是5分钟，其他都是10分钟。基本一次不耽误，如果哪一次没有做，一定再找时间补上，如果哪次没有做，他说就像丢了魂似的，缺点什么。他的孩子没有学经，他没有能力教他们，现在政府管得严，不能把孩子送出去学经，只好等孩子小学或者初中毕业后，由他老婆教他们。我们特别问到：清真寺可以挂国旗吗？答：不可以，以前也没有这样做，这样做不合适，因为穆斯林在做乃玛子的时候，背后不能挂任何东西，只有古兰经上的字可以写在墙上。当问到：如果你有100元钱，清真寺和学校都要修缮，你怎么处理？答：各50元，这两个都比较重要。问：前一段时间，你看到村里女人穿吉里巴甫吗？答：看到过，有两个人穿，现在也还在穿，一个是80岁的老太太，整天都不出门，还有一个是洗尸工。问：你的老婆穿这种服饰吗？答：不穿。有一件事让我们刻骨铭心，那是1998年—1999年之间，泽普县发生一起歹徒袭击派出所的案件，当时抓到一批，还有几个人漏网。一天有20几个男人男扮女装，穿着吉里巴甫参加一个朋友的婚礼，他们一直在里屋，外面有一个村民听到里面是男人的声音，便马上给公安局报告，最后一起被抓获。这些人都是恐怖分子。问：村里宗教人士的情况怎样？答：我们村清真寺5个，爱国宗教人士每月80元，大毛拉一个，有45岁，见识很广，政府曾经带他去过好多地方，比如北京，还花很多钱派他去学习受教育。我们村参加过朝觐的人有5个，没有宗教人士，都是农民，宗教人士忙于做主持，负责清真寺，工作走不开，农民只要具备几个条件，即没有领过补助，经济状况好，身体没有问题，没有任何违法记录等，就有申请参加朝觐的资格。每年乡镇只有2—4个指标。问：村里的婚礼仪式最近又什么变化？答：仍然和以前一样，很热闹，吹拉弹唱，麦西来甫都有。家庭条件好的规模大一些。婚礼仪式肃穆的情况有吗？答：有，不多，主要是宗教氛围浓厚的家庭。占20%左右，你要问他们的房子在哪里？他们不会告诉你的，对人很冷淡，眼神有一些抵触目光。问：有困难找村干部还是宗教人士？答：都找，生活方面找村干部，涉及婚丧事要找阿訇。他们都很重要。问：你心目中的村干部是怎样的？答：愿意帮助和关心农民的，把党和政府的政策正确传达的人。不喜欢那些不关心农民，也不解决问题的村干部。问：法律和宗教哪个大？答：是一样的，宗教说的，也就是法律说的，他们之间不矛盾。关于涉及依扎布特组织事件过程描述，他是这样说的：在一天早上开门时，发现一大摞东西，是宣传资料，内容他也不是全看得懂，听村里人说是八村的一个小伙子骑摩托车送过来的，以前这样的情况也有，比如你在放羊时，他们也发给你一些这样的东西，他第二天才把这些资料交给村委会，之后一段时间集中被谈话、教育。他反复告诉我们他对伊扎布特组织的情况确实不了解，仅仅是接到非法宣传品资料而已，没有做过其他的事。

2月18日上午我们访谈了乃则尔巴格一村治保主任和一名宗教人士。其中有几个观点引起我的关注，一是进清真寺的人数多少与季节节日有关，冬天斋月人多；与某个特殊时期有关，比如留胡须戴面纱，或者周边环境恶化等；与党的政策落实得情况好坏有关系，落实的好，进清真寺人就少；与接受教育的程度有关系，文化程度高的人去得少。另外关于戴面纱和留胡须现象，他们既不主张政府一棒子打死，好的坏的不分，也不赞同放松管理，因为很多事件与此相关，不能轻视。二是宗教对人们带来的价值问题。无论是经商的人还是务农的人，只要信教，就可以在村里建立一定的信誉度，从信仰的角度，他们履行穆斯林的职责、找到上进心和动力、期待安拉会帮助他们。三是解决宗教人士接班人的问题。宗教学校关闭，必然导致地下讲经点泛起，信教群众不相信宗教人士，相信野阿訇，维稳成本加大。

我们2月18日访谈乃则尔巴格镇党委副书记，他是个汉族干部，在这里生活30多年了，今年48岁。他告诉我们：在村里的青年由于从小受父母和宗教的影响，宗教意识已融入每天的生活之中。从2007年到2010年，进清真寺做礼拜的青年人数呈上升趋势，这主要与周边环境，如阿富汗、伊朗的局势有关，另外四老人员享受的补贴没有宗教人士高也有直接的关系，在村民的心目中宗教人士的地位和威信还是比较高的。比如村干部和宗教人士组织村民捐款修路，宗教人士的动员效果比村干部要好，前者动员后，信教村民发自内心，后者动员有些强制。有困难时，村民会先找到村干部，村干部无力解决时，他们会找宗教人士。另外地下讲经点的情况也有些变化，由过去的集中大规模学经人数，现在呈零星零散学经人数。还有查获的非法宗教宣传品，比如麦加图片，大肆渲染，像所有人围绕地球中心转，气氛宏大，令人震撼，发生踩踏事件大为可能，还有宣传圣战思想。MP3、U盘、点读机等等。最近2012年1月刚破获一个电脑档案，内有非法宗教活动的资料，是在一位流动人口的租户家发现的。

## 三、关于共青团组织建设方面的描述

2月4日下午我们去伊西哈拉镇调研，与这个镇的青年座谈后，就分别分小组开始访谈工作。我们挑选了两名两候生（初中和高中毕业未就业的学生）和一名在家务农的初中毕业女生。考虑到前两天访谈的综合情况，感到涉及共青团组织这一板块基本没有访谈出什么内容，我在了解完他们个人基本信息的基础上，就直接进入这一话题，交流中有四个问题他们的回答让我很惊讶。一是当我问道"你是如何理解团支部的"？他们三人回答是：团支部是各族人民团结起来共同奋斗，年轻人为适应社会发展需要不断加强自己的地方。二是当我问道"你喜欢怎样的团支部书记"？他们回答是：愿意为别人付出的人；品行端正，正直的人，对贫穷和富裕的人不区别对待的人；真诚诚实，对别人热心帮助的人，如果不能帮助别人哪怕说一两句暖心的话的都可以的人。三是问他们未来的理想和打算时，他们都想当干部，认为做干部没有务农辛苦，而且可以有能力帮助别人，更重要的是在帮助别人的同时还可以得到尊重；当干部可以少吃苦，还可以升职发展。其中一名两候生还想做到库车县领导的位置，他认为当领导必须人品好，因为要参加公选。那位初中毕业的女生回答道：一个胳臂有劲只能赢得一个人，有知识可以赢得万个人。

2月9日一早，皮山县县委书记和我们一起吃饭，他先介绍了皮山县的基本情况，其中有三特点引起我的关注，一是要走完皮山县各乡镇需要三天，各村之间极为分散，组织青年搞活动的成本非常大，交通费、农民务工费是最大的开支，他说2011年"12·28"事件发生的那个村离这更远，走过去需要15个小时，而且海拔有3000多米，缺氧，要翻过三座大山，气候非常冷，到西藏阿里最近，那些想越境参加圣战的人无论如何也不能实现，不是被冻死就是累死。

2月10日我们访谈皮山县铁热克乡四位青年，谈到团组织的建议时，他们表示很愿意参加文体活动，建议农忙时每月一次活动，农闲时可以每月搞两次活动。打篮球、拔河、跳麦西来甫都可以。她们知道团组织最近搞的走进青年宣讲活动。还有技能培训，比如木工、大鹏种植、地毯编织和养殖技能。

2月13日我们到相对复杂的百西热克乡，分别与该乡的乡长、爱国宗教人士、派出所所长进行了访谈。这个乡的乡长做了5年，他介绍这个乡有18个村，六村、八村比较复杂，18—35岁的年轻人有6000人左右，没有篮球场、文化室等活动设施。我们对乡长的访谈内容集中在团组织建设方面，一是团组织活动经费的保障问题，二是团干部培养问题。他认为群团组织一年的活动经费至少要在5000元左右，要占到中央转移支付（10000元）50%。当问及他对团干部的满意度时，他认为：一个优秀的团干部应该政治立场要坚定，和非法宗教和违法行为要能据理力争，让青年在发展经济发面要能起到主力作用。目前作用发挥得不是很好，而且发现一些非法宗教或违法行为时没有及时汇报情况。

2月14日我们访谈百西热克乡六村治保主任，请他对六村青年做了整体评价，他说：村里的年轻人有120人（16—40岁），好的方面，夏天他们忙着挣钱打工，特别是3—9月期间，到巴楚县、麦盖提县种棉花，村里地少，自然到外面承包土地的人就多了，有时候周一到周六还可以找到人，其他时间根本找不到人。出去承包土地挣钱比较容易些。但是到了冬天，青年就在家里闲着，没有事干，这里没有篮球场、文化室，青年就几个一群在路口聊天，很容易被坏人引诱，我们一直比较担心，就会安排耳目经常了解他们的内部情况，以便采取措施。现在的年轻人有些不想工作，有点懒惰思想，只想花钱，靠父母生活，居玛日有300人，青年有60—70人左右。下午在组织六村青年搞活动的空档，我们对六村村长做了20分钟的专访，他介绍了六村一些基本情况。村民人均年收入5600元，比以前增加很多，他当村长以来，把村民的沙枣地改为了葡萄园，村民的生活改善了好多。这个村的年轻人（18—35岁）有400人，其中300人外出打工，初中毕业生占80%，他们喜欢参加活动，乡里面一共1.2万元，但是群团组织搞活动不要钱，多半用于计划生育和添置办公设备，比如炉子、煤、水电等。青年的活动场地缺乏，没有篮球场和文化室。当问及阿·麦克苏木弟子和伊扎布特组织方面的情况时，他说：阿·麦克苏木弟子有3个在这个村，他们前几年将户口迁了出去，已经到其他县城去了，他们的父母还住在这个村子里。对他们的情况不是很了解。另外，村里有3人，接到过伊扎布特组织的宣传资料，都是八村的人送过来的，这个组织就是制造暴乱，影响稳定。村里的年轻人冬天喜欢在一起聊天，凑热闹，如果老闲着，就会被坏人利用，生一些事。另外他谈到：村里有40%的村民每天要做5次乃玛子，其中有5%的青年。教孩子学经政府严控，一般都等孩子毕业后再学经。民汉通婚没有，参加升国旗活动少，会唱团歌的人少。村民贷款多用于林果业、养殖业等，还有一些是用于结婚。

2月14日下午我们驱车赶到夏合甫乡，奥塔克其村，同样的叶城县，乡和乡，村和村的情况差异性很大。刚一接触这个村的青年，就感到一下子轻松了好多，他们很大方开朗，善于表达，在团日活动后我们对村长做了短暂的专访。他介绍：该村有4个清真寺，4位爱国宗教人士，村民950人，其中18—35岁间的青年人有195人，初中毕业生大约120人，每年初中毕业生大约25人，去年毕业的25人中有8人考上高中，15人考上乌鲁木齐、昌吉、和田中等职业技术学校，只有3人在家，因为父母年纪大了，没有劳动力，学习也不是太差，2个女的，1个男的。这个村有一些人对他有一些意见，主要是对他从三村来有想法，认为不会持久。当问及村里青年整体状况怎样？他对团支部的干部很满意。这个村的团支部每周三都搞活动，升国旗活动、打篮球活动、每年还搞叼羊比赛，还有像今天的团日活动。团支部总体凝聚力比较强，团结合作。为了支持团支部的工作，村里每年确保提供专门活动经费4000元。村里4个清真寺，其中一个规模较大的清真寺，周五居玛日人多一些，年轻人占20%，其他三个小清真寺人少比较冷清。村里准备建排球场，文化室，让年轻人有活动的空间，目前这个村是零犯罪率。当问及未来的打算时，他说：有三个计划：一是建一个农民合作社，解决农产品的销售问题；二是在离村附近的地方抽调10亩地盖农民住宅，有花园式的住宅；三是等农民签订的安居房落实到位后，准备建一个服务大厅，集中给村民办事。

2月18日下午我们访谈了乃则尔巴格一村的三位经商青年、该乡党委副书记和人大主席团主席。特别是乡党委副书记的一些观点对我们很有启发。他谈到：目前团组织的建立没有问题，但缺乏有效的工作方式方法，机械单一，不灵活。团支部书记存在知识缺乏，思维方式局限，语言障碍，不能把党和政府的好政策准确地传达给青年农民，见识不广等问题。组织青年的活动有限，影响青年就会受限。目前每年只有三次比较大的活动，比如植树环保等。有些活动，虽然有想法，但没有形成方案，思路部很清晰，目的却不够明确，特别是没有紧紧围绕的党的中心工作和青年的需要开展工作，我们就不好批费用。另外青年的引领工作做得不是很好。我认为广大的农民青年是纯朴的，虽然他们是松散的，但我们没有及时引导他们，也没有灵活的方式吸引住他们，这是我们组织目前存在的主要问题。目前青年人看到表面的、局部的现象太多，没有亲身体验，不能融进农民群众中去，组织对他们的宣讲形式过于单一，不能吸引他们，青年的公民意识弱，比如要履行哪些职责？关键时候立场不够坚定，有时候迫于环境的压力不得不行为，内心对四个认同不彻底。关于乡里青年群体思想整体状况评价，他谈到：我们乡18岁—35岁的青年有2万人，初中毕业生没有就业的占80%，大学毕业生回来的很多在外面打工。

2月17日我们两个组终于团聚了，大家分头去了两个乡镇，我们这组去的是乃则尔巴格镇尤喀克毛拉扎德（一村），这个村共4479人，清真寺18个，种植面积2000亩，人均收入6128.12%，团员54人，宗教人士20个，维族99%。这个村有几个工厂，这让我很吃惊，鞋厂、砖厂、面粉厂、拖鞋厂、精油厂等。给我翻译的是一个大学生村官，她是来自宁夏北方民族大学，2011年10月来到这里，通过她我们知道，15个村有20个大学生村官，前面访谈的人中没有太涉及这一群体，我很开心能有机会和这一群体交流，座谈会后我便召集11位大学生村官，他们来自各个村，有5个党员，3个男士，一个女士怀着身子。年龄都在28—20岁之间，通过他们谈感受、困惑、对基层干部和身边青年的评价、以及四个认同方面的问题，我的总体感觉不是太满意，他们对工作的思考不足，政治也不够敏锐、社会责任感不很强、在其位不能谋其政，有时还过于自我，这个群体需要加以关注。

## 第三部分：几点初步认识

通过20天对61位人员的访谈，我们深刻感觉到南疆是一个极具特殊性的区域，有先天的特殊地理位置和复杂的人文环境。由于资源环境的匮乏，经济滞后，这里的人对计划经济的依赖比任何地区都要强烈，在他们的精神世界中对宗教的依赖也尤为强烈，从生老病死，婚丧嫁娶，人生的重要关头，他们对宗教的依赖已融入骨血之中。

在上述的访谈资料中，我们可以初步得出以下认识：

一、宗教统治着这些地方人们的精神世界和灵魂，必须加强对宗教爱国人士的工作，在提高和改善效果上下大力气。现在我们面临的问题是：非法宗教成为民族分裂分子利用的工具和借用的手段。我们要和他们争夺接班人上，要在空间和时间上占据优势，要加大投入，注重实际效果。一是阵地建设投入，二是内容和频率设计，三是要建设强大的爱国宗教人士队伍，四是要积极引导宗教与社会主义制度相适应，五是要在引导的细节上下功夫，如认真研究宗教教义，寻找其中与爱国主义民族团结相契合的内容，如爱家庭－爱国家，爱真主－爱党，报恩－组织的帮助，婚姻自主-宗教干涉等等，广为宣传；而减少直白的、过于官方语言化的表述表达。

二、发展经济、充分就业、改善人们生活水平，是至关重要的战略手段。不管外部力量如何猖獗，如果没有内部矛盾的积累和滋生，很难形成气候。目前一手抓经济建设，一手抓社会稳定，虽然经济问题不是解决事件的根本，但经济问题、就业、和生活水平问题，仍然是这些地区各种事件发生的诱因，也是敌对势力利用的主要借口。南疆众多事件表明：只有经济发展了，民生问题解决了，我们才能打牢稳定的基础。

访谈对象反馈信息也说明，大多数青年人所思所想的主要还是如何生活得更好些，如多学点儿技术，多了解些信息，多交些朋友，多挣一些钱等等。他们，特别是其中的青少年客观存在许多属于个人和家庭的重大人生需求，谁提供这些满足他们就会跟谁走。所以，政府和团组织在这方面应该做正确的引路人。

三、青年群体是经济发展和社会稳定的主力军，团组织居于中长期战略前沿。众多事件的主体力量是青年，这批青年的重要特征是：（1）受教育文化水平低下，多数青年的文化程度只停留在小学、初中。（2）法制观念相当淡漠。（3）受非法宗教蛊惑（极少数有极端倾向），受家庭和习惯的宗教生活影响，对安拉和胡大非常好奇和内心崇拜。（4）生活和个人发展存在困难，如无固定居所、无工作、无收入等。（5）文化生活较贫乏且主要为宗教活动占满，基本文化生活设施严重缺乏，而他们又有普遍的需求。因此，从教育入手，整体提升青年群体的教育文化水平，丰富他们的物质文化生活，提升他们的就业能力和自我发展能力，是抓住青年的战略切入点，是解决南疆青年问题的根本。团组织在组织团结教育帮助引导民族青年方面居于中长期战略的前沿，发挥作用的空间很多很大。

四、基层政权、基层组织和基层干部的活力和效力是南疆稳定的关键，也是民族地区长期稳定发展的战略前沿。基层政权、基层组织和基层干部（包括基层团组织和基层团干部）是连接党和政府与基层群众的纽带和桥梁，其工作效果、自身形象和素质的好坏影响极大。少数民族群众常常是通过对基层干部的认同来认同基层政权和基层组织，认同党和国家政策；敌对势力也经常通过少数失德干部攻击国家政策，煽动民族矛盾和仇恨。基层干部特别是村干部在群众中的威望和地位高低尤为重要，他既是夯实基层政权的关键和减少事件发生的主要因素，也是维护民族团结稳定的前线。他们第一时间的信息掌握、有效预防和妥善应对，具有无与伦比的重要性。

## 第四部分：问题的改进措施

在我们访谈之前，前期的准备工作还是不够充分，对被访谈对象的情况不能做到事先了解，有些盲目。还有一些被访谈对象都是事先由乡、镇村安排好的，真实信息的反馈程度不高。总体上，从研究的角度，个案抽样还缺乏科学性。另外，通过预调研，我们也积累了一些经验，在此基础上进一步修改和完善普通青年群体的访谈提纲和调查问卷，同时，充实特殊群体的访谈提纲，建议特殊群体重点访谈资深爱国宗教人士、基层党政领导、危安犯青年及危安犯子女（含重点管控人员）。爱国宗教人士访谈提纲内容侧重四部分，一是个人相关信息；二是曾经历程、内心感受和困惑；三是对极端宗教思想的认识；四是对犯罪青少年转化工作的建议。基层党政领导干部访谈提纲内容侧重三部分，一是对所在地区、县、乡、村基本情况的介绍；二是对青年目前现状的整体描述和对青年问题的认识；三是对团组织的建议。危安犯青年及危安犯子女（含重点管控人员）访谈提纲内容侧重四部分，一是谈昨天（从哪里来）；二是谈今天（反思和认识）；三是谈明天（未来的打算，要到哪里去）；四是谈对组织的建议。

目前，在特殊群体中危安犯青年和危安犯子女访谈工作仍处于空白，今后需要加大这方面的调研力度，为了做好这类群体的访谈工作，我们需要关注以下四个方面的内容，不能有缺漏。一是被访谈对象的基本个人信息（年龄、姓名、民族、文化等）、家庭背景、受教育基本情况、离校后的生活和工作真实状况；二是被访谈对象涉案过程的基本描述，特别关注源头、路径和结果；三是被访谈对象在狱中的内心真实感受和对主要问题的基本认识及态度（注意关键语言背后的意义）；四是被访谈对象的未来打算以及对同龄人、特别是对青年人的警醒（注意精彩话语）。

另外，特别要注意的几个问题：一是在访谈中要与被访谈对象尽快共建交流的意义和目的，营造平等交流的氛围（注意平等、朋友式，而不是审讯式，要让对方感到轻松、愉快并有内心情绪释放的欲望）；二是在访谈过程始终不要离开访谈的主题和访谈的目的，即注意被访谈对象在出事前与什么人、什么事、什么环境有关联，以挖掘背后犯罪的根源和渠道；三是通过被访谈对象在狱中的生活状态的描述，要注意观察他内心的体验和反思，以做出客观正确的判断，他是怎么看这件事？他真正的内心想法是什么？转化的可能性有多大空间？四是要做好记录（最好原汁原味），按访谈提纲结构整理记录，其中可以附带被访谈对象表情等细微情绪变化方面的注释。

  总之，随着调研工作的深入，我们还需要补课，一是新疆的三史，尤其是南疆方面的历史知识；二是要学习哲学，熟知唯物辩证法原理，要多和相关方面的专家交流请教，只有在此基础上才能很好地完成调研报告。

# 《新疆青年思想状况》调研访谈提纲（拟定）

访谈提纲结构由四部分组成。第一部分是对被访谈对象相关个人信息的了解（包括年龄、民族、受教育程度、家庭背景情况等）；第二部分是确定被访谈对象对祖国、中华民族、国家、党和政府、新疆近两年改革取得的辉煌成就等方面的基本认同态度；第三部分是通过被访谈对周围青少年信教情况的真实描述，确定其对宗教的基本认识以及极端宗教主义思想对青少年的影响程度，进而了解极端宗教思想在青少年传播的路径、渠道和手段等重要信息；第四部分 建议针对不同群体的青年，增加特色访谈内容，以便更好地把握不同青年群体的主要特征和关注的问题，为进一步开展青少年思想分类引导工作提供实证依据和理论支撑。

### 第一部分　个人有关情况

1. 可以和我们谈谈您的家庭情况吗？您对目前的家境还满意吗？请回顾一下您的生活经历，在您的成长中，您的父母给您的最大帮助是什么？为什么？

2. 您对曾（现）就读的学校还满意吗？回顾一下在校期间给您留下记忆深刻的一件事或一个人好吗？这件事或这个人对您的影响是怎样的？为什么？

### 第二部分　对"四个认同"方面的基本态度

3. 您会唱国歌吗？您参加过升国旗仪式吗？每次看到（或电视上）唱国歌升国旗时，您当时的心情是怎样的？您了解中国近现代史吗？对中国受外强奴役欺辱（如甲午战争、南京大屠杀等）的历史事件怎么看？您觉得祖国强盛与您个人的命运是否相关？

4. 您是否同意"我国是一个统一的多民族国家"？您认为您是中华民族的一员吗？"新疆自古以来就是多民族地区"和"新疆自古以来是祖国领土的一部分"，您赞同这些说法吗？说说您的理由好吗？您觉得汉族兄弟和少数民族兄弟分离或心理隔膜会带来怎样的问题？

5. 您认为国家利益就一定高于民族利益吗？您如何看待国家、本民族和个人之间的利益关系？目前有极少数人在进行分裂祖国的活动，您对此的态度是哪一种？您是否同意"民族分裂主义是各族人民共同的敌人"？为什么？

6. 中国共产党执政60多年来，新疆地区发生最大的变化您认为是什么？您的家乡有什么样的变化？您自家的生活条件有哪些实质性的改善？比如收入方面有没有增加？是否搬新家？您觉得这一切是改革开放所取得的成就吗？您了解自治区党委政府的民生工程具体项目吗？

**第三部分　对宗教的基本认识**

7. 您是否同意"宗教要服从国家法律"？您认为学生是否可以参加宗教活动？您认为父母或其他监护人不得允许未成年人从事宗教活动的规定是否合适？为什么？

8. 我们党规定，共产党员、共青团员不能信仰宗教，您对此有何看法？您对一些党员、团员去清真寺做礼拜有没有担忧？他们这样做会带来什么问题呢？

9. 您是否在宗教场所参加过宗教活动？您最崇拜的宗教人士是谁？您从小记忆最深刻的宗教仪式是什么？在您周围的环境中，宗教仪式对您和大家产生的最大影响有哪些？比如对婚礼葬礼中的宗教成分，您是怎么看的？

10. 能否谈谈您对极端宗教主义思想的看法？它与新疆"7·5"事件、喀什和田"7·30"、"7·31"事件，以及最近发生在喀什皮山县的暴力恐怖事件有什么样的联系？您同意"民族分裂是本质，极端宗教是旗号，恐怖暴力是手段"这样的说法吗？为什么呢？

**第四部分　建议针对不同群体的青年，增加特色访谈内容。**

第一类，大学生：您目前最大的思想困惑是什么？

第二类，青年知识分子：您认为什么样的思想在青年人中传播更快？

第三类，公务员：您能对基层党政干部目前的状态做一真实描述吗？

第四类，城市务工青年：您认为影响您融入城市生活最大的障碍有哪些？

第五类，社会闲散青年：我们想了解一下您对"劳动"意义的想法，您愿意改变目前的处境吗？

第六类，失业青年：您认为您失业是您个人造成的，还是整个社会带来的问题呢？

第七类，农村青年：您现在最大的愿望是什么？最期待解决怎样的问题？

第八类，青年爱国宗教人士：您对国家民族宗教有关方面的政策有什么样的建议？您希望为此做哪些努力？

第九类，危安犯青年：您希望以后过怎样的生活？您对以前所做过的事是怎样认识的？

第十类，危安犯子女：您对父辈所做过的一切是怎样认识的？您期待他们以后怎样做？是否产生通过您自己的努力想改变一切的念头？

第十一类，信教青少年：您是从什么时候对宗教产生兴趣的？什么人对您的影响最大？以后想怎么做？谈谈您对未来的打算？

# 阿克苏、克州地区（七县）调研报告

在第一阶段南疆地区和田皮山县、喀什叶城县调研的基础上，调研组又开展对阿克苏地区的四县和克州的三县进行了深度调研。

## 第一部分：调研的基本情况

**调研组组长**：朱钢（自治区委员会副书记）
**调研组成员**：
李伟（自治区团委研究室副主任）
阿迪力·阿吾拉（新疆师范大学团委副书记）
阿不都外力·阿不都瓦提（自治区民宗委宗教一处干部）
阿不都许库尔·达乌提（自治区团委驾驶员）
**调研主要目的**：加强共青团基层组织建设，全面了解基层青年群众的思想状况，特别是对2012年自治区团委"组织基层建设活力年"覆盖的重点县市进行调研。
**调研范围**：阿克苏地区和克州地区共7个县（新和县、沙雅县、阿瓦提县、柯坪县、阿和奇县、阿克陶县和乌恰县）、11个乡、2个镇、19个村、3个社区、19所学校（1所大学、5所职业技术学校、5所中学、4所小学、5所双语幼儿园）、1个县劳动保障局技能培训中心、1个管委会和10户企业等单位。
**调研方式**：座谈会和交流会30场（县乡村党政领导座谈会、各类群体分组交流会）、专访干部12人、访谈青年165人、观摩实景24个（企业6户、基地8个、店铺6个、重点建设项目4个）、走访农户6家、开展青年互动游戏活动5场等。
**调研群体**：基层党政领导28人（县乡镇村干部）、基层共青团干部18人、选调生6人、公务员19人（南疆四地州公务员、乡镇公务员）、西部计划大学生志愿者 42 人、大学生村官 19 人、招聘人员（公益性岗位）32 人、劳务输出人员 40 人、个体工商户和农村创业致富带头人 32 人、培训学员 80 人、中学青年教师 24 人、协管员 19 人、民兵 28 人、务工青年 40 人、务农青年 43 人、教师转岗社区人员 8 人、警务人员 6 人、协警 9 人、训鹰员 2 人、库姆孜弹唱 2 人等。

## 第二部分：调研主要内容

### 一、对青年自身生存和发展状况的总体感受

积极的方面：一是青年整体的精神状况向好，特别是创业就业的欲望很强烈，他们不甘落后贫穷，积极想做点事情，目前唯一困扰他们理想的障碍就是资金问题，他们期待共青团组织能给他们提供一些小额无息或低息贷款项目，并适当延长还款期限；二是南疆普遍出现农牧民愿意接受汉语教育的好苗头，其积极程度趋于上升。比如少数民族的孩子在汉族学校的人数递增，农牧民普遍愿意把孩子送到双语幼儿园和汉族学校，普遍希望自己的孩子接受汉语的培训，认为学好汉语可以增加就业的机会；三是一些青年致富带头人包括残疾人，用自己辛勤的汗水创立了一份属于自己的事业，并用赚来的钱积极投身社会的公益事业，扶持更多的困难群体人员，全力履行社会责任，他们的事迹可歌可泣，事实证明：在经济发展严重落后的地区，不乏出现具有现代意识和追求时尚元素的青年群体；在物质匮乏的地区，不乏出现精神力量的伟大巨人。

另一方面，青年自身的生存和发展情况还不尽如意，存在一些问题值得关注。

（一）受教育基本情况

在我们所到的中学和小学，包括双语幼儿园，硬件设施没有问题，可谓最好最美的房子是学校，学校的设施和设备也是一流的，但初升高比率还比较低，其重要原因有：一是各级各类学校都缺师资，数量上缺口很大，特别是学前幼儿园和汉语老师急缺。比如在我们调研的一所中学，有的老师一星期上 26 节课，有时候学校双语教师缺口是通过县乡机关抽调干部顶岗；二是所在学校的教师队伍很不稳定，扎根新疆坚守课

堂的教师非常有限，一方面与远在内地的家人情感交流不便，另一方面对新疆的稳定形势担忧，他们始终在寻找合适的机会离开；三是一些学生家长对孩子就学意识淡漠，认为孩子上学多了没有用，不如让孩子早些毕业放羊或打工挣钱，即使孩子有条件继续上高中，也会采取各种手段让孩子远离学校；四是部分学生家长受各种客观条件的影响，无法配合学校一同管理孩子，尤其是农牧区、外出打工的父母无暇照顾孩子的学习。在我们调研的村发现就有家长给自己孩子留下 100 元钱就出去打工，孩子一个人吃住，没有人管，整天上网；五是一些孩子因种种情况没有及时上学，虽然经各方面努力进到校园但却与同伴有年龄差距，勉强上完小学或初中后离校导致失学；六是弱智、残疾、生病儿童上学困难，由于遗传、生活条件较差等因素，许多儿童没法正常入学，有一部分儿童在校与其他学生不能正常交流，还有一部分儿童因为生病或生活不能自理等也留守在家；七是流动儿童的情况比较突出，特别每年拾棉期间，孩子增多，随来随走，可以不和老师打任何招呼，因为这些孩子到哪儿上学都是费用全免，学校对这些孩子没有约束力；八是部分在校初中生普遍存在厌学情绪，理想信仰严重缺失。该群体多为单亲、父母外出打工和经济困难的家庭，缺少关爱，还有部分是追星族和网迷，集中表现在他们把学生证上的头像换成网络歌手明星的头像。上述情况导致初中毕业生大批量涌入社会，成为社会的易感人群，极易给社会稳定带来隐患。

（二）就业基本情况

在我们所去的职业教育学校，发现这样的情况：虽然学费全免，每个月还有一些补助，但学生学习的积极性并不是很高，他们在农忙时往往被家长叫到田里干活，乡镇领导和学校领导动员力量又把他们从农田拽回到课堂上，就此一项工作很消耗精力，搞得他们苦不堪言。乡镇领导认为学校教学质量有问题，抓不住学生的兴趣，学校领导认为是家长的问题，家长对教育根本不重视，从小对孩子灌输的内容存在很多问题，需要做家长的思想工作。另外，在我们所去企业，特别是内地发达地区的老板在该地区开工厂，普遍诉苦，招工困难，人员留不住。原因是：一些纺织厂的女工到结婚年龄就不工作了，一心在家服侍家人，而且内部员工发生一些口角就随意离开不请假，责任意识相当淡漠。值得注意的是：很多青年就业观念仍趋同"学而优则仕"，愿意进机关，愿意当官，不愿意下基层到企业,他们认为当官可以获取利益,可以有资源帮助别人,可以赢得别人的尊重,活得有尊严。青年的成长价值观问题需要社会各界协同努力方可有所改变。

(三) 文化生活基本状况

在我们接触的所有青年中,他们都期待有自己的活动场所,他们喜欢唱歌跳舞、喜欢运动项目,但能够参加团干部组织活动的机会非常有限,有思想内容的游戏活动更是少得可怜。即使有活动,其活动缺乏思想性,内容单调乏味,形式单一,为活动而活动,重任务驱动轻青年满意。不能很好地借助当地文化做一些长远系列的活动品牌,青年的文化生活仍极度匮乏。问题更为严重的是:我们宣传内容的针对性非常不足,比如中小学生放假要搞什么活动?18—20岁的青年,特别是未婚青年要搞什么活动?结婚以后要搞什么活动?都缺乏专门的机构研发活动、创新产品,缺乏专门的人员去采集信息,尤其缺乏专业的人士就三股势力对我青年思想渗透的技术手段和现象、规律等方面进行专门的研究,为基层一线工作人员提供切实有效的帮助,知彼知己百战不殆。调研结果表明:文化阵地,特别是农村文化阵地一旦抓不住,失去控制,非法宗教必然升温。

因为上述种种情况,部分青年仍处于失管、失学、失业、失家的生活困境之中,一旦遇到不良同伴,或受到不良社会风气的影响,极易感到困惑和受到引诱,构成危及社会稳定的因素。

## 二、对青年生存发展所处的外部环境的隐忧

(一) 宗教实际上是少数民族朋友的生活方式,对青年影响巨大而深远

在我们所到的县,都要与民宗委的领导交流这方面的内容,梳理后有以下情况值得注意。一是各个县的情况不尽相同,有的县宗教氛围异常浓厚,有的县还存在非法宗教活动屡禁不止,地下讲经点查处力度还须加强;二是境外宗教势力利用各种手段加紧对青年的思想渗透,主要采取的手段是因特网、电子邮件、书刊、音像制品、散发反动传单等,且呈高发趋势;三是个别信教群众的法律意识不强,政策水平较低,部分信教群众对"三股势力"等反动组织的警惕性不强;四是滥用"清真"标识的商品,增加了治理的难度;五是个别乡镇基层宗教工作干部,对民族宗教政

策以及宗教知识的了解和掌握程度不够，对宗教工作有时存在放松现象。

就其主要原因有：一是对宗教的感情基础。孩子从小受宗教影响，父母对孩子的影响，对宗教有一定的感情需要；二是受教育水平低，分辨能力弱，容易受恐惑；三是心理有攀比特征，一旦有反差很容易产生心理失衡，极易受到引诱产生极端想法，点火就着。目前要从根上解决，一是从环境上加强影响，二是从文化素质上进一步提升。如招商引资，让大企业落户，解决青年的就业问题，从根上培养一种进取心。

（二）三股势力一刻也没有停止敌对行动

三股势力一刻也没有停止行动，从上世纪90年代制暴制弹事件到杀害基层干部、爱国宗教人士到现在以小的成本获得巨大的杀伤力等事件，令我们震惊，目前他们把主要的注意力转移到未有前科的青年主体，与我们争夺接班人的硝烟战争一刻也没有放松，这些阶段特征与我们的管控措施紧密相联，很有规律性、隐秘性、杀伤性、快速性。因此如何让群团组织的力量硬起来，如何加强意识形态领域的策略研究，如何深入敌情方面的信息研究，倡导党的群众路线、统一战线和武装斗争，以小的代价获得更好的效果。目前我们主要存在的问题有：一是部分基层干部作风漂浮，身体沉不下去，喜欢搞表面文章，很多好的措施落实不到位；二是宣传工作薄弱。硬件和软件缺乏。宣传工作仅仅停留在任务驱动上，没有认真琢磨和规划，如何从内心世界认同和教育，引领内容上设计安排不足；三是强化国家意识不够，民族意识太过。比如"清真食品保护法"等，产生一定的负面影响。不利于民族的平等和团结。

（三）基层政府和党组织的力量相对薄弱，基层团组织的影响力仍处于十分薄弱的境地

组织覆盖和活动影响远远不够，一是村级团支部和县乡团委的人员编制不足，干活的人极缺，在编的人员精力极度分散，兼职过多，难以集中力量从事共青团工作；二是所配备的团干部自身素质有待提升，特别是组织青年、动员青年、走进青年、融入青年的能力严重不足，缺乏活动内容设计、手段方式创新和赢得领导支持的本领，对共青团文化的基本认识和认同远远不到位。具体表现在对青年群体的数量、团青比例数、党团比例数既不清楚也不敏感，根本谈不上对"全体覆盖"和"输送人才"意义的认识，同时虽然很牵强搞一些活动，也是仅仅为搞活动而搞活动，至于活动要达到怎样的目的非常模糊，难以让意思的活动变

得有意义,即在活动中体现群众性、社会性、政治性、娱乐性以及科技性和公益性等。三是从表面上看,尽管村里基本配齐了团支部书记,无论从学历、年龄、身份等等都相比前几年的村团支部书记更趋于符合条件,但是这些村团支部书记,很多是由大学生村官兼任,他们也是刚从学校迈入社会,对原来学校和班级的活动相对熟悉,但对农村工作,特别是农村的重点工作很陌生,对如何结合农村阶段性工作和长期性工作来开展农村共青团工作就更没有感觉。四是部分团干部将主要矛盾和存在的困难停留在物质匮乏和领导不重视的层面上,而忽视有为才能有位的境界上,特别是在中小学阶段,是青少年的价值观、人生观和世界观待形成的关键时期,共青团干部要靠近学生,现在出现的问题是:学生个人会关注老师的微博,但没有老师和团组织会关注学生的微博,对学生思想动态的掌握和把控仍处于盲区。

## 第三部分:加强共青团基层组织建设的几点建议

### 一、加强组织覆盖,厘清"台账",是一切工作任务的组织基础

目前从调研的基层团组织的情况看,很多基层团干部不知道青年的数字和种类,即"台账"非常模糊,对传统领域内的青年知道在哪里,但对非传统领域的青年就不清楚了,比如招聘人员(公益性岗位)即护林员、护边员、训鹰员、劳务输出人员、文化传承艺人等都不很清楚。尤其是牧区和边境线上青年很少有人去关注,建议认真梳理这些青年群体,依据基层青年干部(各级党政青年领导、各级团务干部、村团支部书记、民兵、协警、选调生、公务员、西部计划大学生志愿者、大学生村官)、普通青年群体(务工,含劳务输出、在疆务工和公益性岗位、务农、在校学生、农村致富带头人、经商企业老板等)、特殊群体(农村留守、流浪儿童、残疾青年、危安青年、危安犯子女等、两劳释放人员)等类别进行划分。

### 二、注重思想引领,重在建立内心深处的价值认同和民族认同是决定性环节

共青团组织青年的思想引领工作需要加大活动宣传阵地的资金投入,

一方面确保人员机构完编、人员配齐配强，活动经费更要全力保障。第二方面是增强以现代文化引领打造共青团活动品牌意识。要很好地利用当地具有的传统文化，借助当地的刀郎等文化和老艺人的作用，把团的工作内容融于其中，增强工作的群众性、文化性、社会性、政治性、特色性和环保性的价值功能，打造独特的、民族的活动品牌。第三方面要对青年群体分类引导，什么群体安排什么样的引导内容，充分运用新型新媒体信息化手段，加强意识形态研发人员队伍的建设。

### 三、深入基层，长期细致工作，培养与青年群众的感情是最重要的基础工程

在我们访谈的最后阶段，经常会提到如何做好青年群众的工作这类的问题，比如共青团组织如何在社会稳定工作中发挥价值和作用？最后的答案是：基层团干部要扑下身子，走在青年群众中去，与他们心贴心、面对面、实打实。管控措施再严密，如果青年群众没有发动起来，这些措施也只是空中楼阁，无法落实。其中的逻辑关系是：三股势力不会停止行动，不会因为你经济发展了，他们会放弃分裂民族的活动，相反会变本加厉地实施他们的反动计划，因此我们的维稳压力只会日趋加强，维稳的成本日趋加大。三种措施必须跟上，一是管控系统网络化、系统化和科学化。二是加快民生工程的实施，让老百姓得到真正的实惠，从心底里对党和国家感激感恩；三是基层干部要扑下身子和群众交感情，建信任，通信息，只有各族群众和我们的干部血肉相连，反动派灭亡之机就为时不远了。

### 四、扎实服务，切实解决青年群众生存发展中的实际困难是突破口

目前青年发展的困难是资金，尽管共青团组织没有服务青年的硬件资源，但整合资源有效挖掘资源是共青团组织的本质属性，也是共青团干部储备关键素质的重要机遇，因此要在传统领域组织动员能力的基础上，加大社会组织动员能力的提升，真正把青年的需求放在心坎上，事要做到关键上，通过小额贷款项目、援疆项目，比如阿合奇县的5331孵化项目（用50万资金带动30个青年创业，再解决30个青年的就业，最后用10万元奖励做得好的青年）等等，给青年群众一个希望，一点甜头，一丝温暖，青年就会跟着我们走，不会发生青年和局长的对话——青年说："局长，我毕业以后没有地可种，我想打台球，没有场所，我想喝酒，父母不

同意,这个时候有一个人过来告诉我说,这个世界不好,另外一个世界好,请你跟我来"。在我们专访的危安青年中,他们就是在苦于没有事可做,没有人关怀,没有人解难的时候被民族分裂分子拉拢过去,进行洗脑成为突发各种重大恐怖暴力事件的主体力量和牺牲品,从而导致我们维稳工作的成本极大。可是算一算,在阿克苏和克州地区青年想致富想创业的欲望虽然很强,他们也仅仅需要 2 到 3 万的低息贷款或无息贷款这样很低的条件而已,而我们却处于无奈何尴尬的境地,怎么谈得上青年在执政党最需要他们的时候义无反顾地冲到反暴力,远离非法宗教活动维护社会稳定的主战场上来呢?让软力量一定要硬起来已时不我待,这种情况一刻不能再持续下去!

### 五、重在建设,基层共青团干部队伍是关键和基石

基层团干部素质能力的优劣是关系到共青团组织的生命力,基础不牢地动山摇。共青团中央陆昊书记经常谈及村团支部如同银行的储蓄所,没有成千上万储蓄所储备资金,何谈银行资金放贷。目前村一级团干部虽然配齐,但作用的发挥十分有限,抓农村团工作没有手段,没有方法,能干事、会干事、干成事的团干部极为短缺,因此需要我们一方面实打实、面对面、手把手教他们方法,帮助他们找到感觉,另一方面要在基层团干部队伍人员结构上需要解放思想,不能过于局限于年龄、身份及学历,而应具体情况顺势而为,比如身份多元化,大学生村官不一定都要做团干部,不能住在村里的大学生村官就更不能做团干部,同时年龄有生理年龄、社会年龄和心理年龄之分,生理年龄与激情状态不一定成比例,如果挑选一位年龄 20 多岁却有 80 岁的精神状态的人,不如用一个对青年充满激情,有着社会经验的中年人。共青团事业的薪火需要一代又一代富有青春朝气的老中青一同接续完成!

# 新疆少数民族青少年对中华民族理性认同的调研报告

## ——以新疆农业大学等四所学校为例

在中央新疆工作座谈会上,胡锦涛总书记明确提出,要"增强各族人民对伟大祖国的认同、对中华民族的认同、对中华文化的认同、对中国特色社会主义道路的认同,打牢民族团结的思想基础。"

"四个认同"的本质,可以概括为各族人民对伟大祖国的归宿感、对中华民族的归属感、对中华文化的认同感、对中国特色社会主义道路的责任感。他体现了忠于祖国的坚定信念和对中华民族的信赖、对中华文化的信仰、对中国特色社会主义道路的信心。没有"四个认同",就谈不上维护祖国统一,也谈不上促进民族团结。开展"四个认同"教育,就是要告诉人们为什么要认同的道理,引导人们坚定认同的信念,把人们的思想和行动引领到维护国家统一、促进民族团结的正确轨道上来。

本次在新疆地区各大高校开展少数民族青少年对中华民族理性认同基础调研访谈工作就是开展"四个认同"教育的其中一个主要内容,其意义深远和重大。现将第二组调研的主要情况汇报如下:

### 一、调研的基本情况。

为切实加强和改进自治区少数民族青少年工作,根据团中央民族地区青少年工作领导小组《"关于协助开展少数民族青少年对中华民族理性认同基础"访谈调研工作的通知》要求和自治区团委学校部关于调研工作具体实施计划,成立三个调研组,我们是第二组,组长:李伟(自治区团委调研室副主任)。组员:胡尔西旦(自治区团委学校部实习生)和被访谈学校工作人员2名(一名少数民族、一名汉族)。访谈学校:新疆农业大学、新疆财经大学、新疆教育学院、新疆实验中学。访谈时间为6月14日—18日。

（一）调研群体基本分布：

**访谈任务分配表**

| 序号 | 学校 | 人数 | 族别 | | | | | | 访谈时间 |
|---|---|---|---|---|---|---|---|---|---|
| | | | 维 | 汉 | 哈 | 回 | 蒙 | 其他 | |
| 1 | 新疆农业大学 | 42 | 9 | 10 | 7 | 7 | 7 | 2 | 6月14日 |
| 2 | 新疆财经大学 | 37 | 11 | 13 | 6 | 4 | 1 | 2 | 6月15日 |
| 3 | 新疆教育学院 | 30 | 5 | 5 | 6 | 5 | 5 | 4 | 6月18日 |
| 4 | 新疆实验中学 | 15 | 6 | 1 | 3 | 2 | 3 | 0 | 6月18日 |
| | 总数 | 124 | 31 | 29 | 22 | 18 | 16 | 8 | |
| | 女 | 67 | 14 | 15 | 13 | 10 | 10 | 5 | |
| | 男 | 57 | 17 | 13 | 9 | 9 | 6 | 3 | |

（二）调研基本方法：座谈、分组交流、现场笔答、后续追问等

不同的学校，根据具体情况分别采取不同的调研方法。比如新疆农业大学采取的是整体座谈会的形式和同学们进行交流，交流的主题主要围绕问卷的内容；新疆财经大学采取的也是整体座谈会的方法，但交流的主题集中在民族问题和宗教问题上，另外考虑到现场参加交流的同学多为学生干部，因此在主要问题讨论后，紧扣他们的切身利益的话题，即对学生工作的理解，为什么要当学生干部？有什么驱动力？针对少数普通学生，也请他们谈一下：你心目中的学生干部是怎样的？你不喜欢什么样的学生干部等等；在新疆教育学院，考虑同学们的时间有限，则采取分组专题讨论的模式，也收到比较好的效果；在新疆实验中学，除了安排学生座谈，另外特邀请4名普通的专业青年教师进行座谈交流，很好地丰富了访谈方面的相关内容。

## 二、主要问题和观点

（一）积极正面的观点

1. 同学们在回答第一部分时政、经济和社会道德方面的问题时，总体情况是积极的，比如：关于领土问题，现在有一些国家和中国存在分歧和纷争，您对中国和这些国家之间的关系（中美、中菲、中朝、中越、中日）有什么看法？

| 选择 | A. 继续保持相互关系 | B. 以外交手段加深交流、以和平方式解决分歧 | C. 以军事干涉解决争端 | D. 以经济手段进行制裁 | E. 其他 |
|---|---|---|---|---|---|
| 总计 124 | 8 | 104 | 2 | 6 | 4 |
|  | 6.40% | 83.80% | 1.60% | 4.80% | 3.20% |

在访谈交流中，同学一致认为目前党和国家所采取的外交手段和方法是英明和正确的，他们很赞同并拥护。也有的同学对最近发生的一些国家和中国的纷争事件上，态度很坚定，认为要在道义的制高点上寻求机会，不能仅仅停留在割让、退让意义上，与其一味仍让，不如动一下牙齿，要先礼后宾，将国内国际人民的情绪调动起来，适时进行军事力量的威慑。

还有关于您对"钓鱼岛问题"、"黄岩岛事件"等有关领土的国际纠纷的事情关心吗？您是怎么看待这些问题的？

| 选择 | A. 不关心，没有了解 | B. 听说过，但具体内容不是很清楚 | C. 了解，同意现阶段我国采取外交措施和手段 | D. 了解，中国应该强硬态度，威慑周边国家 |
|---|---|---|---|---|
| 总计 124 | 2 | 26 | 74 | 22 |
|  | 1.60% | 20.90% | 59.60% | 17.70% |

数据说明同学们基本上是拥护和支持我们国家的外交政策的，同时也给我们一个很重要的启示：在大学里，及时进行这方面的教育和引导是有效的，完全可以多多益善，这是生动鲜活的爱国主义教材，对学生的成长非常有益。

还有对中国未来的发展问题您怎么看？同学们普遍还是充满信心和憧憬。

| 选择 | A. 持续、稳定、快速发展 | B. 发展很快，问题不少 | C. 表面发展很快，实际效益差 | D. 形势严峻、面临危机 | E. 其他 |
|---|---|---|---|---|---|
| 总计 124 | 62 | 33 | 23 | 6 | 0 |
|  | 50% | 26.60% | 18.50% | 4.80% | 0 |

在访谈中，也有部分同学提到了中国的发展还存在不少问题，主要存在资源、人口、经济等问题，尤其是贫富差距的拉大，特别是边缘地区的这种差距更为悬殊，对中国的整体发展不利，另外还有中国的国民素质问题，需要进行认真的反思，特别是要对媒体积极有效的引导，不能把局部、点上的问题上升到全部和面上，这样有失偏颇，不利于国民素质的提升。

2. 关于民族宗教问题。

我们问道：您认为影响目前社会和谐稳定的主要因素是什么？

|  | A. "三股势力"的分裂破坏活动 | B. 贫富差距过大 | C. 官员贪污腐败 | D. 发展中客观存在的各种矛盾 | E. 其他因素 |
|---|---|---|---|---|---|
| 总计 124 | 37 | 35 | 9 | 38 | 5 |
|  | 29.80% | 28.20% | 7.20% | 30.60% | 4% |

让我们吃惊的是只有 7.20% 的同学答 "官员贪污腐败"，这说明在新疆反腐倡廉的工作有很大的成效。而其余三个因素答案人数基本持平，再次表明：党中央和国务院所提出的新疆要实现新疆跨越式发展和长治久安的战略目标是非常英明的，也是与时俱进的一种体现，更是符合世情、国情、疆情，遵循客观规律的一种选择。责任使命艰巨而伟大。

当我们问道：您在毕业时希望回到家乡就业，还是在学校所在地就业？

|  | A. 家乡 | B. 大学所在地 | C. 其他 |
|---|---|---|---|
| 总计 124 | 54 | 28 | 20 |
|  | 43.50% | 22.50% | 16.10% |

同学们在交流中，普遍回答想回家乡就业，原因有很多，主要是基于家庭实际情况考虑，还有恋家情结，另外毕业所在地就业压力的驱使，也不得不回家乡就业，不排除有无奈之举所为。

3. 关于学习、生活、就业等方面的问题。比如：您最崇拜的人是哪一类？同学们的回答如下：

| | A. 亲人（父母） | B. 历史名人 | C. 党的领袖 | D. 社会名流 | E. 文化、娱乐、体育名人 | | |
|---|---|---|---|---|---|---|---|
| 总计124 | 53 | 36 | 10 | 18 | 7 | | |
| | 42.70% | 29% | 8% | 14.50% | 5.60% | | |
| | A. 网络小说 | B. 社会经济类 | C. 文学类 | D. 励志类 | E. 历史文化类 | F. 名人传记类 | G. 其他 |
| 总计124 | 9 | 12 | 22 | 43 | 27 | 9 | 2 |
| | 7.20% | 9.60% | 17.70% | 34.60% | 21.70% | 7.20% | 1.60% |

从这里看出，父母仍然是学生们成长的第一任老师，开办父母教育课堂或家长学校是中学德育工作非常需要的一项工程。另外我们要多出励志方面的"产品"，多满足学生们的精神营养需求。

关于同学们关注什么问题？上网最喜欢看的是哪一类的信息？

| | A. 国际形势 | B. 社会新闻 | C. 校园动态 | D. 就业信息 | E. 生活百科 | F. 其他 |
|---|---|---|---|---|---|---|
| 总计124 | 20 | 37 | 23 | 23 | 17 | 4 |
| | 16.10% | 29.80% | 18.50% | 18.50% | 13.70% | 3.20% |
| | A. 新闻类 | B. 婚恋、交友类 | C. 娱乐类 | D. 体育类 | E. 游戏类 | F. 其他 |
| 总计124 | 60 | 0 | 29 | 19 | 4 | 12 |
| | 48.30% | 0 | 23.30% | 15.30% | 3.20% | 9.60% |

关注社会新闻仍是学生们的生活内容，知识类的方面关注不够，学习氛围不够浓厚。同时也说明新闻类的内容如果失去真实成分，就会给学生们带来非常大的影响，呼吁社会和国家要对媒体进行有效监控和引导。

4. 关于学生从事学生会、社团工作的情况方面。比如：您对从事学生会工作的看法是怎样的？请谈谈您对社会实践活动的看法？

|  | A. 太辛苦,没实惠 | B. 影响学习,没好处 | C. 学生会干部自我约束不严,队伍建设不健全 | D. 学生会工作很锻炼人,对自己有好处 | E. 无所谓 |  |  |
|---|---|---|---|---|---|---|---|
| 总计 124 | 8 | 3 | 6 | 104 | 3 |  |  |
|  | 6.40% | 2.40% | 4.80% | 83.80% | 2.40% |  |  |
|  | A. 有利于学生健康 | B. 成绩需要进一步扩展 | C. 浪费时间和经历 | D. 没有实效 |  |  |  |
| 总计 124 | 96 | 27 | 1 | 0 |  |  |  |
|  | 77.40% | 21.70% | 0.80% | 0 |  |  |  |

我们在问及当学生干部的好处时,他们的回答是:1. 锻炼自己,2. 交际的需要,3. 交更多的朋友,4. 提高综合素质,5. 施展才华,6. 为就业打基础,7. 实现自我价值,8. 开拓眼界,9. 丰富大学生活,10. 获取经验、见识,11. 渡过无聊期。总体认为学生会工作很锻炼人,对自己成长有益。我们也发现部分学生干部的定位和当学生干部的动机存在一些问题,需要从成长的角度,特别是为同学服务的意识上应该加强。普通的同学们也一致认为,学生干部和学生是平等的,学生干部是学生和老师之间的纽带,学生干部要更好的为学生服务,做好老师的左膀右臂。

关于学校开展的暑期社会实践活动,或社会上的志愿服务活动,如亚欧博览会志愿者,使同学们走出校园,走进社会。用自己的双手,用自己的微笑,来服务、帮助身边需要帮助的人。培养了同学们的爱心、感恩之心,同时去体现自己的人生价值。目前大学生的社会实践活动存在着假期化,尤其是暑期化的问题,怎样让同学们在平时的学习、生活中也开展社会实践活动,这成为一个亟待解决的难题。

(二)令人深思的观点

1. 在第一部分答题中也发现一些令人担忧的问题。比如:您认为大学生应该有怎样的理想信念?

| | A. 大学生应该坚持共产主义理想信念 | B. 大学生应该坚持"四个认同"的理想信念 | C. 大学生应该坚持学习科学文化知识的理想信念 | D. 大学生应胸怀实现中华民族伟大复兴的理想与信念 | E. 其他 | | |
|---|---|---|---|---|---|---|---|
| 总计 124 | 23 | 8 | 68 | 20 | 5 | | |
| | 18.50% | 6.40% | 54.80% | 16% | 4.00% | | |

在我们具体和同学们交流中,请他们谈谈对四个认同内容的理解时,基本上无人能完整地说出四个认同的内容,很难谈得上理解和认识。另外涉及对共产主义的理想信念问题,多数同学们的脸上一片茫然,感觉这种提法很大很空,他们觉得还是先把科学知识学好是最重要的。

在谈到目前大学生中普遍存在的问题是什么?整体情况不很乐观。

| | A. 学习氛围不浓厚 | B. 没有科学的学习、成长规划 | C. 综合素质不高 | D. 理想信念不坚定,得过且过 | E. 其他 | | |
|---|---|---|---|---|---|---|---|
| 总计 124 | 20 | 23 | 24 | 54 | 3 | | |
| | 16.10% | 18.50% | 19.30% | 44% | 2.40% | | |

大学本应是培养杰出人才的摇篮,是多少学子向往和追求的圣地。而这道题中认为大学生中普遍存在的问题"理想信念不坚定,得过且过"的占到了很高的比例。最近网络上说的中国的教育体制"中国的学生上小学时学,上初中时玩儿,上高中时拼,上大学时混"的状况,多多少少反映出了我们教育的缺失问题。特别是在我们调研的新疆实验中学,最让青年专业教师困惑和纠结的问题仍然集中于学生的厌学情绪,而且,这种厌学风气还在蔓延和升温。

关于目前社会风气您怎么看?

| | A. 好 | B. 一般 | C. 有问题 | D. 失望 | | | |
|---|---|---|---|---|---|---|---|
| 总计 124 | 16 | 79 | 24 | 5 | | | |
| | 12.90% | 63.70% | 19.30% | 4% | | | |

同学们普遍感觉一般,不很乐观。比如发生"小悦悦事件"就是集中的反映。同学们认为主要原因是社会普遍对文化软实力的轻视。要加强对中国历史和文化的了解,要加大文化软实力,而不能仅仅局限于眼前的物质利益,要多考虑长远和做打基础的工作。

2. 关于民族宗教问题内容部分。在平时的学习、生活中,是否有党员、团员信仰宗教的情况?

| | A. 很多 | B. 一部分 | C. 极少数 | D. 没有 |
|---|---|---|---|---|
| 总计 124 | 0 | 10 | 29 | 55 |
| | 0 | 8% | 23.30% | 44.30% |

同学们还是认为有少数党员和团员信教,其中一个维吾尔族女学生是这样描述的:国家不容许团员和党员信教,我们现在可以执行,暂时可以不信教。我们随后追问:"暂时不信教"是什么意思?是不是可以理解为一旦离开学校就可以回归过去信教的状态,学生没有正面回答我们的问题,保持沉默!这是我们关注到的一个细节,个别维吾尔族的学生对宗教的依赖远远超出我们的想象,他们认为:宗教能够为他们履行社会道德责任提供支持。他们不认为信教有什么过错,相反,没有信仰的人才会做出违背社会道德的事情。

另外我们请同学们谈谈对党团员不能信教抱有怎样的态度?

| | A. 肯定 | B. 否定 | C. 认为共产主义和宗教之间不存在矛盾 | D. 说不清楚 |
|---|---|---|---|---|
| 总计 124 | 96 | 5 | 12 | 11 |
| | 77.40% | 4% | 9.60% | 8.80% |

很多同学们涉及宗教信仰的问题,首先是采取回避的态度,或回答时很迷茫,多半是说不清楚。这一点需要我们关注,实际上我们在这个问题上研究还很不够,需要下功夫学习,能给同学们一个清晰、明确的引导。

另外关于对国家民族区域自治制度、党和国家对少数民族地区的各项优惠扶持政策、还有中央新疆工作座谈会以来,自治区出台的一系列惠及大学生的政策的了解的情况,同学们普遍关注那些看得见、摸得着的部分。

| 您了解国家的民族区域自治制度吗? | | | | |
|---|---|---|---|---|
| A. 不了解 | B. 知道这一制度,但不了解它的具体内容 | C. 了解并认为该制度得到有效执行 | D. 了解,但感觉执行力度不够 | |
| 总计 124 | 4 | 36 | 63 | 21 |
| | 3.20% | 29% | 50.80% | 16.90% |
| 您了解党和国家对少数民族地区的各项优惠扶持政策吗? | | | | |
| A. 保障性住房政策 | B. 安居富民政策 | C. "三支一扶"政策 | D. 安居兴牧政策 | E. 其他政策 |
| 总计 124 | 52 | 20 | 33 | 12 | 7 |
| | 41.90% | 16.10% | 26.60% | 9.60% | 5.60% |
| 中央新疆工作座谈会以来,自治区出台一系列惠及大学生的政策,您所了解的有哪些? | | | | |
| A. 大学生贫困资助政策 | B. 大学生村官政策 | C. 大学生创业优惠政策 | D. 大学生去企业就业优惠政策 | E. 其他 |
| 总计 124 | 72 | 11 | 34 | 6 | 1 |
| | 58% | 9% | 27.40% | 4.80% | 0.80% |

上述数据反映我们国家相关政策宣传还没有完全到位,还没有深入人心。另外从大学生对企业就业方面政策了解的缺乏程度,还可以看出同学们的就业择业观的偏颇倾向。

3. 关于学习、生活、就业方面的问题。

您对当代大学生的道德品行是如何看待的?

| | A. 道德品行非常好 | B. 道德品行一般 | C. 道德品行需要进一步的加强 | D. 道德品行已经无可救药了,是没有道德品行可言 | | | |
|---|---|---|---|---|---|---|---|
| 总计 124 | 11 | 52 | 61 | 0 | | | |
| | 8.80% | 41.90% | 49.10% | 0 | | | |

我们发现同学们对大学生目前所存在的道德品行状况比较担忧。比如同宿舍的同学存在攀比现象比较严重的情况,女生穿着打扮喜欢追求名牌,喜欢追星一族,尽管家里经济情况非常不好,强求父母买这买那,有一个同学亲眼目睹同学家长来宿舍看孩子,孩子的穿着和父母的穿着简直可谓天壤之别。还有的男同学看到同伴有苹果电脑,也硬逼着家里人买。

另外同学们在回答:您学习的动力来源是什么?

| | A. 报效祖国 | B. 报答父母 | C. 顺利就业 | D. 出人头地 | | | |
|---|---|---|---|---|---|---|---|
| 总计 124 | 13 | 55 | 33 | 23 | | | |
| | 10.40% | 44.30% | 26.60% | 18.50% | | | |

回答报效祖国的学生人数不多,再次确定,理想信念教育存在缺失问题,从成长的关键环节上,从人生观、价值观和世界观上引导和教育远远不足。

关于对大学生谈恋爱的态度,同学们有50%回答无所谓。

| | A. 赞同 | B. 不赞同 | C. 无所谓 | | | | |
|---|---|---|---|---|---|---|---|
| 总计 124 | 55 | 7 | 62 | | | | |
| | 44.30% | 5.60% | 50% | | | | |

在接下来和同学们的交流中,部分学生很理性地分析大学生谈恋爱的利和弊,认为大学谈恋爱也是一种学习,没有谈恋爱就不算是上了一个完整的大学,它是迈向工作的一个必然步骤,有的学生持不赞同意见,认

为:现在的大学生谈恋爱的动机有问题,不是基于爱情,他引用一句俗语:"不以结婚为目的的恋爱都是耍流氓"。还有的同学认为:有的大学生谈恋爱是为了赶走寂寞,一毕业就分手,尽管他们完全有能力克服眼前的困难,但不愿意为对方付出并承担责任。他们认为这样谈恋爱既浪费时间,又容易伤害双方的感情。还有的男孩子谈恋爱要花钱在女孩子身上,这些钱是父母的,有时候男孩子为了女朋友,自己在宿舍里常吃方便面。所有这些都给我们敲起警钟,如何在高校进行健康的情感教育是一个亟待研究的课题。

当我们问道:您平时通过什么方式上网?

|  | A. 宿舍电脑上网 | B. 手机上网 | C. 办公网络上网 | D. 家庭网络上网 | E. 网吧上网 |  |  |
|---|---|---|---|---|---|---|---|
| 总计 124 | 43 | 62 | 1 | 13 | 5 |  |  |
|  | 34.60% | 50% | 0.80% | 10.40% | 4% |  |  |

从数据上来,手机上网是目前青年学生了解信息的主要渠道,这需要我们在大学生这一群体中,要充分借助手机网络媒体提供主流价值方面的信息。当我们进一步对同学进行深度访谈时:他们说到了一种现象让我们惊讶!他们说道:老师的教学质量与学生手机上网的流量相匹配,教学质量差的老师,学生的手机上网流量往往达到最高点。学生常用的流行语是"老师上课的质量,决定我们这个月的流量"。这一信号也再次反映学生某种程度上的厌学情绪。

涉及大学生们毕业后的规划话题时,同学们均选择去机关。

|  | A. 考研 | B. 去机关事业单位 | C. 自主创业,自谋职业 | D. 到企业就业 | E. 回乡为发展现代农业发挥作用 |  |  |
|---|---|---|---|---|---|---|---|
| 总计 124 | 28 | 55 | 18 | 20 | 3 |  |  |
|  | 22.50% | 44.30% | 14.50% | 16.10% | 2.40% |  |  |

去机关的人多,归根到底是原因"铁饭碗""吃皇粮"的说法在左右着学生们的选择。这种导向弊大于利。回乡就业只有3人,说明什么?在

新疆人们还是摆脱不了传统择业观,似乎还在用戴着有色眼镜的眼睛来看待在企业工作。这是思想上、理念上的亚健康。

4. 关于学生会、社团工作开展的情况。问及：您对团委、学生会开展的活动的看法是怎样的？

| | A. 活动很多 | B. 活动很少 | C. 有意义 | D. 意义不大 | E. 没有意义 | | |
|---|---|---|---|---|---|---|---|
| 总计124 | 26 | 26 | 38 | 29 | 5 | | |
| | 20.90% | 20.90% | 30.60% | 23.30% | 4% | | |

23.30%的同学认为团委、学生会开展的活动意义不大,是因为以下几点：1. 团委、学生会开展的活动有时和上课有冲突。2. 团委、学生会开展的活动有时让许多学生去参加是充人数,很形式化。这里给我们一个提醒,我们的学生工作还需要从学校的中心工作、学生的切实需要出发,寻找到最佳的结合点和切入点。

### 三、原因分析与对策建议

目前就四所学校调研的基本情况看,集中反映在学生们的目标建构工作远远滞后于社会的需要和发展。特别是要实现新疆跨越式发展和长治久安的战略目标,青年和青少年是主力军,同时也是生力军,他们的理想信念的形成和固化至关重要,仅目前四所学校的学生们反映出来的问题令人非常担忧,亟待青少年人生观、价值观和世界观方面的教育,不但从内容供应,而且要加大精神产品的供应,防止青少年内心世界的沙漠化。为了解决这一问题,要从源头上认识这些问题,才能起到除根的效果。综合调研情况,有以下几个问题需要认真梳理和研究。

第一、学生的厌学问题。学生学习的动力不够强,某种程度上学习氛围有所弱化。具体表现在：去图书馆的人非常少,喜欢看书的人少了许多,只是到了考试阶段,图书馆才热闹许多。另外,上课的缺课率大有上升趋势,因为缺课三分之一就会有麻烦,不少的大学生会在这一节点上加以控制,以便不去闯红灯。很少有大学生缺课会算经济成本,有一位大学老师算了一笔账,一堂课的费用约为25元,但没有学生为此会改变什么。尤其需要关注的是：在新疆师范类院校有很多的定向生,还有很多贫困生,他们也存在缺课情况,国家每年发给的补助数量不少,但没有把钱真正用于学习上,这令人担忧。

就其厌学原因,老师和同学们谈到几点,一是社会的不公平现象。比如一些学生家庭背景好,有关系有门路,毕业后就可以直接找到工作,不需要学习有多优秀;二是网络媒体的影响。网络流行语对学生学习的冲击,比如:学费贵族化、消费白领化、论文百度化、求职梦想化、毕业失业化、就业民工化、补考专业化。还有一些,比如:大学生一广场、大专生满街跑、研究生一走廊、博士坐满办公室等等。还有一些网络游戏,比如:男人寂寞打DOTA,女人寂寞穿丝袜等等。新的读书无用论开始在大学和中学中蔓延;三是身边环境的影响。比如同宿舍的同学存在攀比现象比较严重的情况;四是单亲家庭等情况的影响。缺少另一半家庭教育,对孩子溺爱或爱缺乏过头,都会导致孩子的性格不完善,有极端的想法和极端的行为发生;五是教学内容的不适用。理论偏多,实践偏少,特别是与现实的需要严重脱节,还有的中学教师提出:近两年的初中教材偏于简单,但高中教材又相对比较难,另外需要补充的内容量加大,学生们难以接受,教师和学生及家长的内心纠结增加;六是学生们的心理疏导不足。随着青年学生的升学就业的压力日趋加大,心理问题普遍增加,但老师们忙于繁重的教学任务和对责任风险的顾虑,大多采取不去碰学生内心的一些敏感问题,怕侵犯学生的人生权利,惹起不必要的麻烦,特别是对那些有心理疾病的学生更是能躲则躲,学生心理的沙漠化倾向日趋加重,看不到希望。外加网络媒体负面的引导,致使个别学生对生命的淡然乃至绝望;七是发展平台提供的局限。一位中学老师这样告诉我,中学生们不是没有生活目标,而是没有见识,当他们偶然参加一次科技活动时,孩子们的心就活啦,他们马上就可以确定他们真正想要的是什么。问题是:现在的升学压力这么大,我们无暇顾及这些,另外社会各界所能为孩子提供的产品也是非常有限的,孩子的眼界开不了,很难说他们的内心在想些什么,也不会有什么想法,何谈生活的目标?

在与青年教师的交流中,我们心灵受到很大的冲击,孩子们真的没有错,试想,一个简单得不能再简单的孩子,内心是多么渴望我们走进他们的世界啊!好几个孩子告诉我们:他们特别希望父母和老师能理解他们,能认真听听他们的心声,不要对他们有过高的期望,能让他们回归一下自己,找到生活的重心。另外呼吁社会的教育体制改改,不要只重成绩分数,应全面综合地对他们进行考量,能在他们最需要帮助的时候知道该向谁求助。如果您听到孩子的这些话,您一定会从心里流泪的。我们的孩子太需要精神上的引导，而不仅仅是物质上的满足；他们需要真正意义上理解，而不是自以为是的强加。现在最需要的是要引爆他们的潜能，规划他们的人生目标，帮助他们快乐成长。

第二、关于民族团结的问题。大家发言的热烈程度超出我们的预想，比如关于民族通婚的问题，他们普遍认为：民族通婚是民族团结的具体表现。身边的民汉同学有谈恋爱的，他们彼此很尊重，在努力克服来自各方面的阻力，周围的同学持积极支持态度的不少，也有同学不赞同民汉通婚，他们认为民汉共同点比较少，信仰也不同，民族文化也不同，尤其对事物的看法不一样，往往在一起会产生很多矛盾，如果民汉通婚原有的民族文化还会灭绝，不利于各民族特色文化的保留和传承。还有的同学认为民族团结的关键在于：民汉同学多交朋友、多交心、多开展文化交流、建立感情、互相尊重各自的风俗习惯，总之民族团结不能仅仅停留在口头上、口号上、场合上，要将每个人的思想建立在"平等"上，不以数量的多少、信仰的程度而区分。目前民族团结出现的问题主要是缺乏必要的沟通和交流，无需太复杂。

第三、对"四个认同"即"对伟大祖国的认同、对中华民族的认同、对中华民族文化的认同、对中国特色社会主义道路的认同"认识的问题。在调研中，这个问题最为严重，主要是说不清楚，不能完整表述，有的同学只说对了一条，很难从内心真正地认识和理解。不回避有这样的现象存在：让学生描述"四个认同"，他们也许答不出来，但当你去给他们描述时他们就会恍然大悟。这有可能是因为理论和实践的脱节，"四个认同"只在考卷上出现，而在实际生活中很难体现。

就其主要原因有三点，一是学校的教育仍然采取的应试教育，分数决定一切，导致部分学生往往将手段、路径以及方法当成目标，甚至是终极目标，加上对学生的挫折教育、情感教育的缺失，就会使学生们一旦路径出现障碍、手段没有成功，就容易导致灰心泄气、前途迷茫、看不到曙光和希望，有的产生一种绝望情绪，甚至出现放弃生命的举动；二是尽管高校、中学也在加强思想政治和主流价值观的教育，但学生们往往从媒体网络上所看到的与现实生活中所发生的让他们难以识别谁是谁非，真假难辨，良莠不分，结果导致学校的教育和社会的现象在孩子们的心中出现矛盾和纠结，加上正面的教育所采取的是陈旧和保守的套路，孩子们难以吸收和接纳，就会给非法宗教活动分子以可乘之机；三是涉及四个认同方面的教育方式没有和孩子们的切身利益发生必然的联系，不够生动和鲜活，孩子们的记忆没有形成深刻印象或成为生活和学习中不可缺少的组成部分，面是面，瓤是瓤，没有完整的固定仪式和丰富的内容将其绑牢，稍有外界干扰，就会受到影响，破坏原有的正确的"框架结构"，没有内心的定力，行动漂浮，摇摆不定。

建议有三点：一是要建立精神产品研发团队。在孩子们成长最需要的时候，提供精神养料，而且是味美色鲜好吃的营养餐，还要做到产品供应不间断；二是要整合社会各方面的资源，给孩子们提供兴趣及点燃潜能引爆的机会和平台。青少年的目标不清晰，不够远大，不能把责任怪在他们身上，需要我们青年工作者认真反思，我们给他们提供的平台和机会有多少？我们用了多少心思帮助他们成长？我们的资源发挥了多少？正如一位青年教师所说的："只要给孩子一点点思路，一点点引导，孩子们的心就活啦！心就有安放处啦！"这位老师列举说他带孩子们去科技馆看小发明，之后孩子们的变化让他着实吃惊不少。平时因为学习的重负，老师们都已无暇顾及这些，整天就是分数、中考高考率，压得大家喘不过来，有时不但是学校压，家长更是压；三是加大国际青少年间的文化交流。新疆的地域优势和多民族的特点，能给青少年提供足够的文化大餐，不同国家、不同民族、不同文化，只有在交流中彼此欣赏彼此包容，才能源远流长发扬光大，要建立平等意识，尊严意识，才能最终从心底里达成一致。现代文化的引领，永远是青少年健康快乐的风向标，各种排斥、歧视和分裂永远是我们的大敌，一个文明的国家，不仅仅在于这个国家的物质发达程度，更在于这个国家民众的文化素质，特别是一个具有悠久文明历史的民族才是立于世界不败之地的根本。

调研需要说明的五个问题：一是由于调研时间比较短，学生们临近考试阶段，访谈不够完整和从容；二是抽样成分有些偏颇，比如学生干部比例占得过大；三是追问环节还没有完成，需要继续完善报告；四是在回答同一个问题时，不同民族学生的差异性没有体现出来，只在择业观方面略有不同，少数民族的同学认为：现在社会就业压力大，大家都能理解，但在用工所需人员时不要凸显民族好不好？这样让我们特别不舒服！汉族学生则认为很正常；五是没有对不同学校进行比较，主要是没有特别意义上的区分，高校和中学严格意义上不能放在一起比较，但都有其共通性，该调研报告只对共同部分进行了阐述。

这次调研总体还比较初略，需要改进的方面不少，但通过四所学校相关部门，特别是团委领导班子给予了很大的支持和配合，使我们的调研工作如期顺利开展,学生们的真诚和坦率也给我们增加了精神动力,在此向所有参与调研工作的领导、老师和学生们表示最诚挚的衷心感谢,同时也要感谢我们研究团队成员间的默契配合。最后特别要提出的是:自治区团委领导和学校部领导给我们提供了这样一次很好的学习机会和做事的平台,让我们终身受益,刻骨铭记,永存感激!

# 对承接自治区选派南疆四地州乡镇公务员岗前培训工作的一点思考

当前,新疆要实现跨越式发展和长治久安的战略目标,南疆四地州的发展和稳定是全疆发展稳定的重要一环,也是关键的一环。发展稳定的基础在乡镇,关键在坚守一线,坚守重镇,而一线的坚守首先要靠乡镇干部和广大的基层群众。南疆乡镇公务员这一群体则是其中重要的组成部分,他们是直接接触主要依赖土地等资源生存和发展的少数民族群众,自然而然,他们与农村、农业、农民就有着最直接最密切的联系,是各级党和政府的工作基石。

做好培训和服务是我们的使命。要使我们的公务员在岗前对农村有所了解、对农业比较熟悉,对农民富有真情,使他们成为党和国家急需的具有现代知识、现代思维、现代眼光的乡镇青年干部,并真正成为我们党夯实和巩固基层政权的重要力量,需要我们每一个培训工作者倾入大量的心血和智慧。这既是守土责任也是光荣使命,更是我们义不容辞的责任!我们唯有积极作为,勇于担当,才不辜负自治区党委、政府对我们承训单位的期待。

目前新疆正处于大建设、大开放、大发展的关键时期,我们的培训工作要与时俱进。在认真总结以往培训工作的经验教训的基础上,突破固有的传统思维定式,积极探索先进的培训模式,建立大培训大教育的理念,有效整合各培训单位的优质资源,形成共享机制,提升整体贡献率。

我们在几年的培训实践工作中,有五点感受和思考与大家分享,也期待各位领导、老师和学员多提出宝贵意见。

## 一、培训工作要始终把握正确的政治方向,一定要把培养公务员的政治品格和政治意识放在首位

公务员肩负着党和国家的政治使命,能否与党中央、自治区党委在行动上保持高度的一致,是衡量每一位公务员政治上是否过硬的前提,能否

与基层百姓面对面、实打实、心贴心地沟通交流,并真心实意为百姓服务是考验每一位公务员政治上合格的重要标准。为什么要学习双语?语言是我们联系群众,特别是与南疆维吾尔族百姓的直接交流沟通的手段,语言不通,根本谈不上贴近群众,走进群众心里,这是一项最基础的工作。在我们南疆调研期间,对在乡镇工作长达十几年的汉族干部充满着一种崇敬之情,他们为了成为百姓的当家人和领路人,硬是学会并掌握了维吾尔族语言,甚至学会当地的土话,每当出现突发事件,他们凭借与百姓多年积累的感情,总能让事件从大化小,从小化无,当我们问及社会稳定的秘诀时,他们会毫无犹豫地回答是:基层干部与人民群众的真挚感情。我们要培养这种感情,不懂语言,特别是不懂百姓的语言,无论如何难以稳定一方疆土,更谈不上实现新疆跨越式发展和长治久安的战略目标!

因此,在培训过程中要始终引导学员坚持两个基本点,即一切为了发展,一切为了稳定,要坚定跟党走,坚守基层生命力工程,要始终与人民群众保持密切的联系,要从内心真正想明白两个问题:党和国家为什么下血本为南疆四地州培养和输送公务员?我为什么要当公务员?是理想、信念,是利益还是情感驱动?这些问题不明白,不想透,政治上过硬的要求就难以达到,不但影响青年干部的健康成长,还会给党和人民的事业带来灾难。

## 二、培训工作要在抓好双语教学工作上下功夫,确保学员语言通过率

语言的学习是有规律的,特别是青年学子,他们经历了大学四年本科或三年专科专业的学习,部分学员在社会上还有了一定的工作经历,面对他们的实际情况,怎样开展双语教学,是需要认真琢磨和研究的。

首先要明确一种理念。教学和研究是相互依赖的,仅仅关注"教"是不够的,要在教的基础上,还要研究我们的对象,接受程度和承接方式,既要关注他们的普遍性的规律,又要关注他们间的差异性的特点,两者需要有机地结合起来;其次要坚持一种互动。教学相长,教师和学生的积极性都要调动起来,缺一不可。教师传达给学生的除了信息的准确内容,还有在传递信息时的情感和态度,而且真正对学生有触动的则是后者,前者是作为一名人民教师应具备的基本能力,后者则是成为优秀人民教师的基本素质。

对学员的情感和态度是决定我们教师能否胜任并完成教学任务的内在

关键指标,有了这样的认识,我们就应该对那些为了学员勇于奉献、积极进取,刻苦专研教材教法的教师们进行大力的表彰和激励,并树为大家学习的楷模。

### 三、培训工作要在管理上精细化、科学化,着力抓好管理队伍建设

培训工作应向管理要效益,要让每一个管理者和参与者都懂得管理不是目的,是帮助学员为未来更好地胜任岗位而采取的必要手段。抓好管理队伍,实现任务分解,更加有效完成自治区公务员局交付的培训任务。

首先,我们要加强教师管理队伍建设。

进一步优化培训师资。不分年龄、职称高低,坚决辞聘、解聘一批授课过程中不负责任、学生反映意见大、教学效果不明显的教师,选聘一批在相关学术领域有权威的专家学者及一直从事基层工作、在基层担任重要职务,并有着丰富实践工作经验的党的领导干部,充实到教师队伍中来。同时,将不惜投入资金邀请在全国有知名度的学者来校为学员讲座,着力提升培训层次,建立一个由不同层次、不同类别、不同专业领域人员组成的高质量的师资库。

另外,要充分发挥培训工作教学督导组的作用,严把三个质量关。严把"备课质量关",严格审查、评议教师的教案,对教案内容中存在的一些需要改进的突出问题提出修改和调整意见;严把"授课效果关",采取学员随堂打分、督导组随机抽查、分析评议等方式,对教师授课情况做出评估反馈,并将考核结果与优秀教师评选、奖励补助相挂钩;严把"学习效果关",进一步加强对学员考试成绩等抽样检查、综合分析,查找教学中存在的不足,认真研究,加以改进,确保教学督导工作取得扎实的成效。

其次,我们要加强学生管理队伍建设。

在进一步严格班主任选聘工作的基础上,加强对班主任的培训、培养工作。在每期开班前,通过派遣班主任到乡镇党政部门锻炼,了解基层干部工作现状;通过组织班主任学习公务员局关于公务员岗前培训工作的相关文件精神,掌握培训工作的具体要求;通过要求班主任撰写班级管理工作计划,进一步加强对班级的管理能力。

最后,要加强党团队伍建设。

充分发挥学员党支部、团总支的战斗堡垒作用,每月召开一次校领导

与学员代表面对面交流座谈会，了解学员思想动态，共同商定学员活动计划，解决学员反映的教学、管理和后勤保障等方面出现的问题，确保学员在良好、积极、向上的氛围中学习、工作、生活。同时要积极开展丰富学员的第二课堂活动，提升学员的综合素质。

## 四、培训工作要用现代文化聚心凝力

文化最大的特质就是具有极强的渗透性、持久性，就像我们生存不能缺少的空气一样，影响我们生活的方方面面。因此培训工作必须运用现代文化营造和谐的团队氛围，提高广大教职员工的幸福指数，用真情经营事业，用事业固守感情。正如共青团中央陆昊书记所说的："人归根结底要活在真诚的而不是虚假的情感关系当中，活在自己喜欢的那份事业追求当中，活在别人对你内心而不是表面的尊重和认同中。年轻干部也要意识到，现代社会只靠权力不会带来别人对我们持久的尊重，要靠自己的精神品格、靠服务国家与社会的本领、靠对人民群众的真诚感情，来赢得人们的尊重"。

青年永远是富有朝气的，他们始终是引领时代的潮流。要让他们的创新意识和潜在能力有发挥施展的机会。我们就要给他们提供表达的机会和表现的舞台，要让他们的心声有呼应，他们的才华有展示。要想他们之所想，充分发挥他们的自主性和首创性，以现代文化凝聚一种精神，一种奋力拼搏永不放弃的精神，一种感恩社会回报社会的精神、一种民族团结合作共赢的精神。

要用文化艺术等不同的形式将培训教学成果和学员日常生活心灵感悟一同表达出来。要在学员的思想引导工作中，"既要看到真理本身的魅力，又要看到感情、信任、友谊等因素以及情感、艺术、时尚等元素在真理传播过程中不可替代的作用"。我们多次策划"南疆四地州乡镇公务员岗前培训双语教学成果汇报表演"、开学报到后所进行的军训和汇报表演，还有演讲比赛、音乐诗歌朗诵、汉族和维吾尔族歌曲大联唱、读书读报比赛、与新疆师范大学学生结对子、安排汉族和维吾尔族同居一室，相互学习等不同内容形式，大大增强学员的口语表达能力，营造"比学赶帮超"的双语学习氛围，同时让学员们收获了友谊和真诚。总之，培训工作要重在开发师生员工的自主性，提升工作管理的艺术性，以第二课堂活动来补充和巩固第一课堂的教学成果，公选动作和自选动作有机结合。

## 五、培训工作要建立以培训带研究，以研究促培训的科学理念，坚持理论与实际相结合

培训工作中出现的问题是研究的重要课题，研究的成果将用于培训工作的改进和提高，并进而为上级出台相关政策提供有价值的依据。

今年我们要依托新疆团校科研部，在新疆自治区公务员局的指导下，着手开展《南疆四地州乡镇公务员上岗回头看》、《双语教学质量提升法》课题，先以新疆团校去年已经培训的第十批和第十一批公务员为研究对象，通过书面访谈和问卷的形式，了解他们上岗后的一些基本情况，通过他们半年的工作体会反看岗前培训带给他们的帮助，从他们工作需要的真实情况对岗前培训提出一些有价值的建议，对新一批岗前学员提出期待，对当地公务员使用方面的政策和公务员发展前景等问题提出自己的看法。

目前，已有40多名上岗公务员接收了我们研究人员深度访谈，并整理出第一手资料。《双语教学质量提升法》课题也已经从今年开始实施。拟在所有的培训教学点选取最优秀的双语教师和优秀的学员作为研究对象，并通过观摩其教学、教案、教法以及日常与学员的关系等路径，并通过交流访谈，梳理和挖掘其思想核心内容和关键事件中的要素，提炼出最有效的双语教学法，用学员们好记善记的口诀加以掌握。可以相信，这项研究工作是有着非常大的意义，如果坚持做几年，就一定有很多成果出现，这对于青年干部成长规律的深入研究有着积极的作用。

乡镇公务员是党和国家的希望和未来，社会各界对他们给予深切的期望。一是期待他们能自主学好各项培训课程、掌握双语，持之以恒否则，就很可能被"枯燥、单调"的语言学习压垮。研究表明：人要做成一件事，没有激情难以维系，没有兴趣难以持久。能不能做，想不想做，肯不肯做中，后两者是关键，前者是能力问题，后者则是态度问题，态度比能力更为宝贵。二是祝愿他们在这培训的殿堂收获友情。我们在这个世界上要想获取成功，必须有人帮衬，有人相佐。年轻时候结下的深厚友谊之树，会在日后像天上的星星一样伴随他们成长，他们应该倍感珍惜和维护，要对同伴呵护关爱，要先有"舍"才有"得"，要善于包容和欣赏同伴，要尊重和爱戴我们的老师，更要像海绵一样吸收一切有利于成长的知识和养料。三是希望他们尽快建立和完备自己的知识结构，不断提升综合素质。一个人要立足社会，成为一个高尚的人、一个纯粹的人、一个脱离低级趣味的人，必须提升自己整体的综合素质，这需要较完备的知识结构

体系。单一结构的知识储备都难以抵挡来之社会方方面面的各种压力，难以承担党和人民交付的历史重任。因此在学习双语之外，还要学习政治、政策、农业农村、公务员等各方面知识，最重要的还要学习做人的知识和礼节，另外还要积极参加学校组织的各类活动，培养储备自己的组织、协调和公关等能力，学会带领团队的本领，提升自己的人格魅力，发挥最大的影响力，只有这样才能成为人民满意的公务员。

作为自治区岗前培训工作承训单位——新疆团校，成立于1957年，隶属共青团新疆维吾尔族自治区委员会，依托共青团强大的组织网络优势，除进行公务员培训以外，一直在坚持团干部、少先队辅导员及青年骨干在职培训、全日制专科教育、成人继续教育、青年职业技术培训等多层级多类型的教育方式，累计为社会培养近万余名的青年人才。2008年成功创建中央团校新疆培训基地、自治区青年创业培训基地和自治区扶贫办劳动力转业培训示范基地。凭借已积累的办学经验和办学实力郑重承诺，将始终坚持以"培养高素质的南疆公务员干部"为目标，在培训过程中不断审视自己、剖析问题，改进方法，全力以赴探索乡镇公务员岗前培训的新规律，集中精力研究"双语"教学的新模式，坚持不懈地破解抑制培训工作发展的瓶颈，高标准、高水平、高效益开展培训工作，通过广大教职员工的努力，力争让每一位培训学员感受到党的温暖和人民的重托，力争让每一位学员都能顺利通过语言关并愉快地走向祖国最需要他们的地方，在那里生根开花结果。

# 关于信教青少年群体的研究综述

新疆要实现跨越式发展和长治久安的战略目标,青年是最重要的一支生力军。我们要从国家战略的高度关注青年的成长和发展,特别是亟待加强对信教的青少年群体的研究。笔者通过查阅相关法律和政策规定,并通过检索收集相关文献资料,进行整理归纳提炼,从青少年宗教信仰相关法律法规和政策规定、青少年宗教信仰研究概述、青少年宗教信仰的特点、青少年信仰宗教的原因、信仰宗教对青少年的影响及对信教青少年的教育等方面进行研究综述,为新疆青年研究工作提供支持和帮助。

近年来,随着宗教事业的发展,我国青少年对宗教信仰也表现出很大的热情,信仰宗教人数呈现增长趋势,特别是在西部地区。信仰对一个人的成长、成才有重要影响,青少年是国家和民族的未来,关注信教青少年,对青少年的健康成长与中国社会的和谐发展有重要意义。

## 一、青少年宗教信仰相关法律法规和政策规定

### (一)法律法规根据

1.《中华人民共和国宪法》第36条:"中华人民共和国公民有宗教信仰自由,任何国家机关、社会团体和个人不得强制公民信仰宗教或不信宗教,不得歧视信仰宗教和不信仰宗教的公民。"同时《国籍法》规定,人一出生,只要符合条件,即取得中国国籍。因此,中国儿童于其出生时即为中国公民,在法律面前平等地享有宪法规定的信仰自由,任何国家机关、社会团体和个人不得强迫其信仰和不信仰宗教。

2.《中华人民共和国未成年人保护法》第三条之规定:未成年人不分性别、民族、种族、家庭财产状况、宗教信仰等,依法平等地享有权利。这就充分说明未成年人保护法是完全肯定和保护未成年人的宗教信仰的。

3.《宪法》第5条:"一切法律、行政法规和地方性法规都不得同宪

法相抵触。一切国家机关和武装力量、各政党和各社会团体、各企业事业组织都必须遵守宪法和法律。一切违反宪法和法律的行为，必须予以追究。"

宪法是国家的根本大法，具有最高的法律效力，任何法律、法规、政策都不得与之相抵触，凡是同宪法相抵触的法律、法规均是无效的。儿童既是平等享有公民信仰自由的权利，受我国宪法所保护，那么，一切限制儿童信仰自由的法律、法规均是无效的，对儿童信仰采取的限制或强制措施均是违宪行为，应依法予以追究。因此地方的一切规定或者严禁未成年人进入教堂、参加宗教教理学习班的行为都是非法的，都是破坏党的宗教政策的非法行为。

（二）政策方面的依据

1. 《新时期宗教工作文献选编》第 60 页也明确了青少年对宗教信仰的基本政策："因此在执行对青少年信教问题不能一律禁止。所以文件对青少年信教问题也体现了宗教信仰自由的政策"。"所以，不能采用所谓'严禁'的法律和行政手段来处理青少年信教问题"（《研究动态》1995 年第 5 期）。

2. 中国国家宗教事务管理局副局长王作安表示："宪法规定中华人民共和国公民有宗教信仰自由。也就是，每个公民从他出生到去世都是有宗教信仰自由的，不存在年龄限制。"

3. 在行政保障方面，中国政府颁布了《宗教活动场所管理条例》，以维护宗教活动场所合法权益。第 3 条规定：宗教活动场所由该场所的管理组织自主管理，其合法权益和该场所内正常的宗教活动受法律保护，任何组织和个人不得侵犯和干预。侵犯宗教活动场所的合法权益将承担法律责任。在宗教活动场所进行宗教活动也必须遵守法律、法规。

4. 我国国家有关发言人刘建超、秦刚等在众多场合多次向中外记者和人权机构发言：中国法律没有规定 18 岁以下的未成年人不能信教。

我国有关政策规定："不得强迫儿童入教、出家和到寺庙学经。"此项规定仅是对儿童信仰自由的一方面的规定，即信仰自由有信的自由也有不信的自由，该规定只强调了少年儿童有不信仰的自由，但并不排除少年儿童有信仰的自由。不得强迫少年儿童入教，同样地也不得强迫少年儿童不入教。该教堂并没有强迫少年儿童入教，他们都是信徒的孩子，从小信教，到教堂学圣经是顺理成章的合法行为。

## 二、青少年宗教信仰研究概述

改革开放以来，国内对青少年宗教信仰的研究逐步展开。笔者以"信教"、"青少年宗教信仰"为关键词，在中国期刊论文数据库中共查找到相关论文21篇，其中2000年前8篇，2000年后13篇，2009年新疆"7·5事件"后5篇。以2000年为界，之前许多研究仅限于理论思辨和分析，实证研究较少，基本研究路径是：先在理论思辨的基础上探讨青少年信教原因、特点以及宗教对青年的影响，之后提出相应的对策建议，调查基础上的分析仅表现在较少部分的研究中。2000年之后，研究无论从数量上或是质量上比前一个阶段都有很大的进步，大都基于问卷调查，从不同侧面展示了我国青少年在宗教信仰问题上的一些特点，分析和描述了青少年信仰宗教的原因、信仰宗教对青少年产生的影响，以及对信教青少年的教育方法进行了探讨。以下对研究现状做简要分析。

### （一）青少年宗教信仰的特点

调查研究普遍认为，青少年宗教信仰的特点主要表现为区域化特征明显、信教人数呈上升趋势、信教低龄化趋向、信教种类多并以佛教为主、信教盲目化等特点。例如，华桦在《我国青年和大学生信教现象研究综述》中指出，当前青年和大学生信教人数总体呈上升趋势，在沿海地区、经济欠发达地区以及少数民族聚居区域的青年和大学生信教人数比例较高。权福军在《关于青年信教问题的调查思考》中指出，以山东省为例，青年信教人数呈上升态势，且女青年居多。濮文起也指出，在当代中国的宗教信仰领域，信仰宗教的青少年人数呈现出越来越多的发展趋势。此外，信教盲目化也是青少年信教的一大特点，王颖在《当代青少年宗教信仰现象研究》中指出，当代西部地区青少年在家庭和周围环境的影响下，多数信教且呈盲目化；《边疆民族地区青少年信教问题初探》中也指出，在社会环境、风俗习惯和长辈的要求相互作用下，一些青少年自觉不自觉地信了教。

### （二）青少年信仰宗教的原因

针对青少年信仰宗教的原因，研究者首先都指出原因的多元化特征。但对于原因的具体分析，笔者从不同的角度出发有不同的表述。从主、客观的角度分析如《审视与对策：当代青少年的宗教信仰》，作者将原因概括为主客观两方面。客观原因为社会主义市场经济为中心的社会经济变革以来产生的诸种社会不公和丑恶现象,以及社会生态环境的逐渐恶化,致使思想领域呈现出了精神贫瘠和信仰危机;主观原因则表现为青少年自身的好奇心理、宣泄压力和希望学好的要求。从历史和现实的角度分析如《边疆民族地区青少年信教问题初探》,作者认为青少年信教原因主要原因可分为历史原因和现实原因两大类:一是历史环境、民族传统文化因素的影响;二是现实原因表现为家庭因素的影响、经济发展落后及社会问题凸现的影响、青少年成长阶段遇到的各种人生问题的影响。从宗教、青少年本身出发进行分析如郑海友《青少年宗教信仰的动因分析及对策研究》,文中认为青少年宗教信仰的原因一是青少年精神需求得不到满足,信仰缺失、青少年阶段的心理特征,使得他们容易接受宗教;二是宗教独具魅力的历史文化在一定程度上吸引了青少年、宗教传承特点使得宗教家庭的青少年成为信徒。有的学者则对信教原因进行了因子分析,沈汝发在《社会转型期青少年弱势群体的信仰嬗变》中,经过 SPSS 软件的统计,共提取出四个公因子,根据原始变量所包含的信息,分别命名为宗教魅力因子、实利主义因子、外部环境因子和社会变迁因子。

尽管角度不同,但可归结为宏观、中观和微观三层面。宏观而言是国际、国内因素的结合,表现为当今国际社会热点事件中宗教因素的增强,西方国家和地区的宗教势力通过各种媒体对我国进行宗教信息的传播和渗透,和我国目前处于社会转型时期,新旧社会秩序更替带来的不仅有社会结构的急剧变化,还包括社会价值观念体系的更新,必然会对青年学生的观念、行为模式产生影响,使之亦处于变动甚或一定的矛盾之中,从而相应地影响到他们的文化观、宗教观;中观而言是学校德育的滞后、教育手段和方式以灌输为主、对智力至上的过分推崇、人文关怀的缺失;微观层面上,家庭信仰的继承、大学生对宗教文化认知的探求兴趣、精神依托和心理需求等原因得到众多研究者的一致认同。

(三)信仰宗教对青少年的影响

研究者普遍认为,信仰宗教对青少年的成长和发展具有重要影响。有研究者指出,青少年在信教之后对其价值观念和行为模式产生了深刻影响。以基督教信仰为例,沈汝发认为青少年信仰者在信教前后,心理、伦理和行为都发生了较大的变化,其主要原因是基督教教义的影响,青少年信仰者经过听道和阅看圣经,大多数都了解并接受了基督教的教义,从而使原来的观念有了变化。华桦在《上海大学生基督徒身份认同及成因分析》也指出，大学生基督徒不仅注重外在的道德行为，而且特别强调通过内心的良知和自律严格要求自己。不仅如此，大学生基督徒的良好品行还感染了身边的同学和朋友，吸引了非基督徒与之交往，并逐渐卷入基督徒的世界。

还有学者专门分析了信仰宗教对青少年的正负面影响，如《齐齐哈尔市青年宗教信仰状况调查报告》。作者分析了信教对青少年的正负面影响。正面影响主要是起到部分的心理慰藉和行为规范。青年在面对困难和困惑、压力面前他们产生的心理问题或者是厌学厌世情绪，在无法缓解、情绪难以排遣时，宗教作为一种和人们的认识、感情、意志等有关的心理活动，在某些方面能够满足人们的精神需求和心理需求，特别是人在恐惧、孤独、空虚、紧张、苦闷、压抑等复杂的心理感觉时，一部分人往往会从宗教中寻找依托，以求得精神和心理上的慰藉与解脱。负面影响的表现是以神为中心，没有人生理想的追求。宗教作为一种唯心主义学说，教义中的保守和消极成分也对青年带来了诸多负面影响，一些青年信教以后，因过分倚重教义，在人生观上产生了宿命论、丧失了理想和人生追求，对社会漠不关心，把社会的进步寄托于宗教的传播，对社会问题的看法片面、简单。

（四）对信教青少年的教育

在对青少年宗教信仰问题认识和研究的基础上，学者们也指出了加强青少年信仰教育的重要性，并提出了一些建议措施。《当代青少年宗教信仰现象研究》中，作者从青少年成长与环境因素的角度出发，倡导建立学校——家庭——社会相结合的教育培养机制，首先要重视青少年的家庭教育；其次要加强社会对青少年的教育；第三，学校对青少年的信仰教育至关重要，只有三者互相配合，目标一致，才能形成强大的教育合力，引导青少年的信仰方向。

《浙江省青少年信教现状调查及研究》中，作者从团组织和青年工作的角度出发，提出几点意见：一是加强心理教育，提高青少年心理挫折的承受能力；二是青少年教育工作要更加提倡人文关怀、以情动人；三是普及科普教育，提高青少年的价值判断能力；四是创新教育活动，提高思想政治教育的吸引力；五是加强宗教政策教育，消除对宗教信仰问题的模糊认识。

在《关于民族地区青少年信教问题和在青少年中加强无神论教育的思

考》中,作者对青少年加强无神论教育提出了具体对策:(一)帮助青少年学生客观地认识宗教产生、发展和消亡的必然规律,正确认识宗教问题的复杂性和长期性;(二)坚持对青少年学生进行科学世界观、人生观和马克思主义宗教观、无神论教育;(三)坚持对青少年学生进行科学理想信念的教育;(四)对青少年学生进行党和国家的宗教政策、法律的教育;(五)引导青少年学生学习自然科学和社会科学知识,提高他们的科学文化素质;(六)坚决执行宗教政策规定,防止非法宗教势力向学校渗透。

**【参考文献】**

1. 万明钢,《基督教在西北农村青少年中传播状况的实证研究》开题报告,西北师范大学西北少数民族教育发展中心:http://www3.nwnu.edu.cn/dept/mzzx/show.asp?id=491,2010年8月30日。

2. 艾上荣,边疆少数民族地区信教青少年思想政治工作调查,青春彩云南:http://www.ynyouth.cn/city/HTML/6554.html,2005年9月12日。

3. 西安市青少年宗教信仰及倾向性的调查报告,中国西部开发网:http://www.cnwest88.com/2010/sx_news_1210/30403.html,2010年12月10日。

4. 共青团齐齐哈尔市委员会统战部,齐齐哈尔市青年宗教信仰状况调查报告,鹤城菁华:http://www.hcjh54.com/Article/ShowInfo.asp?InfoID=7642,2011年2月20日。

5. 钟一彪,当代社会青少年价值追求的分化与统合,思想理论教育,2007年第4期。

6. 小学生信教现象分析及引导方法,荫子完小:http://rc11zxx.rcjy.com.cn/Article/ShowArticle.asp?ArticleID=239,2007年4月19日。

7. 张波,宗教信仰与青少年思想道德建设,佛教导航:http://www.fjdh.com/wumin/2009/04/16083359064.html,2009年4月12日。

8. 张裕良 余展照 林海伟,青少年学生信教问题的跟踪调查,舟山教育网:http://www.zsjy.gov.cn/dangxiao/ms/ms19.htm。

9. 未成年人合法信仰宗教及参与宗教活动的法律依据,普世社会科学研究网:http://www.pacilution.com/ShowClass2.asp?ClassID=73&。

# 论青年干部可持续发展胜任力

## ——兼谈《转业团干回头看》课题和南疆四地州调研感悟

胜任力研究经历了特征性定义、构建模型等阶段的发展后,目前的理论前沿是对发展性胜任力问题的研究。发展性胜任力是团干部胜任力研究的新视角,研究和揭示发展性胜任力在团干部群体的表现,探究其成长发展规律,有助于团干部队伍建设。大局观和政治素质是共青团干部第一位的发展性胜任力;沟通协调能力是共青团干部发展性胜任力的重要组成部分;合理的知识结构和综合能力素质是共青团干部发展性胜任力的基础内容;悟性是实践型智力,是共青团干部发展性胜任力重要特征;"共青团文化"是共青团干部发展性胜任力的特色内容。群团工作和基层历练是培养青年干部发展性胜任力两个重要路径。

当今世界正处在大发展、大变革、大调整时期,综合国力竞争和各种力量较量更趋激烈,世界矛盾多重交织,国际环境"不稳定、不确定、不安全"因素增多;欧债危机蔓延,美国经济复苏缓慢,冷战思维抬头,世界形势愈加复杂;我国的改革已进入"深水区",既面临"黄金机遇期",又面临"矛盾凸显期",需要权衡取舍的"两难"甚至"多难"问题不断增加,经济发展错综复杂,社会管理难度加大;① 中国共产党已执政60多年,"长期执政的考验、改革开放的考验、市场经济的考验、外部环境的考验"非常严峻;同时我们还面临着"精神懈怠的危险,能力不足的危险,脱离群众的危险,消极腐败的危险"四大危险;② 这种局面,我们的青年干部要具备怎样的胜任力才能从容应对?这是我们亟待破解的理论和实践难题。

---

① 2011年12月12日《光明日报》理论·实践版刊登《核心能力是衡量领导干部德才的根本标准——专访周新民》。
② 胡锦涛总书记2011年"七·一讲话"。

## 一、发展性胜任力——胜任力研究的新视角

目前国内外学者专家们对胜任力定义的两种观点衍生出了两类从不同角度识别胜任力构成的方法。

### 1. 胜任力特征

第一类方法是从人的特征角度出发去识别胜任力,其研究方法主要包括理性主义方法和说明性方法两种。理性主义方法主要采用工作分析去研究胜任力,根据分析的侧重点不同,又分为员工导向、工作导向和复合导向三种方法。理性主义方法将胜任力视为与人的特征相关的现象,这些特征是独立于情境的,能够适应较广范围内的工作活动。但是,这种方法对胜任力的描述难以操作和使用,也很难用以描述工作中复杂的胜任力。因此有些学者,如 Weber、Schutz、Sandberg 等以现象学为基础,强调人的工作经验,将胜任力置于具体情境中加以识别,这种方法也称为说明性方法。该方法表明:胜任力不是独立于情境,而是依赖于情境的。具体工作中用到的胜任力通过员工的工作经验获得它们的情境性。这种方法在具体工作情境下界定和描述胜任力,有助于设计和指导培训及发展活动。

第二类方法是从行为的角度对胜任力进行识别。动机、个性、自我形象、价值观、社会角色、知识和技能等胜任力的构成要素共同决定了人的行为。胜任力构成要素之间以潜在的部分(动机、个性、自我形象、价值观、社会角色)"推动"或"阻碍"表象部分(知识、技能)的方式,影响胜任力作用于行为的过程乃至结果。这种方法的优点是将胜任力与特质和动机进行区分,将行为看做是特定情境下对知识、技能、态度、动机等的具体运用的表现形式。通过可以观察到的行为指标来反映胜任力,因此胜任力是可以通过行为表现来度量的。[1]

### 2. 胜任力模型

从研究溯源,20 世纪初"管理科学之父"泰勒的"时间动作分析"(time and motion study) 被誉为"管理胜任特征运动"(Manament Competeneies Movement),后来被普遍承认为胜任特征研究的发端。但是,真正被列为胜任特征模型构建方法的创始人的还是心理学家麦克米兰。他在上世纪 70 年代,受美国新闻署(USIA)委托,首次采用了行为事件访谈(Be-

---

[1] 李明斐;卢小君;"胜任力与胜任力模型构建方法研究",《大连理工大学学报》(社会科学版),2004 年 01 期:第 28—32 页。

havioral Events Interview，BEI）方法调查了 USIA 官员。此后，其学生和资深同事鲍耶兹通过大量的文献检索和实证研究，归纳出优秀管理者的胜任特征，其代表作《胜任的经理人》的出版在很大程度上促进了胜任特征研究从学术背景中转移出来，进入直线管理者、咨询顾问和 HR 从业者的世界[1]。

胜任特征有多种定义的解释，比较受赞同的是 Spencer 夫妇的概念。他们认为，胜任特征指"能将某一工作（或组织、文化）中有卓越成就者与表现平平者区分开来的个人的潜在特征，它可以是动机、特质、自我概念、社会角色、某领域知识、认知或行为技能——任何可以被可靠测量或计数的并能显著区分优秀与一般绩效的个体特征。"这一概念可以从三方面来考虑：深层次特征、引起或预测优劣绩效的因果关联和参照效标。深层次特征指胜任特征是人格中深层和持久的部分，显示了行为和思维方式，具有跨情境和跨时间的稳定性，能够预测多种情景或工作中人的行为。因果关联指胜任特征能引起或预测行为和绩效，只有能引发和预测某岗位的工作绩效和工作行为的深层才能说它是该职位的胜任特征。如果一种行为不包括意图，就不能称之为胜任特征。参照效标即衡量某特征品质预测现实情境中工作优劣的效度标准，它是胜任特征定义中最为关键的方面。一个特征品质如果不能预测什么有意义的差异（如工作绩效方面的差异），则不能称之为胜任特征（如冰山模型图）。[2]

通过冰山模型可以看出，胜任能力可以归为两个层面：深层特征及浅层特征。深层的特征包括动机、特质、自我概念、社会角色，浅层特征包括知识和技能。深层特征决定了一个人的思考方式和思维定式等个人特质，结合个体所具备的知识、技能等浅层因素共同作用，决定了个体在实际工作和生活上的行为表现。浅层能力特征除了易于观察外，还比较容易开发和培养。如专业知识或专业技能，通过学校教育或专业培训是可以掌握的。相反，不那么直观的深层能力特征就是另外一回事了。由于都是个体内隐的特征和特点，难以确定，同时也难以准确量化。但这些恰恰是决定一个人是否适应职位的关键因素。因此，对深层特征的评价和测量是胜任能力体系仍然需要探讨的重点。

---

[1] 时勘，"胜任特征模型、领导行为研究在人力资源生涯开发中的应用"，《首都经济贸易大学学报》2007 年第 6 期，第 13—19 页。

[2] 同上。

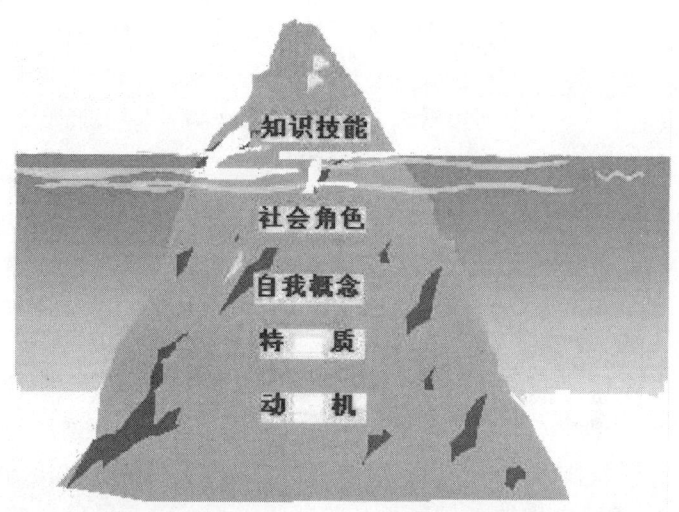

经过十多年的研究和实践检验,美国著名心理学家 Spencer 等人提出用于判断和评价能否担任某些特定职位的胜任力理论,称为通用胜任力 TDL 模型。通用胜任力 TDL 模型由三个独立的维度构成:基础胜任力(Threshold Competency)、鉴别胜任力(Differentiating Competency)、潜在胜任力(Latent Competency)。

基础胜任力:比较容易通过培训和学习获得的、符合某一职位的基本能力,例如沟通能力。

鉴别胜任力:短时间内较难改变和发展的、能在某个职位上获得优秀绩效的关键能力,例如分析判断能力。

潜在胜任力:短期内难以改变和发展的、帮助向更高职位晋升的发展能力,例如成就动机。

3. 发展性胜任力

在上述基础上,华东理工大学的陈万思博士提出了发展性胜任力(Development Competency)的概念,并将其界定为:特质、动机、自我概念、社会角色、态度、价值观、知识、技能等有助于特定职位/工作的高绩效者向上发展为其更高层级职位/工作的高绩效者所必须具备的发展条件(即人们通常所说的"潜力")。① 发展性胜任力与基础胜任力和鉴别胜

---

① 陈万思,"纵向式职业生涯发展与发展性胜任力"[J],《南开管理评论》,2005年,第8期,第17—23页。

任力的区别在于：前者是指胜任某个特定岗位/工作高绩效者与胜任更高层级职位/工作高绩效者之间的差异（职业发展纵向比较），后两者则是胜任某个特定职位/工作高绩效者与一般绩效者的差异（职业发展横向比较），但它和鉴别胜任力的共同特点就是短期内这种情况难以改变，同时它兼有基础胜任力的外显和鉴别胜任力的内隐等特点。

## 二、转业团干回头看——发展性胜任力

《转业团干回头看》课题历经三年多时间，对全国近 100 名从共青团工作领域转岗出去的党政领导干部进行了深度访谈。通过这些青年干部回顾共青团工作期间刻骨铭心的事件、真实描述转岗后的不适应以及跳出共青团看团干部的成长和发展等结构内容，挖掘共青团工作经历与其个人成长发展的关系、共青团领域特性与共青团干部关键素质储备的关系，同时，请他们从经历过共青团洗礼的党政领导干部角度，提出共青团工作和团干部成长发展的建议。通过课题研究，可以得到很多有价值的结论，其中一条基本结论就是：发展性胜任力是团干部职业可持续发展的关键性条件，而团干部的发展性胜任力是由多个部分构成的。

1. 大局观和政治素质是共青团干部第一位的发展性胜任力

从共青团服务大局的职能来看，中心问题是当好党的助手，紧紧围绕党的工作中心开展工作，服务于党的中心这个最根本的大局，这就使共青团的工作像党的工作一样具有时代性特点。党的各个历史时期，有不同的中心工作，共青团工作也随着党的中心工作的改变而改变。紧跟时代发展和党的需要开展工作，这决定了团干部工作目标的变化性、时效性。一位已转业的龚团干说："我把人生最美好的那段年华给了共青团了，而且从最基层的企业团支部书记做起的。我觉得是享受不尽的，是在工作中培养了我那种顾全大局的意识，这方面真是觉得内心挺高尚的，个人和集体融入在一起，不会患得患失，这种习惯，自觉不自觉，反应是非常明确，就是大局意识。"[①]

2. 沟通协调能力是共青团干部发展性胜任力的重要组成部分

共青团从服务社会的职能来看，服务于社会各层人群广泛的生产生活需要，衣食住行、文化娱乐、环境保护、卫国抗灾，无所不包；服务的社

---

① 引自：访谈录音整理资料编号，团市委（TSW007）SXZYT20090001。

会组织有工厂、农村、机关、学校、商店等等各行各业，五花八门。总之，共青团的社会服务，涉及整个社会物质文明和精神文明协调发展的各个方面，就是在这种全方位服务中带领青年推动社会文明进步，虽然没有固定的专业方向和领域的限定，但社会服务的职能要求共青团干部一定要具备良好的沟通协调能力。一位已转业的李姓团干部谈道，"共青团工作让我真正认识到要想把这份工作做好，必须和青年朋友们贴心、交心、用真心换真情，所以这7年给我印象非常深刻。给我最宝贵的经验就是锻炼了我的口才，锻炼了我的协调能力，锻炼了我的处事能力，为我走上领导岗位打下了一定的领导基础。……所以说每次搞活动对我们来说都是一种历练。"① 龚姓团干很得意地说："我在共青团工作还有一个，学会了微笑着从别人口袋里掏钱，这一点非常得意，……共青团很单纯。"②

3. 合理的知识结构和综合能力素质是共青团干部发展性胜任力的基础内容

共青团干部的工作性质有时代性、全局性、社会性、广泛性、青年性和活动性等，没有明确的专业特点，这就要求共青团干部必须具备综合型的知识结构和综合型的能力素质，同时具有良好的品德修养，工作、生活、学习的良好作风，具有很强的灵活性、创造性、开拓性能力，才能适应共青团的工作。③ 一位已转业的史姓团干说道，"我感觉到共青团的干部他基本的素质比其他一些部门出来的干部基本素质高，比如说口头表达能力，一般共青团出来的干部口才都特别的好，那种交际的能力都特别的强，而且共青团出来的干部文笔也相当的好，因为你别看到共青团这个领导岗位上去，前面这个关把得很好，进门的这个关把得很好，相对来讲都是这些青年里面的精英，优秀分子才能进入这个队伍，甚至是高校里面本身就经过锻炼的才能够进入共青团这个队伍里面，所以说他们的基本素质，口头表达能力、交际能力、组织能力等等都比较强，而且他们以后适应新的岗位能力，对新的事物的接受能力比较强，共青团干部的创新能力，面对困难的破解难题的能力都会比较强，我们有这种体会，有的共青团干部不懈追求，永远有一种向上的强烈意识和精神，共青团干部永远有

---

① 引自：访谈录音整理资料编号，团市委（TSW011）NXZYT2010001。
② 引自：访谈录音整理资料编号，团市委（TSW007）SXZYT20090001。
③ 任庆文，《论共青团干部的四大特点》，《北京青年政治学院学报》，1999年第4期。

一种永无止境的追求意识,这是共青团干部的特点,不会满足,相对来讲共青团干部还比较低调,比较谦虚。共青团干部还有一点,自我认知的能力比较强,他能够比较好地对自己有一个判断,能够知己,人家说知人者智,知己者明,共青团干部是既能知人又能知己。"①

4. 悟性是实践型智力,是共青团干部发展性胜任力重要特征

悟性,就是领悟能力,是一种深刻的理解能力和洞察力。共青团干部的悟性,主要应该包括三个方面:一是对党的方针、政策的悟性;二是对共青团工作的悟性;三是对领导意图的悟性。这三个方面是一个有机联系的统一体。准确地理解和把握党的方针、政策,就能在工作中发挥超前意识,增强工作的主动性,并更准确地把握共青团工作的走向;准确地理解和掌握共青团工作的目的、性质、内容和方式方法,就能够更好地发挥主观能动性和创造性,提高工作效率,做出较大的成绩;准确地理解和把握领导的意图,就能更多地取得领导的信任和支持,减少矛盾和冲突,及时解决各种困难。把这三方面有机地结合起来,就能够充分发挥自身在工作中的积极性、主动性,为工作的开展创造更多的有利条件,做到驾轻就熟、游刃有余。

悟性不是天生的,而是在实践中逐步培养出来的。悟性的培养取决于五个方面:一是个人素质的高低;二是要勤于实践,并虚心听取他人的意见;三是养成科学的思维方法,特别是辩证思维、统筹思维和系统思维方法;四是要善于观察和分析,努力培养敏锐的观察和见微知著的洞悉力;五是要善于借鉴和总结经验,不断提高。有理想有追求,爱学习,善于学习,渴求知识,渴望加速成长,共青团干部这些特点,有助于他们悟性的成长;接近领导,掌握政策,有使他们的悟性成长有较常人更好的土壤和条件。

5. "共青团文化"是共青团干部发展性胜任力的特色内容

热情如火,甘于奉献的"共青团文化"是共青团干部魅力不竭之源,也是共青团干部带有品牌意味的特有发展性胜任力。共青团是一个特殊的"学校",青年人热情洋溢,热情似火,积极进取,乐观向上,敢为天下先的作风和风格特征已被打上深深的烙印,已经成为"团文化"的特色。而这些品质和作风,利于当前工作,也有助于长效的发展,有助于干部素

---

① 引自:访谈录音整理资料编号,团市委(TSW003)JXZYT20090005。

质的持续提高和发展。

## 三、群团工作和基层历练是培养青年干部发展性胜任力两个重要路径

通过《转业团干回头看》课题研究和南疆四地州深度调研,我们觉察到一个特有的现象:一个人一生中如果同时拥有两种经历,在人生态度和价值观方面都优于常人,他的发展性胜任力就好得多,通常意义上,其成长发展得更好更快。第一是潜艇深度式的基层工作经历,第二是地毯平面式的群团工作经历。前者是纵向经历,后者是横向经历,如果能在乡镇一级干过一到两年,大概就可以知道池子里的水有多深,如果能在群团组织内干上几年,就可以知道池子的面积有多宽,有了深度和宽度,就可以在任何池子里游泳了。

1. 群团工作的特殊经历有助于青年干部发展性胜任力的提升

在一代代的共青团干部身上,无论50后、60后、70后、80后,你都可以看到一种特有的共青团文化留给他们的"刻印",即使转业后,乃至垂暮之年,这种印迹还在保留着,甚至伴随他们终身。一位少数民族地区的纪检委书记说道:共青团干部的确和别人不一样,比如做个小实验,让团干部和其他干部都带一个新团队,能在很短的时间很快融入其中并发挥作用的一定是共青团干部。这就是共青团特有文化现象。这次到南疆地区的两次深度调研,与区团委的各位书记、地州团干部、县级团干部、乡镇团干部、村团支部书记着着实实接触和交流,我更加感受到一种特有的"共青团文化"的魅力。有一幅对联能将共青团干部身上所折射出的这种文化表达得比较清晰:上联是"铜头铁嘴蛤蟆肚子飞毛腿",下联是"顶天立地人格魅力传千里",横批是"聚似一团火,散作满天星"。

群团工作的特殊性和基层工作的艰巨性给青年干部发展性胜任力的提升提供了广阔的空间和舞台,是帮助青年干部提高软能力和硬能力的重要途径。这是由于群团组织的特殊属性决定的:群团组织的政治性、优秀青年的聚集性、服务群体的广泛性、工作载体的活动性、目标考核的弹力性、素质储备的学校性、转岗机制的必然性、资源整合的无限性、行政权力的淡化性、工作领域的宽泛性等,这些特性无疑奠定了青年干部持续发展的横向基础,有助于青年干部发展胜任力的培养和提升。

2. 基层艰苦的历练有助于青年干部发展性胜任力的储备

一个优秀干部首先要有工作思路。上得去,扑得下,左右普照。上得

去是指思想和认识要上得去,理论水平要上得去,大方向要看得准,方针政策要领会得对;扑得下是指贴近青年,融入青年,尊重青年,关爱青年,发自内心的尊重和爱是沟通融合的最高境界,也是扎根群众,建立雄厚的青年群众基础的秘诀,更是为执政党巩固青年群众基础的根本。左右普照是指一方面抓组织覆盖,一方面抓思想渗透。任何干部要想做好工作,只有扑下身子,走在群众中去,与他们心贴心、面对面、实打实,才能真正获得群众的信任和支持,才能胜任工作和岗位要求。

我们众多优秀和普通的个案访谈普遍说明:一个干部成长环境越艰苦,经受挫折磨砺越多,担负的责任越重,处理的问题越棘手、越复杂,他的发展性胜任力越强;反之,环境越优越,工作越顺利,抗打击能力和发展性胜任力越差。江西一位的被访者在回顾自己成长经历时讲了这样一句话:"过程艰难结果顺,过程简单结果难"①,可见难度系数不同的成长路径对青年干部能力素质的可持续发展的影响是非常有区别的。

---

① 访谈录音整理资料编号:团省委(TSW009)JXZYT2010003。

# 国外政治事件启示与思考

21世纪,全球风云变幻,颜色革命、巴黎社区骚乱、伦敦骚乱等一系列事件的发生,对世界格局产生着深远的影响。分析各国骚乱事件(革命)产生背景、根源及影响,对做好新时期新疆各项工作,实现跨越式发展和长治久安有着深刻的借鉴意义。

## 一、背景、根源和现象分析

冷战结束后,世界格局逐步呈现多元化趋势,但以美国为代表的西方世界大国以推行民主自由、打击恐怖主义为由,倚仗其超强的科技、经济、军事实力,干涉别国内政,颠覆别国政权,掠夺世界资源,扩张势力范围,谋求世界霸权。由于西方大国长期无法摆脱本国经济低迷的困境,使其在推行西方民主制度的同时,形成了以颠覆别国政权,控制区域资源,维系本国经济这种面向世界的资本主义剥削。这种剥削直接导致的后果是:世界资源"内耗",西方大国经济低迷矛盾凸现,小国政治动荡,世界恐怖主义滋生。

(一)骚乱的根源分析

1. 因国家内部积聚的社会矛盾引发的骚乱。从事物的发展规律上来看,国家内部的社会矛盾是引发骚乱事件的主要原因。

一是政治体系不完善造成的制度矛盾。通过对发生颜色革命、骚乱的国家进行比较,我们发现:这些国家大多存在国内政治体系不完善的问题。一方面,由于历史原因,这些国家虽然在宪法层面建立了民主制度和选举制度,军队实行了国家化,但实际上长期处于某一党派或个人的威权政治统治之下,存在大量与民主精神格格不入的现象,致使政权公信度低、腐败现象普遍、两级分化严重,为"天鹅绒式革命"和平夺取政权提供了可能。另一方面,西方国家虽然民主化进程较为成熟,但三权分立的现象为国内政治斗争提供了借口,高层政治精英大量的斗争为民众不满情绪的滋生增长起到了推波助澜作用。如法国巴黎骚乱发生在移民政策和移民社会福利政策制定期间；伦敦骚乱则发生在国家决定削减政府公共开支期间。

二是经济的长期萎靡造成的社会矛盾。分析得出：经济状况不佳是这些国家内部不和谐因素产生的本质。对发生"颜色革命"的国家经济状况进行对比可以发现：苏联解体后，格鲁吉亚经济出现了雪崩式下滑，2003年国内生产总值仍没有超过独立前的水平，90－95%的家庭收入处于贫困线以下；乌克兰之所以有数十万人跟着尤先科闹"革命"，原因之一是美国每天给每位示威者付酬 10 美元，而乌克兰人的月均工资则不到 100 美元。西方国家骚乱也与经济萎靡有直接关系。以英国为例，金融危机后，持续低迷的世界经济给英国造成了极大的冲击，高失业率、削减公共财政支出和公共福利，使年轻人面临的生活压力不断增加，最近的官方数据标明，伦敦的托特汉姆街区每开放一个新的职位，就会吸引 54 名应征者。同时，高失业率导致靠政府福利为生的这部分群体逐步被边缘化，大量不满情绪的积蓄使宣泄现象一触即发。

三是文化无法有效融合造成的民族矛盾。法国、英国等西方国家都是多民族国家，尤其是近一个世纪以来，大量来自中东和北非（原殖民地国家）的人口移民至这些国家，而这些移民受教育水平较低大多信奉伊斯兰教，同时，西方国家民众主流社会与移民之间缺乏有效的文化结合点，相互融合困难，甚至是分裂的。在乌克兰和吉尔吉斯斯坦的革命中，对立双方不仅以当权派和反对派来划界，以民主和反民主来分野，而且还以不同地区和族群的对立为特征。地区的对立不仅反映了不同地区族群、宗教、文化、历史的差异所形成的社会两元化构造，在某种程度和意义上，还形成两大阵营最基础的框架。乌克兰是以东部和西部地区为两大阵营，吉尔吉斯的革命是在南方和北方势力之间展开。

2. 因国家与国家之间利益斗争引发的骚乱。从事物的发展规律上来看，国与国之间的利益斗争是引发骚乱的次要原因。

一是国家与国家之间的政治利益斗争。这种政治斗争主要表现在意识形态输出和地缘外交两个关键点。一方面，发生"颜色革命"国家的价值观大多游离在西方价值体系之外或者社会制度之外，地处意识形态对立的敌对大国邻邦，对这些国家输出其意识形态对于其进一步孤立意识形态敌对大国，进而对敌对大国渗透其意识形态有着重要意义。另一方面，发生"颜色革命"国家大多是西方国家敌对国家（如：俄罗斯、中国）的友好国家和邻邦国家,颠覆这些国家政权、培植亲己政治力量对遏制敌对国家的外交、军事都有极大的利己因素,对其提高区域话语权有着重要意义。

二是国家与国家之间的经济利益斗争。这种斗争主要表现在油气资源的争夺上。在全球油价不断飙升的压力下,西方国家需要确保石油来源的稳定性和持续性,而中亚是世界油气资源最为丰富的地区,西方国家极力向中亚国家推行民主,不断通过"颜色革命"颠覆中亚小国政权,培养亲和力量,控制当地丰富的油气资源。通过控制当地油气资源,一方面,弥补了本国油气资源需求;另一方面,为其遏制敌对大国使用资源起到了积极的效果。

(二)近年来骚乱的特点分析

1. 理论支撑是推动骚乱的精神源泉。从历次骚乱(革命)事件中我们不难发现,这些事件的形式、内容、进程、结果都如出一辙,如:一国反对派有计划、有组织地发动广大群众上街集会、游行进行抗争,借助民众力量夺权。实质上,这些事件背后的理论支撑都来自于吉恩·夏普的"非暴力抵抗理论",以此为理论根据编写的《从独裁到民主》、《群众性防卫》、《让欧洲不可战胜》等书籍,成为了推动"颜色革命"的"圣经"。

2. 弱势(青年)群体是参与骚乱的中坚力量。纵观历次骚乱(革命)事件,我们都能看到大量青年的身影。有统计显示,此次英国骚乱中被抓捕的人中,70%都是十几二十岁的年轻人,近期发生在德国柏林的焚车事件中,也大多是青年人。我国2009年发生的乌鲁木齐"7·5"事件中,也不乏青年的大量参与。从中我们可以发现:弱势群体和青年群体是参与骚乱事件、颜色革命最活跃和最积极的群体。

3. 新媒体是推动事态快速蔓延的重要载体。从近几年发生的几起骚乱(革命)事件中可以看到,新媒体的"双刃剑"效应发挥的淋漓尽致。伦敦骚乱中"脸谱"、"微博"等网络媒体成为了骚乱迅速蔓延的传播载体;乌鲁木齐"7·5"事件中,以热比娅为首的境外分裂势力也通过手机、网络等新媒体对"6·26"事件进行了大肆的歪曲宣传,为其煽动群众提供了有力的支持。

(三)青年参与骚乱的动因

从人的成长轨迹来看,青少年时期是一个人生理和心理日渐成熟的时期。笔者认为,应从青年的自身因素和外部因素两方面来剖析青年参与骚乱（革命）的原因。

一是自身因素。这是由青少年自身特点所决定的，即：精力旺盛、心智不成熟（人生观、价值观尚未形成）。精力旺盛使其乐于参加各类活动；心智的不成熟，使其容易被各种外界因素误导和诱导。

二是外部因素。主要是各种无法抗拒的外部因素对青少年的影响。如：因经济低迷造成的失业率居高不下，给青年群体造成了巨大的生活压力和社会压力。因社会不公造成贫富两级严重分化，一方是少数人占用了大量资源，生活奢侈；另一方是多数人争夺少量资源，造成了人口密度大、犯罪率居高不下的弱势群体生存环境。因生存环境恶劣造成的心理变化，由于长时间生活在恶劣的环境和生存压力下，自我膨胀的心理和现实社会强烈的反差造就了青少年的失落心理，由于自身价值长时间得不到体现，久而久之就会演变为"边缘化"心理，进而会形成仇富、施暴、泄愤心理，在这种心理的作用下，正面教育显得力不从心，也带动了一批"从众"青年群体。再如：反对势力对青少年的煽动，通过利用青年心智不成熟和弱势青年群体的不满等特点，大肆宣扬虚伪的假"平等、民主、自由"等论调，点燃青年心中的不满情绪，建立青年群众的非法组织，煽动和策划反社会活动。

从这个角度出发，我们认为外部因素的影响是青年参与骚乱的主要原因。

## 二、骚乱产生的影响

1. 对国际产生的影响。一方面，大国通过"颜色革命"，使本国与敌对国家的地缘政治优势发生变化，主要表现在地区外交、地区话语权、军事同盟关系等方面使敌对国家处于不利地位。另一方面，世界局势的动荡，为世界恐怖主义势力的成长提供了温床。

2. 对区域产生的影响。一方面，"颜色革命"发生的国家，在新政权建立初期，必须依靠其"主人"的大力支持，其"主人"又会以援助其经济建设等手段，获取其资源控制权，并将资源用于输入本国和牵制敌国。另一方面，取得"颜色革命"胜利和发生骚乱的国家给周边国家的政治反对派（弱势群体）提供了范例，部分国家反对派（弱势群体）纷纷效仿，使本来就不安定的地区局势进一步陷入动荡。

3. 对本国产生的影响。"颜色革命"虽然被描述成民主社会取代专制政权，但实际上仍是统治精英内部权力斗争的结果。对于"颜色革命"的国家而言,"颜色革命"只是形式上换了一种制度。"颜色革命"后,不管哪一派当权,思想肯定形成了混乱,几个权力派系难以和解,这个国家就永远不会安定,进而会引发国家权利频迭、财产重新分配、腐败滋生、犯罪率居高不下、经济下滑、社会贫困、失业率升高等一系列社会问题,这里面损失最大的就是人民。

4. 对中国产生的影响。如果西方国家在其民主输出战略中通过推动"颜色革命"使大多数中东地区国家和中国周边国家走上了西方式的多党制、议会民主和自由市场经济的道路,将使我国在国际意识形态斗争的舞台上没有任何屏障保护,越来越处于孤立的位置,国际意识形态的结构性压力会越来越大,在外交、军事上处于不利位置。同时,西方国家更易对我国从事意识形态渗透,我维护国家意识形态,对国民尤其是青少年的思想政治教育工作形势将更加严峻。

5. 对新疆产生的影响。新疆是少数民族聚居地、约占中国六分之一的领土,与八个国家相邻,是中国西北的战略屏障,能源输出的战略支点和中国向西的重要门户,战略地理位置十分重要,是西方国家的重点策反地区。对新疆的分裂势力来说,"颜色革命"及其他西方国家骚乱为其提供了学习的范本。近期即使在国家严格控制下,喀什、和田等地仍旧发生了一系列暴力恐怖事件,同时,也发现了一系列宗教极端势力抬头的现象,参与的群体大都是弱势群体和青少年,这些苗头是来自"颜色革命"、西方国家骚乱最直接的影响,我们必须加以警惕,及时采取措施。

## 三、国外骚乱事件与新疆社会的类比

### (一) 政治方面

1. 地缘优势显赫易发国际局势争端。发生"颜色革命"的各国,无一例外都与美国、俄罗斯、欧洲等大国为维护和争夺本国利益,扶植亲和势力,进行谋利的目的密不可分。各国的动荡,使得以美国为首的西方国家与俄罗斯的地缘优势发生变化,长远来看,美国进入中亚,打压俄罗斯、遏制中国、控制中东和南亚的战略意图愈来愈明显。作为中国重要的西部门户,与中亚地区的蒙古、俄罗斯、哈萨克斯坦、吉尔吉斯斯坦、塔吉克斯坦、阿富汗、巴基斯坦、印度等八国相邻的新疆,战略地位不言而喻。从国际环境分析,欧亚动乱和复杂的格局一方面会使我国在国际意识形态斗争的舞台上将越来越处于相对孤立的位置,来自国际国内的压力会越来越大；另一方面，影响导致与新疆接壤的地域更加动荡，分裂势力更加猖狂，势必对新疆维护稳定、反对民族分裂产生更大的影响。从地理位置分析，新疆与中亚地区东部相连，使得"东突"分裂组织与该地区活跃的民族分裂主义势力、极端宗教主义势力和恐怖主义势力有着密不可分的"地缘联系"。从生产力分析，由于新疆经济发展较为滞后，当地群众日益增长的物质文化需求和生产力的落后成为社会的主要矛盾，尤其是当代青少年一代对自身利益的强烈诉求，间接地为西方国家利用"民主进程"传播西方的价值观念，培育亲西方的力量，并从思想意识、文化教育等领域影响中国、影响新疆提供了可乘之机。

2. 矛盾手段复制制造内部安全隐患。从一系列国际事件发生的阶段性变化可以看出，西方国家制造颠覆政权的手段主要为六个步骤，目的是从国家内部制造安全隐患，由内因的质变引发政权的更迭。一是用理论或政策夺取外交上的制高点。如1999年，美国政府发表的《中国人权报告》首次指责中国在新疆的民族政策；克林顿在公开场合与"东突厥斯坦民族代表大会"执委会主席艾尼瓦尔会面；霍普金斯中亚D高加索问题研究所和史密斯基金会派出专人前往阿拉木图，会见"东突"分裂组织头目；其他一些西方国家也利用"东突"问题向中国施加压力。二是动用雄厚的外交力量和资金扶植亲信力量和组织。主要表现在召开各种名目的国际研讨会、举办展览和发表公开信，为新疆独立摇旗呐喊，寻求国际反华势力支持。如美国国会还专门召开新疆问题听证会；土耳其和一些中亚国家也或明或暗地支持"东突"分裂运动，还允许其在本国境内开展活动、建立基地，向外输出"泛突厥主义"。三是在意识形态领域进行各种价值观的渗透。如分裂组织创办了多种刊物，连篇累牍地发表文章，攻击中国的民族政策。原设在德国的"解放电台"和"自由欧洲电台"已移到捷克和哈萨克斯坦的阿拉木图，并在土耳其增设了"独立解放电台"；"东突"分裂组织设立出版机构，出版煽动独立的书刊和音像制品；建立电台，使用维吾尔语、哈萨克语和乌兹别克语进行广播，大肆进行分裂宣传。四是通过各种交流项目培养骨干力量。主要表现在拉拢、收买、策反我驻外人员和出国探亲人员、朝圣人员、留学人员等，重点是青少年，并进行情报搜集和颠覆活动，如美国总统克林顿、副总统戈尔等政要就曾多次秘密会见"东突"分裂分子；美国中央情报局派出专门人员负责对"东突"分裂主义分子进行培训。五是深入基层，培养发掘不同层级的力量。如不断派遣骨干分子入境，加强对境内"东突"分裂组织的扶持和领导，用金钱收买新疆中上层人士和普通青少年，扩大分裂势力。六是以法律或宗教为支撑，启动运动，制造混乱。如利用宗教进行分裂宣传，煽动宗教狂热，蒙蔽当地群众尤其是青少年，最终目的就是进一步发展扩大"东突"分裂运动。

（二）经济方面

1. 能源战略地位诱发国际利益冲突。中亚是世界油气资源最为丰富的地区，作为世界最大石油消费国和追求全球霸权的国家，美国需要确保石油来源的稳定性和持续性，因而极力向中亚国家推行民主，不断通过"颜色革命"颠覆中亚小国政权，培养亲和力量，控制当地丰富的油气资源的同时，牵制其他国家。新疆作为中国的能源大区，拥有石油、天然气、煤、油页岩和铀5种能源矿产，其中，新疆石油资源量300亿吨，占全国陆上石油资源总量940亿吨的1/4强。天然气资源量为10.8万亿立方米，占全国陆上天然气资源总量30万亿立方米的34%。新疆的煤炭地层面积预计为30.7万平方公里，煤炭预测资源量2.19万亿吨，占全国煤炭资源总量的40%。能源战略储备地位极其重要，以美国为首的西方国家对新疆的窥视之心显而易见。

2. 就业困难产生社会不稳定因素。以英国为例，金融危机后，持续低迷的世界经济给西方国家造成了极大的冲击，高失业率、削减公共财政支出和公共福利，使年轻人面临的生活压力不断增加，失业率高、靠政府福利为生的这些群体被逐步边缘化，积蓄了大量不满情绪，宣泄不满情绪甚至存在一触即发的可能。对比新疆，有三方面趋势容易产生不稳定因素。一是新疆少数民族大学生就业率呈下降趋势。新疆高校1999年开始扩招之后，在校大学生人数不断上升，平均每年以20%至30%的速度在增长，少数民族大学生人数也在不断上升，但就业率逐渐走低。据有关部门统计，2003年以来，新疆高校大学生一次就业率基本保持在70%左右，与全国的平均水平大体相当，但新疆少数民族大学生一次就业率在20%左右，而且少数民族大学生就业率还在在不断下降。在城镇少数民族家庭的调查中，近三年，有67.72%的大学生没有就业，只有32.28%的大学生已经就业。调查结果还显示，被调查对象中未就业的少数民族大学毕业生占到总数的66.28%，就业率为33.82%，实际就业率可能更低。二是由地域、行业差异引发的结构性失衡日渐突出。据国家社科基金项目《新疆少数民族大学生就业问题研究》的阶段性成果显示，新疆少数民族大学生毕业后基本上留在新疆境内，受经济发展制约，乌鲁木齐周边地区提供的就业岗位有限，但由于地域差异及民族风俗习惯不同，来源于南疆的少数民族大学毕业生不愿意到北疆就业。同时，由于各个行业的利益分配不均衡，社会保障不一致，使得毕业生在选择就业单位时多集中在党政机关、事业单位及经济效益较好的大中型企业。而对那些规模小的私营企业、民营企业则是瞻前顾后，迟迟不愿签约，实际就业情况却不容乐观。三是就业观念仍不能适应市场经济的要求。当代青年大学生的就业观在某些方面存在着一定问题，如就业意识淡薄，坐享其成心态明显；就业期望值过高，功利化倾向严重；片面理解就业，认为就业就是到国家机关、事业单位、国有企业工作，而对民营企业等非国有单位，则认为不稳定、不可靠、不保险等，都成为制约就业、影响择业的主要问题。

3. 区域教育不均衡制造"问题青年"。经济发展速度的差距，实质是思想观念差距的物化形态。纵观各类国际事件，其主要参与者皆为青年，其中以低学历者居多。对比新疆的教育发展，有三个方面问题较为突出。一是南北疆教育不平衡。经济发展是整个社会发展的重要基础，教育的发展也不例外地会受到经济发展的制约，尤其是南北疆经济发展的不平衡导致的教育不平衡问题更为突出。据第五次全国人口普查结果显示，全区15岁及15岁以上文盲、半文盲人口为103.68万人，占15岁及以上人口的7.7%，其中，北疆为6.5%，东疆为6.9%，南疆为9.2%，喀什及和田地区分别为9.6%和12.3%。农牧民文化素质低，难以接受和使用一些新的实用技术和方法，市场意识较为淡薄，缺乏应用新品种、新技术和开拓市场的能力。二是少数民族受教育层级偏低。一方面是从宗教信仰来看，尤其是信奉伊斯兰教的民族，民间有早婚的风俗，在很大程度上影响了适龄女童的普及义务教育。另一方面从区域来看，近代以来，我国东部沿海一些地区工业和商业发展相对较早，因而兴教重学的风气日趋浓厚，而多数中西部地区重教的观念相对就弱一些。目前，全区100万尚未脱贫的贫困人口有95%在南疆。经济发展的落后，使这一地区更具有封闭性和保守性，使得一些原始落后的意识形态容易保持下来。三是弱势群体缺乏公平教育机会。新疆的弱势群体主要是流浪儿童，这一问题已经成为世界关注的问题。据公安部门介绍，在内地流浪的新疆籍儿童中，超过九成是被诱拐离家的，流浪儿童大多是不具备完全行为能力的未成年人，以南疆地区6—15岁的男孩居多，绝大部分是来自南疆三地区农村贫困、残弱家庭的少数民族少年儿童，主要流出地集中在喀什、和田、阿克苏地区。大多数流浪未成年人受教育程度低，没有完成九年义务教育，更没有受过专门的职业技术教育。

(三) 文化方面

1. 多元文化碰撞影响社会内部稳定。在乌克兰和吉尔吉斯斯坦的动荡中，对立双方不仅以当权派和反对派来划界，而且还以不同地区和族群的对立为特征。与中亚国家对比，新疆是一个多民族、多种宗教共存的地区，各民族文化、传统、宗教能够健康良性地继承与发扬，但各民族文化、历史差异长时间存在，多元文化融合发展进程中的冲突与磨合在所难免。近几年来，敌对势力将目标移向青少年，教唆一些青少年参与分裂破坏活动。据公安部门统计，2005年，新疆青少年违法犯罪人数占全部犯罪人数的比重由2000年的14.2%，上升至19.5%。特别是新疆籍的流浪儿童违法犯罪案件屡禁不止，2005年立案数比2000年增加了一倍。

2. 宗教信仰浓厚引发意识形态战争。中亚"颜色革命"对立双方不仅以民主和反民主来分野，还以不同地区和族群的宗教信仰为对立。青年作为社会发展的重要阶层和力量，会接受各类的政治信仰、宗教信仰作为其精神追求，政治、宗教斗争也为青年提供了抗议政治主张、表达信仰差异的机会。对比而言，新疆自古以来就是一个多种宗教并存的地区。目前，新疆主要有伊斯兰教、佛教（包括藏传佛教）、道教、基督教、天主教、东正教等，其中伊斯兰教是新疆信奉人数最多的宗教，共有10个少数民族，即维吾尔、哈萨克、回、柯尔克孜、塔吉克、塔塔尔、乌孜别克、东乡、撒拉和保安族，信教群众占新疆总人口的58.3%。蒙古、锡伯、达斡尔等民族信仰佛教。截至2008年，新疆有清真寺、教堂、佛道教寺庙等宗教活动场所约2.48万座、宗教教职人员2.9万多人、宗教团体91个、宗教院校2所，其中伊斯兰教职人员2.65万人。20世纪80年代以来，新疆赴沙特朝觐的人数已累计超过5万人，近年朝觐人数保持在每年2700人左右，而这也成为分裂势力进行意识形态领域思想渗透的主要渠道。

3. 新媒体领域抢占发生"无烟战争"。伦敦持续的骚乱既有突发的导火索，又有深层次的社会根源。在骚乱的酝酿、爆发和蔓延过程中，也暴露了另一种警示：以推特（Twitter）、脸谱（Facebook）为代表的社交网络和黑莓为代表的手机通信技术，考验着社会管理。对比新疆，这一问题尤为突出。如"7·5"事件的发生，正是境外"世界维吾尔代表大会"等东突组织所利用媒体进行"无烟战争"，并以6月26日广东省韶关市旭日玩具厂发生的新疆籍员工与当地员工群殴事件为导火线，经热比娅和"世维会"在网络上歪曲事实，借机竭力污蔑我国民族宗教政策，煽动不明真相的各族群众上街游行、示威，并全程进行遥控指挥，最终制造的暴力事件。因此，新媒体对社会管理既带来了前所未有的巨大机遇，又带来了无可避免的巨大冲击，如何利用新媒体这把"双刃剑"成为我们急需应对的课题。

（四）特殊的历史背景

1. 新疆战略地位的历史发展。公元前138年，西汉为击退匈奴对汉朝边境地区的劫掠，派遣张骞出使西域，并于公元前60年，设置"西域都护府"。公元221年，曹魏政权继承汉制，在西域设"戊己校尉"，治设高昌（吐鲁番），后又置西域长史以对西域各地诸多民族进行管理。公元7世纪初，唐朝设西伊州（后改称伊州），在高昌设安西都护府（后改安西大都护府）。元朝时期成吉思汗完成对天山南北的政治统一。1875年，陕甘总督左宗棠就任钦差大臣，督办新疆事务。1884年，清政府正式在新疆建省。2010年5月，中央新疆工作座谈会召开后，新疆被确定建设成为中国对外向西开放的桥头堡，进一步提出推动新疆跨越式发展和长治久安的战略目标。

2. "突厥斯坦"问题的历史由来。在中世纪阿拉伯地理学著作中，曾出现过"突厥斯坦"一词，意为"突厥人的地域"，是指中亚锡尔河以北及毗连的东部地区。20世纪初，极少数新疆分裂分子和宗教极端分子，受国际上宗教极端主义和民族沙文主义思潮的影响，根据老殖民主义者炮制的说法，将不规范的地理名词"东突厥斯坦"政治化，编造了一套所谓的"东突厥斯坦独立"的"思想理论体系"。鼓吹"东突厥斯坦"自古以来就是一个独立的国家，其民族有近万年历史，"是人类历史上最优秀的民族"；鼓噪所有操突厥语和信奉伊斯兰教的民族联合起来，组成一个"政教合一"的国家；否认中国各民族共同缔造伟大祖国的历史；叫嚣"要反对突厥民族以外的一切民族"，消灭"异教徒"，中国是"东突厥斯坦民族3000年的敌国"等等。

3. 新疆反分裂斗争的长期性。从20世纪初至40年代末，"东突"势力在外国敌对势力的怂恿、支持下，多次制造动乱，如1933年11月沙比提大毛拉等在喀什建立"东突厥斯坦伊斯兰共和国"，1944年分裂分子艾力汗·吐烈（原苏联乌兹别克人）窃取了"三区革命"初期的领导权在伊宁成立"东突厥斯坦共和国",自任"主席"等。2004年,"东突"势力在境外拼凑成立了"世界维吾尔代表大会"(简称"世维会")。此后,"东突"势力一直在密谋策划分裂和暴力破坏活动。2008年以来"东突"势力开始新一轮的破坏活动,针对北京奥运会先后制造了多起暴力恐怖事件,又如近两年发生的"7·5"、"7·18"、"7·30"、"7·31"等暴力恐怖事件,给各族群众生命财产造成重大损失,给当地正常秩序和社会稳定造成严重破坏。但在政府和群众坚决打击下,事态得到迅速平息,恢复了新疆社会稳定。总之,新疆人民与分裂势力的斗争是长期的、尖锐的。中央新疆工作座谈会提出的推动新疆实现长治久安是必然的战略选择,这也是由新疆特殊的历史背景所决定的。

(五)新疆青年参与暴力事件的动因

1. 宗教信仰浓厚难防意识形态渗透。作为新疆信奉人数最多的宗教,新疆的伊斯兰教信教群众占新疆总人口的58.3%,其中以维吾尔族为主。特殊的宗教环境,为"三股势力"进行意识形态渗透提供了渠道。近年来,分裂势力利用宗教进行分裂宣传,出版煽动独立的书刊和音像制品,煽动宗教狂热,蒙蔽当地群众尤其是青少年,手段群出不止,极端宗教势力深入边远、艰苦地区进行思想渗透愈演愈烈,难以防控。青少年是吸收新事物能力最强的群体,并处于世界观、价值观的形成期,而且面临分裂势力的意识形态渗透最为突出。

2. 地缘性单一民族群居影响文化融合。受地理、历史、宗教等因素影响,新疆各民族分布较为集中,南疆主要以维吾尔族为主,北疆主要以哈萨克族为主,这一现象就造成单一民族群居较为集中,其语言、文化和风俗自然成为当地生活习俗的主流,造成其他少数民族的文化、风俗融入较难,并且容易与当地主要少数民族的风俗习惯产生冲突和摩擦。青少年正处于成长阶段,因情绪控制和行为自控能力较为薄弱,在多元文化冲突中,自然成为具体的行动主体。

3. 区域经济发展失衡凸显生活差异。受气候、环境等因素影响,自古以来,新疆南疆地区主要以农业、林果业为主,北疆地区主要以牧业为主。随着生产力的不断进步和资源的不断开发利用,一大批重工业进驻北疆地区,带进了较为前进的生产技术,促使北疆地区经济快速发展,反观南疆地区由于传统种植技术的广泛利用,先进的生产技术利用率不高,经济发展较为缓慢,造成区域经济发展失衡。其具体体现在人们日常的物质生活水平上，而青少年对物质文化的需求极其迫切，南北疆经济发展的差异势必对两地青少年产生影响，容易产生和积压不满情绪。

## 四、国外骚乱事件带给我们的启示

1. 各国骚乱事件背后都有分裂势力强大的理论思想准备和武装。理论是行动的指南，并赋予行动强大的力量。西方大国大肆利用"和平演变"、"非暴力革命"等政治理论，假以"民主、自由"为旗帜，使其成为"没有硝烟的战争"的有力工具，步步为营实现本国侵略的目的。

2. 青年群体成为社会稳定风向标。中亚国家的"颜色革命"中，青年组织和团体表现得特别活跃和特别坚决，西方国家骚乱事件主体也是青年。而且每个国家都有代表性的青年组织，他们起到了宣传发动和冲锋陷阵的作用。"历史上任何一个国家的任何事件，青年人总是处于抗议的核心"，"青年兴则国家兴、青年稳则国家稳"。青年的性格特征、青年的成长轨迹注定了青年不仅是社会发展的生力军，也是社会变革的先行军，更是社会稳定的中坚力量。青年群体思想的稳定、对社会认可度成为社会稳定的重要指标和晴雨表。

3. 国内社会矛盾是发生骚乱事件的"软肋"。经济低迷、失业率高、教育不公、政府工作疏漏等，各国骚乱事件无不由本国内部矛盾所引发，无不是国内最薄弱的环节、最深层次的矛盾通过一个个体事件被他国反对派利用、煽动、激化。"内因"是事物发展变化的根本原因、是主要矛盾，各国骚乱事件的"软肋"是本国长期积累的社会矛盾，是本国政府执政不利的警示和结果。

4. 多元文化的冲突和摩擦是骚乱事件的伏笔。多元文化、宗教之间的认可度不够，共存性不强，包容力不足，造成社会人与人之间、民族与民族之间、种族与种族之间的隔阂和排斥。尤其是多民族、多种族国家，多元文化、宗教的和谐共存直接影响着国家整体的稳定性。这种潜伏的危机在各类骚乱事件发生时就成为了对抗力量，一呼百应，波及面大。

5. "第三话语方"是骚乱事件的重要推手。各国骚乱事件中非政府组织、新媒体等"第三话语方"在事件发生、发展、走向方面起着不可小觑的力量。非政府组织是民间的"草根"力量，他们来自民间、游走民间，具有强大的凝聚、传播、号召力。新媒体近年来发展迅猛，"虚拟社会"日益壮大，在"人人都有麦克风，个个都是评论员"的舆论场中，网络媒体提供了海量信息、多元表达、零距离互动，个体事件通过网络迅速转发、大量评论、互动传播,集结为网下非理性力量。外部环境变化性大、立场主张不强,在各国骚乱事件中发挥着"双刃剑"效应。

## 五、新疆社会稳定工作对策和建议

1. 加强对青年及青年运动的理论研究。理论先行,理论指导实践,理论可以使我们的行动变得无比强大。我们要对抗分裂分子的宣传、洗脑、蛊惑,就要深入研究,加强理论建设和武装。以深厚的理论根基开展"针锋相对"的思想斗争。要加强对青年成长规律、青年问题、青年运动的理论研究,只有透彻的研究和掌握青年的内心所想、所需,才能运用最贴近青年内心、最具有号召性、最有效的手段和载体传播我们的思想理论,得到最大范围的认同与响应。尤其要加强边远地区、少数民族地区青少年,闲散青少年的研究,有针对性地开展思想工作,让我们的思想理论深入青少年头脑,不给分裂势力传播空间。目前,新疆还没有专门的青少年问题、青少年事件、青少年发展研究机构,理论建设明显滞后,宣传、引导方式离青年有一定的距离,对青年思想的影响力、掌控力不够,建议成立青少年研究机构,为青少年思想教育工作提供理论准备。

2. 围绕青少年主体开展系列工程。社会各界要设身处地的为青年着想,思考"能为他们做些什么",要围绕青少年教育引导、成长成才开展系列工程。

一是开展青少年思想教育"阳光工程"。开展青少年新疆发展史、改革开放成果教育、新疆发展变化教育,引导青少年正确认识新疆历史、文化、宗教,用正确的认知对待新疆问题;开展青少年感恩教育,引导青少年感恩伟大祖国,感恩伟大党,感恩今天所拥有的一切,用感恩的心建设家园、回报祖国;开展青少年法制教育、励志教育,培养青少年法制意识、普及法律常识,用法律和道德规则约束青少年行为、行动,引导各族青少年讲法制、讲秩序,懂得社会秩序与民主自由的关系与逻辑,走上成长成才的阳光之路。要改变和创新教育引导的手段和载体,要了解青少年年龄特征、性格特点、需求倾向,用青少年的语言、习惯,贴近青少年所思所想,开展教育活动,力求思想渗透的实效性。

二是开展青少年参政议政"面对面"工程。建立长期收集青年意愿的制度,定期组织青年与党政领导座谈,深入青少年开展"面对面"交流座谈活动。积极鼓励、引导青年参与政治生活,在政治进程中最大限度的听取青年呼声。尤其在关乎青少年法规、政策制定中要广泛征求青少年意见建议，表达他们的意愿，让他们在政治生活中感受到尊重与参与，避免他们采取极端的方式表达诉求的可能性。积极帮助、推进青年参与经济社会，在经济社会发展中尽可能了解和满足青少年成长发展的需求，再就业创业中给予青年帮助，尤其针对边远地区青少年、少数民族青少年、闲散青少年生存现状，通过面对面的交流，寻找制约他们发展致富的瓶颈，出台相关工作政策和资金政策，鼓励动员各种各样的社会组织支持青年创业行动。每年深入调研、研究出版《青少年发展蓝皮书》，高度重视和研究青少年发展，使青年参与成为未来社会的"稳定器"。

三是开展青少年文化交流"认同工程"。新疆是多民族地区，多种文化发展、并存，各民族文化认同与交流是各族群众融合、社会稳定的基石。青少年是文化传播最为活跃、最为感性的群体，通过青少年之间的文化交流积极推进各族群众文化认同。广泛开展以语言、舞蹈、歌曲等为主要内容的青少年文艺交流活动。通过语言无障碍沟通，消除民族隔阂；通过文艺互学感受各民族文化的内涵和魅力，从而喜爱、认同和融入各民族文化中；广泛开展各族少年儿童"手拉手"活动。家庭、学校、班级各层面广泛开展各民族少年儿童"结对子"活动，通过互访、写信、电话、拜节等方式加强少年儿童之间的了解、信任，增强情感，从娃娃抓起，打牢各民族文化认同的基础，大力开展新疆青少年内地省市走访活动。全国19个省市对口援疆为新疆发展带来了资金、人才。在各类援疆项目中要加大"新疆－内地"青少年互访活动。增进内地青少年对新疆的了解，增强全国范围内民族团结教育和意识。更重要的是推进新疆各族青少年全方位了解祖国发展，通过开阔眼界，进一步解放思想，转变观念，把思想、精力聚集在成长成才、建功立业上，不让分裂分子思想灌输有可乘之机。

四是开展弱势青少年帮扶"牵手工程"。闲散青少年、外来务工青年、农民工子女等是新疆青少年中的弱势群体，也是最易断裂的社会层面。要借助各种社会及组织力量，增强对他们的切实服务和帮助。通过建立外来务工青年服务站、发挥社区组织服务作用、加强非公企业组织建设等模式和渠道，扩大对他们的联系和覆盖；通过动员和组织社会各界开展城市救助、志愿者帮扶等内容的"牵手工程"，帮助他们学习语言、增强技能、关心他们生活中的困难，促进弱势青少年的社会融入。

3. 加强维护社会稳定青年骨干队伍建设。一是大力培养政治上过硬青年少数民族骨干队伍。要注重发现、使用、选拔政治过硬、立场坚定，维护新疆发展、投身家乡建设的青年少数民族骨干，大力发挥他们的作用和优势，通过他们引导、带动、激励本民族青少年认同中华民族，树立各民族共同奋斗、共同发展，让家乡更加美好的信心和理念。二是全力培养基层懂双语、懂宗教、懂法律青年骨干队伍。深入培养基层维护稳定的青年中坚力量，要重点关注基层懂双语、懂宗教、懂法律的青年人才，加大对他们的培养和使用，积极发挥他们的群众工作能力和基层沟通能力，通过他们落实党的政策、畅通对话平台，实现眼睛向下、重心下移，推进基层问题的缓解和破解。三是努力培养各阶层青年宣讲骨干队伍。理论思想渗透是分裂分子控制青少年的重要手段，我们要加大各阶层青年宣讲队伍的培育和发展。要在各级党政组织中培养宣讲队伍、时时讲、处处讲，将实际工作与群众宣讲有效结合起来；要在非政府组织中培养青年宣讲队伍，让第三方讲、让普通群众讲，增强宣讲实效性；要在互联网"无声世界"中培养宣讲力量，正面引导、传播，增强宣讲广泛性；要进一步提高青年宣讲骨干队伍的质量和水平，走出教条式、口号式宣讲模式，用生动鲜活、引起青年共鸣的语言和形式让青年普遍接受。

4. 培植新组织新媒体话语力量。在这个越来越民主、开放的时代，经济社会发展、各类社会事件中非政府组织、新媒体、"草根"代表等群体舆论力量的地位和作用越来越凸显。把握、控制、培育、引导新组织新媒体话语权，占领舆论制高点在当前的社会稳定中尤为重要。一是要重视对非政府组织的引导和联系。民间社团组织联系广、影响大、聚集性强，是重要的"草根"力量，有着政府部门无法代替的工作触角和着力点。要加强对社团组织尤其是社团组织核心人员的管理和引导。二是要善待、利用、引导新媒体。加大少数民族语系主流新媒体的建设和使用，完善和扩大少数民族语系网站建设，开通少数民族语系微博，发展少数民族语系新媒体，使其发挥健康作用，用主流的声音引领和影响新媒体舆论走向，及时畅通和掌握舆论信息，牢牢占领各类事件主动权。

# 后 记

  人一生中要经历很多阶段，正如老人常说的一句话：人是一节一节活着。在当今飞快发展的社会里，人们会遇到很多意想不到的难题，当然也有令人振奋的事情，很多是自己不能确定的，也有很多无奈的选择，但有一点，我可以确信：命运一定要掌握在自己的手中，无论社会怎样变化，全在自己怎么看，怎么做。不能全理会，但完全可以在其中找到自己生存的空间，我们虽然无法掌控外界的干扰或者冲击，但保持内心的平静和行动的从容是可以努力做到的。

  2013年是值得期待的，往后的5年，乃至以后的10年，要好好规划一下，该做点什么？能做点什么？细细盘点前二三十年的人生轨迹，总该有一些规律可循。到了这个年龄段，才发现一个很有意思的现象，即愿望加机遇加努力方可成就一切。我们每个人都是有梦想的，对自己的将来都有期许，只是远与近的不同，但是事物的发展往往不以我们的意志为转移，常常会发生"有心栽花花不开，无心插柳柳成荫"的境况，叫人哭笑不得，但如果你细细思量，就会发现这其中的奥妙，无意中孕育着必然，必然中浮现着奇迹，你会发现，你所做的一切努力都是有价值的，正如有人说过：一个人的经历是没有浪费的。每一段经历都为下一段不可预知的旅途打下了伏笔，说不上什么时候生出新枝。所以，只要按照自己的梦想和愿望一直坚持做，就一定会出现奇迹，只是遇到合适的机遇，如同催化剂和酶化剂，不是加速你梦想的实现进程，就是会在你原来设想的基础上，出现一种自己没有想到的结果，当然结果只会更好，不会更糟，只是很多人没有思想准备，一时无法接受，实际上是个好事，不用担心。人生就是在这些意想不到的境地中艰难行进的，未来的结果总是那么难以预知，如果把精力总是投放在这些不可确定的结果上，那才是最糟糕的，唯一明智的选择就是立足当下，走实每一个关节点，既不能虚度也不能浮夸，要知道一旦在这一段走虚了，上天也会回头再找到你，重新补上这一段路程，所以与其那么心急火燎短平快，不如稳稳当当地走好每一步，终究会有好的回报。

在未来的日子里，要做的事还有很多，但真正要关注的事情需要减法，适当去掉一些，其次，要集合自己的优势做自己比较擅长的事，刻意要当个什么专家已经没有必要，因为前面的路径没有提供这样的保障，所以还是需要做一些协调整合资源方面的工作，搭建平台一起做些研究工作，让自己的心境始终保持愉悦、从容的状态，多帮助年轻人上台阶，多给年轻人提供成长的空间，也要多包容和欣赏他们，让自己永葆青春，永远处于思考和学习的状态之中。

援疆的工作还在进行当中，虽然我不知道将来会在哪里，但一定要把这一年多来的援疆经历与大家分享，这其中既有研究的心得，也有研究的成果，故用上篇和下篇分割，虽然研究还很浅薄，但毕竟是自身经历感悟，用心所致，有一些会触及到敏感的民族问题和宗教问题，但从一个有良知的研究者角度，务求原汁原味地进行描述，没有妄加评论，自知水平不够，期待着涌现更多的青年研究专家，虽没有我这样的机会去深入接触那些南疆的青年乃至问题青年，但了解他们帮助他们是我们共同的职责，愿这本书能给大家的研究工作带来一点有价值的帮助，这便是我对2013年的期待和展望。

图书在版编目(CIP)数据

带着纯净的心灵：新疆青年发展的思考 / 李伟编著.
—北京：中央编译出版社，2013.8
ISBN 978-7-5117-1656-9

Ⅰ.①带…
Ⅱ.①李…
Ⅲ.①青年工作-新疆-文集
Ⅳ.①D432.6-53

中国版本图书馆 CIP 数据核字(2013)第 102213 号

**带着纯净的心灵：新疆青年发展的思考**

| | |
|---|---|
| 出 版 人 | 刘明清 |
| 责任编辑 | 邓 彤 |
| 责任印制 | 尹 珺 |
| 出版发行 | 中央编译出版社 |
| 地　　址 | 北京西城区车公庄大街乙5号鸿儒大厦B座(100044) |
| 电　　话 | (010)52612345(总编室)　(010)52612352(编辑室) |
| | (010)66161011(团购部)　(010)52612332(网络销售) |
| | (010)66130345(发行部)　(010)66509618(读者服务部) |
| 网　　址 | www.cctphome.com |
| 经　　销 | 全国新华书店 |
| 印　　刷 | 北京瑞哲印刷厂 |
| 开　　本 | 787毫米×960毫米　1/16 |
| 字　　数 | 350千字 |
| 印　　张 | 21 |
| 版　　次 | 2013年8月第1版第1次印刷 |
| 定　　价 | 58.00元 |

本社常年法律顾问：北京市吴栾赵阎律师事务所律师　闫军　梁勤
凡有印装质量问题，本社负责调换。电话：(010)66509618